全国高等院校教材

适合经济管理类及人口与社会学类专业使用

社会保障学
SOCIAL SECURITY

白维军 宋娟 主编

Basic Theory of Social Security
Development and Evolution
Social Security System and Structure
Practice of Social Security System
Social Security Management Agency

◎ 社会保障的基本理论
◎ 社会保障的发展演变
◎ 社会保障制度与结构
◎ 社会保障制度实践
◎ 社会保障管理经办

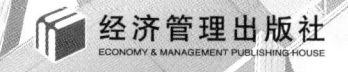

经济管理出版社
ECONOMY & MANAGEMENT PUBLISHING HOUSE

图书在版编目（CIP）数据

社会保障学/白维军，宋娟主编. —北京：经济管理出版社，2023.11
ISBN 978-7-5096-9440-4

Ⅰ.①社… Ⅱ.①白… ②宋… Ⅲ.①社会保障 Ⅳ.①C913.7

中国国家版本馆CIP数据核字（2023）第217934号

组稿编辑：任爱清
责任编辑：任爱清
责任印制：许　艳
责任校对：王淑卿

出版发行：经济管理出版社
　　　　　（北京市海淀区北蜂窝8号中雅大厦A座11层　100038）
网　　址：www.E-mp.com.cn
电　　话：（010）51915602
印　　刷：唐山昊达印刷有限公司
经　　销：新华书店
开　　本：787mm×1092mm/16
印　　张：14.5
字　　数：338千字
版　　次：2023年11月第1版　2023年11月第1次印刷
书　　号：ISBN 978-7-5096-9440-4
定　　价：88.00元

·版权所有　翻印必究·

凡购本社图书，如有印装错误，由本社发行部负责调换。
联系地址：北京市海淀区北蜂窝8号中雅大厦11层
电话：（010）68022974　邮编：100038

前　言

习近平总书记指出"社会保障是保障和改善民生、维护社会公平、增进人民福祉的基本制度保障，是促进经济社会发展、实现广大人民群众共享改革发展成果的重要制度安排，发挥着民生保障安全网、收入分配调节器、经济运行减震器的作用，是治国安邦的大问题"。在一个拥有14多亿人口的泱泱大国，建成人人享有基本保障、待遇水平适度、基金安全可持续的社会保障体系，是中国共产党为人民谋福利和谋幸福的不懈追求，当前，我国已建成世界上规模最大的社会保障体系，这是一项前无古人的伟大壮举。中国社会保障虽已实现普惠全民，但仍处于福利国家的初级阶段，需借鉴发展经验、立足现实国情，深入解决社会保障领域的不平衡、不充分问题，推进福利中国建设。

党的十九届五中全会明确提出要扎实推进共同富裕，共同富裕是社会主义的本质要求和中国式现代化的重要特征。社会保障是保障民生、改进福祉、促进公平的基本制度安排，这一本质决定着社会保障是推动实现共同富裕的重要制度保障。我国社会保障已经完成增量改革，步入高质量发展阶段，最终将建成为共同富裕提供关键性制度支撑、符合中国式现代化要求的高质量社会保障制度。

社会保障制度的成熟与完善伴随着社会保障学科的繁荣与发展，社会保障学科逐渐从一门交叉学科发展成为具有独立话语、概念体系、边界范畴的新兴独立学科。社会保障学术共同体逐步形成，各高校的专业设置和师资队伍逐步壮大，更多的社会保障教材、专著、译著相继出版。为丰富和充实社会保障教材资源，结合内蒙古大学办学优势、办学特色和师资力量，我们特编写了本教材。

内蒙古大学劳动与社会保障专业获批于2005年，2006年开始面向全国招生，2021年入选国家一流本科专业建设点。本专业先后依托我校社会学和公共管理学进行建设，开设了社会保障概论、社会保险学、社会福利与社会救助等多门专业核心课，全体授课教师结合我国社会保障改革与发展实践，理论联系实际、教学结合科研，取得了突出的教学业绩。现将老师们多年的授课心得和科研成果凝练成一本《社会保障学》教材予以出版，这既是我们社保办学的教学总结，也是劳动与社会保障专业学生宝贵的学习资料。

本书结合社会学、管理学、经济学等学科理论和方法，全面系统地阐述了社会保障的基础理论、发展历程、制度体系与未来发展。结合学科发展和教学需要，增加了社会风险相关理论、社会保障的研究方法、国外典型国家及地区的社会保险制度体系等内容。本书在详细介绍社会保障学理论的基础上，尽可能地吸收社会保障领域的最新研究成果和能体现社会保障制度建设成就的最新资料，力求使本书内容深刻、丰富，为读者提供更多、更新的信息。

  本书既适用于普通高等学校劳动与社会保障专业专科、本科及研究生使用，也可供从事社会保障相关工作的专业人员参考与使用。本书凝聚了内蒙古大学劳动与社会保障团队的集体智慧与辛劳，但由于编者学识有限，书中疏漏与不足之处在所难免，敬请学界同仁与读者批评指正。

白维军
2023 年 9 月 22 日

目 录

第一章 社会保障概述 ... 1

第一节 社会风险与社会保障 ... 1
一、社会风险 ... 1
二、社会保障 ... 2
三、社会风险与社会保障的关系 ... 2

第二节 社会保障的概念及特征 ... 4
一、社会保障的内涵 ... 4
二、社会保障的核心概念 ... 5
三、社会保障的特征 ... 7

第三节 社会保障的功能与原则 ... 8
一、社会保障的功能 ... 9
二、社会保障的原则 ... 10

第四节 社会保障的制度体系 ... 11
一、中国社会保障制度体系 ... 11
二、英国社会保障制度体系 ... 12
三、德国社会保障制度体系 ... 13

第五节 社会保障模式 ... 14
一、福利国家模式 ... 14
二、社会保险模式 ... 15
三、强制储蓄模式 ... 16
四、国家保险模式 ... 16

第六节 社会保障的理论基础 ... 17
一、大同社会论 ... 17
二、民主社会主义 ... 17
三、马克思主义社会保障论 ... 18
四、多层次社会保障论 ... 18

第七节 社会保障的学科特点与研究方法 ... 19
一、社会保障的学科特点 ... 19

二、社会保障的研究方法 …………………………………………………… 20

第二章　社会保障制度的发展历程 …………………………………………… 22

第一节　现代社会保障制度的萌芽——英国《济贫法》制度 ……………… 22
　　一、济贫制度的起源：从慈善救济到旧《济贫法》的出台
　　　　（16世纪到1601年）………………………………………………… 23
　　二、旧《济贫法》时期（1601~1834年）………………………………… 25
　　三、新《济贫法》时期（1834年到20世纪初期）……………………… 27

第二节　社会保险制度的建立——德国社会保险立法 ……………………… 30
　　一、为什么德国成为首个建立社会保险的国家？………………………… 31
　　二、19世纪末德国社会保险制度的产生 ………………………………… 33

第三节　全面社会保障制度的建立——美国《社会保障法》……………… 34
　　一、早期社会保障萌芽 ……………………………………………………… 35
　　二、经济危机和罗斯福新政 ………………………………………………… 36
　　三、1935年《社会保障法》的内容 ……………………………………… 37

第四节　福利国家的建立、发展与改革 ……………………………………… 38
　　一、福利国家产生的背景和动力 …………………………………………… 38
　　二、《贝弗里奇报告》的内容与意义 ……………………………………… 40
　　三、英国福利国家的建立 …………………………………………………… 41
　　四、福利国家的发展与改革 ………………………………………………… 42

第五节　21世纪社会保障发展的挑战与趋势 ……………………………… 47
　　一、21世纪社会保障发展的挑战 ………………………………………… 47
　　二、社会保障发展的趋势 …………………………………………………… 49

第六节　中国现代社会保障制度的产生与发展 ……………………………… 50
　　一、中国社会保障制度的初创（1949~1956年）……………………… 50
　　二、中国社会保障制度艰辛探索阶段（1956~1966年）……………… 51
　　三、中国社会保障制度曲折发展阶段（1966~1976年）……………… 52
　　四、中国社会保障制度改革准备阶段（1976~1985年）……………… 53
　　五、中国社会保障制度改革起步阶段（1985~1993年）……………… 54
　　六、中国社会保障制度重构阶段（1993~1998年）…………………… 54
　　七、中国社会保障制度扩面阶段（1998~2012年）…………………… 56
　　八、中国社会保障制度质量提升阶段（2012年至今）………………… 58

第三章　养老保险政策与实践 ………………………………………………… 60

第一节　养老保险制度概述 …………………………………………………… 60
　　一、养老保险的概念及内涵 ………………………………………………… 60
　　二、养老保险制度的基本特征 ……………………………………………… 61

		三、养老保险制度的设计原则 · 62
		四、养老保险的地位及作用 · 63
	第二节　我国的养老保险制度 · 64
		一、我国养老保险制度的改革历程 · 64
		二、我国现行的养老保险体系 · 66
		三、我国养老保险的发展现状 · 67
	第三节　养老保险社会统筹与个人账户的相关理论 · 71
		一、社会统筹 · 71
		二、个人账户 · 72
		三、"统账结合"模式 · 72
	第四节　中国的人口老龄化与延迟退休 · 74
		一、中国人口老龄化的变动趋势 · 74
		二、中国退休年龄制度改革的探讨和实践 · 76
		三、中国延迟退休年龄的必要性 · 78
	第五节　中国养老保险制度的发展趋势 · 78
		一、建立多层次、多元化养老保险制度，提高养老保险待遇水平 · 79
		二、建立合理的待遇确定机制，控制不同群体养老金待遇差距 · 79
		三、完善统账结合模式，做实个人账户 · 80
		四、建立养老保险基金的多元投资机制，实现基金有效保值增值 · 80
		五、加快各种配套制度改革 · 81

第四章　医疗保险政策与实践 · 82
	第一节　医疗保险制度概述 · 82
		一、医疗保险的概念 · 82
		二、医疗保险的原则 · 83
		三、医疗保险的类型 · 83
		四、医疗保险基金 · 85
		五、医疗保险的费用支付 · 88
		六、医疗保险的费用控制 · 90
	第二节　我国的医疗保险制度 · 92
		一、城镇职工基本医疗保险制度 · 92
		二、整合后的城乡居民基本医疗保险制度 · 93
	第三节　国外典型国家的医疗保险制度 · 94
		一、日本的"国民皆保险" · 94
		二、韩国国民健康保险制度 · 97
	第四节　医疗保险制度的发展趋势 · 103
		一、从医疗保险到健康保险 · 103

二、构建多层次的医疗保障体系 ……………………………………… 103
　　三、积极应对人口老龄化 …………………………………………… 104

第五章　失业保险政策与实践 ………………………………………… 105

第一节　失业保险制度概述 ………………………………………… 105
　　一、失业的相关概念 ………………………………………………… 105
　　二、失业保险制度 …………………………………………………… 106

第二节　我国的失业保险制度 ……………………………………… 108
　　一、我国失业保险制度的发展历程 ………………………………… 108
　　二、我国失业保险制度的作用 ……………………………………… 111

第三节　国外典型国家的失业保险制度 …………………………… 112
　　一、美国失业保险制度 ……………………………………………… 112
　　二、英国失业保险制度 ……………………………………………… 114
　　三、德国失业保险制度 ……………………………………………… 115
　　四、日本失业保险制度 ……………………………………………… 116

第四节　失业保险制度的发展趋势 ………………………………… 118
　　一、新就业形态下建立实现全覆盖的多层次失业保障制度 ……… 118
　　二、建立积极就业导向的失业保障制度 …………………………… 119
　　三、建构差异性制度设计，充分体现个性化 ……………………… 121
　　四、创新失业保险金使用方式，提升其使用效率 ………………… 122

第六章　工伤保险政策与实践 ………………………………………… 123

第一节　工伤保险制度概述 ………………………………………… 123
　　一、工伤保险的含义 ………………………………………………… 123
　　二、工伤保险的产生与发展 ………………………………………… 124
　　三、工伤保险制度的特点 …………………………………………… 125
　　四、工伤保险的基本原则 …………………………………………… 126

第二节　我国的工伤保险制度 ……………………………………… 126
　　一、我国工伤保险制度的发展历程 ………………………………… 127
　　二、我国工伤保险制度的发展规律 ………………………………… 129
　　三、我国现行工伤保险制度的主要内容 …………………………… 131

第三节　国外典型国家的工伤保险制度 …………………………… 136
　　一、德国工伤保险制度 ……………………………………………… 136
　　二、美国工伤保险制度 ……………………………………………… 137
　　三、日本工伤保险制度 ……………………………………………… 137

第四节　工伤保险制度的发展趋势 ………………………………… 138
　　一、工伤保险制度的适用对象和责任范围日趋扩大 ……………… 139

二、工伤补偿、工伤预防与职业康复相结合趋势 ……………………………… 139

第七章　生育保险政策与实践 ……………………………………………………… 141

第一节　生育保险制度概述 …………………………………………………… 141
　　一、生育保险制度的概念 ………………………………………………… 141
　　二、生育保险制度的内容 ………………………………………………… 141
　　三、生育保险制度的原则 ………………………………………………… 143
　　四、生育保险制度的价值与功能 ………………………………………… 144

第二节　我国的生育保险制度 ………………………………………………… 146
　　一、新中国成立初期的生育保险 ………………………………………… 146
　　二、计划经济时期的生育保险 …………………………………………… 146
　　三、生育保险制度的调整 ………………………………………………… 147
　　四、生育保险社会统筹的全面推进 ……………………………………… 148
　　五、生育保险与计划生育 ………………………………………………… 149

第三节　国外典型国家的生育保险制度 ……………………………………… 150
　　一、生育保险的分类 ……………………………………………………… 150
　　二、社会保险型代表国家——德国 ……………………………………… 151
　　三、福利型代表国家——英国 …………………………………………… 152
　　四、储蓄基金和雇主责任制型代表国家——新加坡 …………………… 153
　　五、其他类型代表国家——利比亚和秘鲁 ……………………………… 154

第四节　生育保险制度的发展趋势 …………………………………………… 156
　　一、完善生育保险制度的必要性 ………………………………………… 156
　　二、现行生育保险制度的缺陷 …………………………………………… 157
　　三、生育保险制度的发展趋势 …………………………………………… 158

第八章　护理保险政策与实践 ……………………………………………………… 161

第一节　护理保险制度概述 …………………………………………………… 161
　　一、基本概念 ……………………………………………………………… 161
　　二、护理保险制度的意义和价值 ………………………………………… 162

第二节　我国的长期护理保险制度 …………………………………………… 164
　　一、我国长期护理保险制度建设的实践 ………………………………… 164
　　二、我国长期护理保险制度建设的成就 ………………………………… 171

第三节　国外典型国家的长期护理保险制度 ………………………………… 172
　　一、日本的护理保险制度 ………………………………………………… 172
　　二、美国的护理保险制度 ………………………………………………… 175
　　三、德国的护理保险制度 ………………………………………………… 178

第四节 我国长期护理保险制度的发展趋势 ……………………………… 180
  一、覆盖范围全民化 ……………………………………………………… 180
  二、实现共同分担筹资方式 ……………………………………………… 181
  三、评估标准统一且细化 ………………………………………………… 181
  四、给付内容多样、给付形式便捷 ……………………………………… 181
  五、开拓以社会性为主、商业性为辅的长期护理保险 ………………… 181

第九章 社会救助政策与实践 …………………………………………… 183

第一节 社会救助制度概述 …………………………………………………… 183
  一、社会救助的概念内涵 ………………………………………………… 183
  二、社会救助的特点 ……………………………………………………… 185
  三、社会救助的功能 ……………………………………………………… 185
  四、社会救助的基本原则 ………………………………………………… 186

第二节 我国的社会救助制度 ………………………………………………… 187
  一、我国社会救助制度的历史沿革 ……………………………………… 187
  二、我国分层分类社会救助体系的特征 ………………………………… 192
  三、我国分层分类社会救助体系的内容 ………………………………… 193

第三节 最低生活保障制度 …………………………………………………… 196
  一、最低生活保障制度概述 ……………………………………………… 196
  二、最低生活保障标准的确定方法 ……………………………………… 198
  三、城市最低生活保障制度 ……………………………………………… 200
  四、农村最低生活保障制度 ……………………………………………… 202

第十章 社会福利政策与实践 …………………………………………… 204

第一节 社会福利制度概述 …………………………………………………… 204
  一、社会福利的概念 ……………………………………………………… 204
  二、社会福利的类型 ……………………………………………………… 205
  三、社会福利的主要内容 ………………………………………………… 205

第二节 我国的社会福利制度 ………………………………………………… 209
  一、我国传统社会福利制度 ……………………………………………… 209
  二、新中国社会福利制度的历史变迁 …………………………………… 211
  三、我国社会福利制度现状与发展取向 ………………………………… 213

第三节 老龄化与老年人福利事业 …………………………………………… 215
  一、老龄化背景下老年人的福利需求 …………………………………… 215
  二、老年人福利的主要内容 ……………………………………………… 216
  三、我国老年人福利事业的现状、问题与发展方向 …………………… 219

后 记 …………………………………………………………………………… 223

第一章　社会保障概述

本章学习要点

通过本章的学习，需要明白社会保障是运用经济手段，解决社会问题，实现政治目的的一种社会治理制度。社会保障起源于对社会风险的应对与化解，社会风险与社会保障存在因果关系。不同国家、不同学者，因为所处社会不同和认知理念的差异，对社会保障有不同的理解。总体来看，西方国家对社会保障的理解较为狭义，秉持"大福利小保障"理念；中国对社会保障的理解相对宽泛，秉持"小福利大保障"理念。古今中外的社会保障发展表明，社会保障在维护社会稳定、推动经济发展、传承文化文明方面具有重要作用。经过几百年的发展，在经济学、政治学、社会学等理论的指引下，社会保障已形成福利国家型、社会保险型、强制储蓄型三种主要的制度模式。中国则在马克思主义和习近平新时代中国特色社会主义思想的理论指导下，建成了世界上规模最大的社会保障体系。社会保障是一个新型交叉学科，研究过程中需综合运用实证研究法、调查研究法、案例研究法、问卷调查法。

第一节　社会风险与社会保障

风险是一种不确定性与可能性，进入工业社会后，人类面临着多种风险考验，如老无所养的风险、病无所医的风险、弱无所扶的风险、失业风险、失学风险等，整个社会也被称作风险社会。为有效应对社会风险，国家创设了一套完整的保障制度来化解风险，社会保障制度应运而生。

一、社会风险

社会风险是一种导致社会冲突，危及社会稳定和社会秩序的可能性。社会风险一旦转变成现实，就成为公共危机，会对社会稳定和社会秩序造成灾难性后果。社会风险包括因老年、医疗、失业、工伤等对劳动者造成的身体损伤或收入减少的可能，或因自然灾害或战乱导致的饥荒、流离失所等。进入工业社会后，劳动的协作化、信息的便捷化、生产方式与生活方式的现代化，为社会风险的形成提供了"便利"条件，阶层利益的分化与多种致险因素的生成，也增加了社会风险的可能。此外，一些较大的自然灾害或战争或纯属个人或家庭问题的生老病死等事件，均可能通过群体方式演变成社会问题或社会风险。社会风险可分为自然灾害、生产事故、公共卫生、社会安全四大类，其中前三类的突发性较为明显，属于"外在风险"，社会安全具有一定隐秘性与潜伏性，属于"内在风险"，它们统称为社会风险。①

社会成员在现代社会可能遇到的风险是极具潜伏性且无处不在的，尽管个人的生存与发展风险是形成社会风险的基础，但当个人风险转变为社会风险、个人危机转变为社会危机时，所产生的社会后果及其对整个社会发展进程的影响是不可估量的。因此，从防范社会风险的角度，国家和社会应努力寻求化解之道，通过社会保障制度安排稳定社会秩序、保障个人权益。

二、社会保障

社会保障是一整套应对社会风险的制度安排，社会保障源远流长，伴随人类社会的出现而出现，社会保障在推动社会发展、维护政治稳定、保障公民权益方面发挥着重要作用。1601年英国《济贫法》的颁布，被视作现代社会保障制度萌芽的标志，为英国从资本主义原始积累阶段走向工业现代化提供了坚实的制度保障，也为英国后来建成世界上第一个福利国家铺平了道路；美国在遭遇全球性经济大危机背景下颁布了《社会保障法》，建立起较为完整的社会保障体系，为美国走出经济危机起到了"保驾护航"的作用；日本在"二战"后的废墟上迅速建立福利制度，为经济社会的迅速发展创造了条件。

古今中外的实践表明，在面对社会风险考验时，社会保障无不成为应对风险、稳定秩序、推动社会进步的首选制度，并逐步发展成事关国民切身利益和政党前途、利益集团利益的重要制度。社会保障是运用经济手段，解决社会问题，实现政治目的的一种社会制度。就外延而言，中国社会保障比西方社会保障概念更宏大、更宽泛，作为中国社会福利体系统称的社会保障是一个大概念和大系统，其包括社会保险、社会福利、社会救助、职业福利、家庭保障、慈善事业等制度化和非制度化内容。

三、社会风险与社会保障的关系

随着我国经济社会的快速发展和各项改革的纵深推进，社会风险也在加速集聚，需要有相应的制度安排进行保障化解。化解社会风险，社会保障成为首选之策。社会保障制度也正是基于化解社会成员风险、保障社会成员权益的需要而建立发展起来的，因为有风险，所以需要保障，两者存在逻辑上的一致性。当前，我国面临的典型社会风险与保障需求有四种：

---

① 童星，张海波.群体性突发事件及其治理——社会风险与公共危机综合分析框架下的再考量[J].学术界，2008（2）：35-45.

（一）自然灾害风险与社会保障

近年来，我国自然灾害频发，给人民群众的生产生活带来较大破坏。另外，受全球气候变化的影响，台风、干旱、暴雨等灾害也频繁发生，地震、山体滑坡、泥石流等恶性灾难更是直接威胁人民群众的生活和生存安全。据民政部统计，2023年7月，我国自然灾害以洪涝、台风、地质灾害和干旱灾害为主，风雹、地震、沙尘暴和森林火灾等也有不同程度的发生。各种自然灾害共造成1601.8万人次不同程度受灾，因灾死亡失踪147人，紧急转移安置70.3万人次；倒塌房屋4300间，严重损坏房屋8400间，一般损坏房屋4万间；农作物受灾面积3134千公顷；直接经济损失411.8亿元。[1] 因自然灾害风险导致的上述后果，都需要通过完善的社会保障制度对受灾群众的生活进行兜底保障。

（二）人口老龄化风险与社会保障

第七次全国人口普查数据显示，2020年中国60岁及以上人口26402万人，占18.70%，其中，65岁及以上人口19064万人，占13.5%。80岁及以上人口占总人口的比重为2.54%，比2010年提高了0.98个百分点；占60岁及以上老年人口的比重为13.56%，比2010年上升了1.74个百分点。2010~2020年，60岁及以上人口比重上升5.44个百分点，65岁及以上人口上升4.63个百分点。[2] 我国人口老龄化速度明显加快，高龄老龄化成为趋势。伴随着生育率的下降，2020~2022年全国人口出生率跌破10‰，2021年只有7.52‰，与2012年相比，下降了近一半。2020年的出生人口为1200万人，2021年全国出生人口降至1062万，2022年出生人口仅为956万人，创历史新低。[3] 人口老龄化和低生育率，对以国家为主导的社会保障体系提出了严峻挑战，需要通过社会保障制度的建立和完善，回应和化解因老龄化和低生育导致的各种社会风险和问题。

（三）失业风险与社会保障

就业是民生之本，当前我国就业形势比较严峻，劳动力结构性供求矛盾紧张，2023年新增就业人口1076万人，但超过1/3的应届毕业生选择"自由职业"或"灵活就业"，而这两类就业方式具有较大的不确定性，后续的失业风险较高，如果没有相应的保障制度，很容易成为社会的不稳定因素。此外，受经济波动的影响，企业的经营稳定性难以维持，很容易出现裁员、倒闭等问题；现代化技术的广泛使用，如智能机器人、流水生产线等，又降低了对人工的需求，这些都容易导致失业的产生。劳动力结构性供需不匹配，在短期内难以实现社会的充分就业，失业压力犹如达摩克利斯之剑悬于上空，如果没有社会保障制度的兜底，那么不仅失业群体的生活没有保障，社会秩序也会受到威胁。

---

[1] 应急管理部. 2023年7月全国自然灾害情况 [EB/OL]. 中新网, https://www.chinanews.com/gn/2023/08-05/10055868.shtml.

[2] 第七次全国人口普查主要数据情况 [EB/OL]. 中国政府网, https://www.gov.cn/xinwen/2021-05/11/content_5605760.htm.

[3] 中国新生儿数量趋势（近十年全国人口出生率）[EB/OL]. https://www.zzhaoz.com/TVmeilizhongguo/126426.html.

（四）社会保障与社会风险化解

社会保障有化解社会风险的天然功能，社会保障制度能有效应对养老、疾病、失业等风险，起到社会发展"稳定器""安全阀"的作用。社会保障通过为社会成员提供生存保障，从而化解其可能遭遇的个人风险和社会风险，具有先天优势。例如，社会救助能为贫困者、不幸者提供基本生存保障；工伤保险和医疗保险能满足社会成员基本的医疗需求，为社会成员的发展提供物质基础。社会福利能为社会成员提供住宅、教育等特殊需求和服务保障，通过各种社会福利项目的实施，缓和贫富差距和社会成员之间的矛盾，促进社会协调发展，推动社会进步。因此，社会保障既是现代社会防范和化解社会风险的必要机制，也是整个社会协调发展的安全机制和稳定机制，是不可或缺的社会稳定器和促进社会发展进步的治理工具。①

第二节 社会保障的概念及特征

社会保障是一个内涵丰富的概念，不同国家因历史、制度、理念的不同，对社会保障有不同的理解。作为一种社会制度，社会保障有不同于政治制度、经济制度、文化制度等的独有特征，体现社会保障的重要性和独特性。同时，社会保障也有其独特的制度功能，在经济、政治、文化、社会等领域发挥着重要的治理作用。

一、社会保障的内涵

（一）国外对社会保障的理解

社会保障（Social Security）一词最早出现于美国 1935 年颁布的《社会保障法》，此后，社会保障成为以政府为责任主体的一切福利保障制度的统称。

国际劳工组织在 1942 年出版的文献中将社会保障界定为：通过一定的组织对该组织成员所面临的某种风险提供保障，为公民提供保险金、预防或治疗疾病、失业时资助并帮助其重新找到工作。② 德国作为社会保险制度的发源地和最早建立现代社会保障制度的国家，主要基于社会市场经济理论将社会保障理解为对失去竞争能力的人提供基本生活保障的一种制度安排。英国作为福利国家代表，认为社会保障的目标在于消除贫困，即为国民在失业、疾病、伤害、老年以及生活贫困时予以基本生活保障。

而美国作为最先采用社会保障一词的国家，一开始对社会保障的定义仅指对老年、残疾及遗属的生活保障，后来扩展到各项社会保险及家庭津贴等。美国社会保障总署在《全球社会保障制度》一书中，将社会保障界定为"根据政府法规而建立的项目，给个人谋生能力中断或丧失以保险，还为结婚、生育或死亡而需要某些特殊开支时提

---

① 郑功成. 社会保障学——理念、制度、实践与思辨 [M]. 北京：商务印书馆，2020.
② 郑智峰. 社会保障与区域经济发展研究 [D]. 西南财经大学博士学位论文，2010.

供保障"。日本对社会保障的界定为："社会保障是指对疾病、工伤、分娩、残疾、死亡、失业、多子女等原因造成的贫困，从保险方法和国家负担上寻求经济与物质等保障途径。"

国外对社会保障的界定普遍指向对丧失自理能力及社会底层人民的基本生存保障，旨在为其提供经济及物质援助，这符合国外"大福利小保障"的一贯认知。当然，受理论基础、社会经济、历史传统的影响，不同国家在不同时期、不同阶段对社会保障的理解也不尽相同，这直接决定了国家间社会保障目标及制度的差异性，社会保障是一个动态和难以被完全定义的概念。

（二）中国对社会保障的理解

《中华人民共和国宪法》规定："中华人民共和国公民在年老、疾病或者丧失劳动能力的情况下，有从国家和社会获得物质帮助的权利。"与国外的理解不同，国内对社会保障的理解较为宽泛，持一种"小福利、大保障"的认知。在我国，社会保障是指国家通过法律法规制定各种制度，用于保障那些无生活能力或遭受各种意外公民的基本生存和生活需求，使劳动者在年老、失业、患病、工伤、生育时基本生活不会受太大影响。社会保障是保障和改善民生、维护社会公平、增进人民福祉的基本制度保障，是促进经济社会发展、实现广大人民群众共享改革发展成果的重要制度安排。[1]

社会保障主要包括社会保险、社会救助、社会福利、优抚安置，其中社会保险是社会保障的核心。作为现代国家一项基本的社会经济制度，社会保障是经济发展的"推进器"，也是维护社会成员切身利益的兜底机制，是社会文明进步的重要标志。

郑功成教授认为社会保障是各种具有经济福利性的、社会化的国民生活保障系统的统称。[2] 这一概念从广义的社会保障出发，高度概括出现代社会保障的三个特征：①经济福利性，即社会保障以国家财政为经济基础，资金来源于政府财政以及企业和个人缴费，从社会保障手段来看，大多通过经济及物质手段提供福利；②社会保障是一种社会化行为，即由政府部门等官方机构负责组织协调，社会组织、市场主体参与协同，形成一种多元治理格局，社会保障不是政府的单一行为；③以保障和改善国民生活为根本目标。

作为国民生活的综合保障系统，社会保障包括三个层面：①经济保障，通过收入再分配、资金给付或援助的方式来实现；②服务保障，从物质与人力服务角度提供保障，满足国民对养老服务、医疗服务等的需求；③精神保障，包括对民众心理、伦理、文化层面的关怀等。

二、社会保障的核心概念

（一）社会保险

社会保险起源于19世纪80年代的德国。19世纪70~80年代的德国，工人运动蓬

---

[1] 习近平. 完善覆盖全民的社会保障体系 促进我国社会保障事业高质量发展、可持续发展［N］. 人民日报，2021-02-28（01）.
[2] 郑功成. 社会保障学——理念、制度、实践与思辨［M］. 北京：商务印书馆，2020.

勃发展，在主张劳资合作和实行社会政策的新历史学派推动下，"铁血宰相"俾斯麦果断改变统治策略，部分地向工人阶级妥协，让渡经济利益，在经济、政治、社会形势的共同作用下，德国于1883年5月通过世界上第一部社会保险法——《疾病社会保险法》，并于1884年6月颁布《工伤社会保险法》，1889年5月颁布《老年和残疾社会保险法》。三部社会保险法的颁布使德国很快在工业国家的社会保障体系建构中占据核心地位，为解决劳动者养老、工伤、医疗等诸多问题提供了制度保障。

社会保险是社会保障制度的核心，其通过社会保险基金，以社会再分配形式，为劳动者在遭遇养老、疾病、失业等风险时，提供物质和经济保障，未雨绸缪地解决劳动者的后顾之忧，具体包括养老保险、医疗保险、工伤保险、失业保险、生育保险五种。

（二）社会救助

社会救助是指国家对陷入生存困境的公民给予经济和物质扶助，以保障其最低生活需要的一项社会保障制度。作为社会保障的重要组成部分，相较于社会保险防范劳动风险的目标，社会救助旨在缓解生活困难，对遭受自然灾害、失去劳动能力或者其他低收入公民给予物质帮助，以维持其基本生活需求，保障其最低生活水平。社会救助有效弥补了社会保险制度的不足，为调整资源配置、实现社会公平、维护社会稳定提供了必要保障。

与历史上的救灾济贫制度或慈善事业相比，现代社会救助除保留了救灾济贫政策的政府负责、无偿提供等基本特征外，救助的目标与合理性也发生了较大变化。首先，从救助理念来看，提供社会救助已由历史上统治集团的恩赐转变为现代政府的法定责任。其次，在救助动机方面，历史上的救灾济贫根源是为了维护阶级统治，也未形成一套完整的社会救助制度。现代社会救助是一种经常性、法制化的社会政策，是发展市场经济的内在要求，在公民因社会或个人原因导致收入低于最低生活保障标准而陷入生活困境时发挥了积极的保障作用，为促进市场经济的发展和繁荣及社会和谐稳定提供了强大支持。

（三）社会福利

社会福利有广义和狭义的理解，广义的社会福利是指面对广大社会成员并改善其物质和文化生活的一切措施，是为提高社会成员生活质量和水平的制度安排。狭义的社会福利基本上指向特殊群体或困难群体提供的带有福利性的社会支持。

社会福利制度的实施有以下五方面的优势：一是能提高生活水平，即通过提供社会福利，可以让无助的人群获得基本的福利保障，提高他们的生活水平，改善他们的生活质量。二是促进社会和谐，即社会福利能够减轻人们的压力和负担，减少社会压力，消除冲突和矛盾，促进社会和谐。三是投资未来，即社会福利的投资可以促进教育和就业机会，提高人们的技能和能力，增加社会的生产力，为未来的经济发展奠定基础。四是建立社会责任感，通过社会福利的实施，可以建立起社会责任感，提高人们对社会的认同感和社会责任感，引导人们为社会进步贡献自己的力量。五是维护公平正义，社会福利是公平正义的基石之一，通过社会福利的实施，可以消除经济不发达和社会不公平的现象，建立起公平、正义的社会秩序。

（四）优抚安置

优抚安置是国家对军人及其家属给予的优待、抚恤和安置的一种社会保障制度。我国优抚安置的对象主要包括烈士军属、退伍军人、残疾军人及其家属，为其提供抚恤金、补助金、优待金，建立军人疗养院、安置复员退伍军人等。1954年，新中国颁布的第一部《中华人民共和国宪法》明确规定要依法保障残疾军人的生活、优抚革命烈士家属、优待革命军人家属。[1] 此后陆续颁布法律法规进一步明确优抚工作的地位，对革命残疾军人、革命烈士家属及革命军人家属优待等一系列优抚安置工作做出详细规定。

优抚安置制度有力地支持了军队建设，维护了国家稳定。党的十八大以来，习近平总书记高度重视退役军人优抚安置工作，站在党和国家建设发展全局、实现中华民族伟大复兴中国梦的战略高度，深刻阐明了退役军人优抚安置工作的重大意义和目标任务。[2] 习近平总书记指出，退役军人优抚安置是关系军队稳定和社会大局稳定的重大问题，是实现"两个一百年"目标、实现中华民族伟大复兴的中国梦的重要力量。要坚持为经济社会发展和军队建设服务的方针，贯彻妥善安置、合理使用、人尽其才、各得其所的原则，推进退役军官安置管理保障体制机制改革和政策制度创新。[3]

三、社会保障的特征

（一）广泛性

社会保障的实施范围较为广泛，涉及全体社会成员。在市场经济条件下，当生、老、病、死、伤、残以及失业等风险来临时，国家和社会需要给予充分保障以免除其后顾之忧。例如，截至2022年底，我国基本养老、失业、工伤保险参保人数分别为10.5亿人、2.4亿人、2.9亿人，同比增加2430万人、849万人、825万人，社会保障覆盖面得到进一步扩大。[4] 社会保障管理部门更是通过网络政务平台进行广泛的政策宣传，积极回应群众关切问题，搭建与百姓沟通的桥梁，营造社保扩面的良好氛围，通过政策宣传，全力扩大社保覆盖面，促进企业职工、灵活就业人员、个体工商户等依法、主动、持续参保。

（二）社会性

社会保障的责任主体是国家，因此，需要由国家统一管理、统一组织。但是，社会保障又不是国家单一主体的责任，国家通过政策举措动员市场、企业、个人积极参加进来，无论从管理还是从对象和资金筹集，表现出明显的社会性。社会保障资金实行社会统筹，当社会成员遭遇社会风险或生存危机时，由国家调配资源提供基本生活保障。例如，截至2022年底，我国社保基金征缴收入平稳增长，基金收支总体呈平衡态势。

---

[1] 余翔. 试论建国初期的社会优抚安置制度［J］. 华南师范大学学报（社会科学版），2007（1）：142-144.
[2] 杨晓涛. 浅谈如何做好退役军人优抚安置工作［N］. 法制周报，2020-08-27.
[3] 退役军人优抚安置工作进入发展新时期［EB/OL］. 光明网，https：//news.gmw.cn/2019-03/02/content_32590333.htm.
[4] 邱玥. 全国基本养老保险参保人数达10.5亿人［N］. 光明日报，2023-01-26.

2022年，社会保险基金收入7.1万亿元，支出6.6万亿元，2022年底累计结余7.4万亿元。① 社会化保障增强了民众安全感与满足感，职工不再单纯依靠单位保障，有效摆脱了企业保障形成的依赖和依附，也有利于社会保障制度的不断完善与发展。

（三）统一性

统一性是社会保障制度的基本要求，社会保障制度一体化有利于塑造公平公正的社会环境和格局。虽然各地在社会保障运行中会因地制宜地采取一些特殊做法，但总体来看在全国及省、自治区、直辖市范围内需以统一标准规范运行。例如，在养老保险实行全国统筹后，全国职工基本养老保险将建立起政策统一、基金收支管理制度统一、中央和地方分责机制统一、经办服务管理和信息系统统一、省级政府考核机制统一的"五统一"制度体系，② 体现了社会保障制度的统一性。

（四）强制性

社会保障的目的在于稳定社会秩序、增进民生福祉，促进整个社会经济协调发展，这就需要在法律法规的约束下强制实施。以社会保险为例，《中华人民共和国社会保险法》（以下简称《社会保险法》）第二条、第四条规定："社会保险包括基本养老保险、基本医疗保险、工伤保险、失业保险、生育保险等，中华人民共和国境内的用人单位和个人应当依法缴纳社会保险费。"根据上述规定，缴纳"五险"属法定义务，在我国境内的用人单位都应依法履行。因此，用人单位和职工个人都必须严格遵守法律法规，并积极履行自身义务。如果企业不为员工缴纳"五险"，那么属违法行为，需承担相应法律责任。

（五）福利性

社会保障以国家财政为经济基础，资金来源于政府财政、企业、个人等多种渠道，社会保障资金取之于民、用之于民，社会成员在享受社会保障待遇时，有时候并不体现权利与义务的完全对等，而是要顾及社会公平，体现一定的福利性。例如，《社会保险法》规定，社会保险基金只能用于社会保险各项目的经济补偿和给付，不得违法进行投资运营、平衡政府的其他预算，以及用于兴建改建办公场所和支付人员经费、运营费用、管理费用等，社会保障制度各个环节也不以盈利为目的。

第三节　社会保障的功能与原则

社会保障扮演着维护公平、保障安全、提供福祉的重要角色，其通过提供医疗保健、失业救济、老年人福利、残疾人支持等，为个体提供经济安全，同时也促进社会的稳定发展。然而，社会保障制度并不是一成不变的，它需要根据社会经济和人们需

---

① 邱玥．全国基本养老保险参保人数达10.5亿人［N］．光明日报，2023-01-26．
② 郭金龙，朱晶晶．企业职工基本养老保险全国统筹的现状和政策效果研究［J］．价格理论与实践，2023（4）：140-147．

求的变化不断调整。

一、社会保障的功能

社会保障不仅提供经济支持,还保障生命健康、促进社会公平、鼓励个体参与等,其核心功能包括维护社会稳定、促进经济发展、保障社会公平、实现社会互助。

(一)维护社会稳定

(1)防止社会不公引发的冲突风险。社会保障通过缩小贫富差距,能有效降低社会阶层之间的紧张局面。社会保障能为弱势群体提供经济支持,例如,通过失业保险和社会救济为收入较低的家庭和个人提供支持,满足其食品、住房和医疗保健等需求,从而减少社会冲突和不满情绪,缓解引起社会震荡与失控的潜在风险,维系社会秩序的稳定和正常运转。

(2)提高社会安全感。社会保障通过减轻个体的焦虑和不安定感,维护社会稳定,为人们提供"兜底"的安全感。例如,发生失业和自然灾害风险时,失业保险与社会救助能为这类群体提供及时的生活保障,帮助陷入生活困境的社会成员从生存危机中解脱出来;[1]再如面对人口老龄化、工伤事故等危机时,养老保险和工伤保险能持续满足社会成员对安全与发展的需要,有效解除劳动者的后顾之忧,[2]为劳动者的发展创造条件,使其信心满满地投入到社会和经济活动中。

(二)促进经济发展

(1)维持稳定的消费支出。社会保障通过为公民提供基本生活保障,确保他们具备基本的生活支出能力。这意味着在经济困难时,个人不会削减急需的必需品支出,有助于稳定国内消费支出,特别是在公民知道自己可能出现健康问题、遇到失业等突发事件时,社会保障能使其敢于投资教育、培训和创业,从而促进经济发展。

(2)社会保障资金的调节作用。社会保障资金的筹集、储存与分配能调节国民储蓄与投资,影响经济发展。当经济增长时,失业率下降,社会保障收入增加、支出减少,社会保障基金的规模随之扩大,降低了社会需求的急剧膨胀;[3]反之,当经济衰退时,失业率提高,社会保障基金收入减少,社会保障待遇要求随之增大,社会保障基金支出规模扩大,能够在一定程度上增强消费需求,维持国民购买力。

(3)活跃劳动力市场。社会保障是劳动力资源自由流动和优化配置的保障性制度,对社会总供给与总需求的平衡起到重要作用。社会保障的存在使个体在寻找更好的职业机会时,不必担心失去现有的福利待遇,并降低个体创业和创新的风险,鼓励人们积极参与劳动力市场,提高就业率,从而促进经济增长。

(三)保障社会公平

(1)保障机会平等。社会保障有助于消除社会中的贫富差距,能提供基本生活需求保障,为每个人提供平等的机会。例如,教育福利有助于义务教育的普及,确保不同社

---

[1][3] 郑功成. 社会保障学——理念、制度、实践与思辨 [M]. 北京:商务印书馆,2020.
[2] 石方军,伍如昕,薛君. 社区劳动保障 [M]. 北京:中国社会出版社,2014.

会经济背景的人都能获得教育、培训和职业发展的机会,有助于社会公平的实现。

(2) 社会财富再分配。社会保障能起到调节国民收入分配与再分配的作用,并通过税收或转移支付再分配给民众。[①] 社会保障通过税收等手段,使社会财富实现再分配,富裕人群通常为社会保障系统提供更多的税收支持,使贫穷者增加收入。社会保障制度通过资金的筹集和待遇的发放,在不同阶层间纵向调节收入分配,在不同保障对象之间横向调节收入分配。[②]

(四) 实现社会互助

社会保障是一种互惠互助的社会机制,以责任分担为原则,以互助互济为基石,有效调节社会高收入阶层与低收入阶层、劳动者与退休者、就业者与失业者、健康者与疾患者之间的利益关系[③],通过在全体社会成员之间的风险共担,促进社会成员之间与整个社会的良性循环。这种互助表现在两个方面:一是困境时的互相支持。社会保障通过提供经济支持和福利待遇,能帮助面临困境的人摆脱生活危机。社会保障参与主体的多样性增强了主体间的关联性,能为社会保障提供稳定的安全网,为社会弱势群体提供保障支持。二是社会成员间的互济互助,社会保障能使社会成员在他助中实现互助。

二、社会保障的原则

(一) 公平性原则

(1) 保障范围公平。社会保障的最大优势在于不会因保障对象的性别、职业、地位等对其进行限制,全民保障的目的就是实现对全体国民的社会保障。任何社会成员只要是低于贫困线或最低生活保障线的居民家庭,符合规定的保障条件,就可以享受相应的救助与保障待遇。

(2) 保障待遇公平。社会保障一般只为国民提供基本生活保障,超过基本生活保障之上的需求可以通过其他途径得到满足。如贫困线的划定及贫困人口的认定和救助标准都有统一依据[④],尽管不同受益者获得的现金或实物救助存在差异,但所参考的标准都经过统一认定并统一实施。

(3) 保障过程及结果公平。社会保障为社会成员解除了生活的后顾之忧,这一过程严格按照法律法规来执行,公平、公正、公开地维护着社会成员获得社会保障的起点与过程公平。社会保障再分配具有调节收入差距的功能,缩小了社会成员发展结果的不公平。

(二) 普遍性原则

(1) 无歧视。社会保障不能因个体的性别、户籍、工作单位性质等设置歧视性条款,无论其个人特征如何,每个人都应该有平等的机会获得社会保障,这充分体现出

---

① 穆怀中. 国际社会保障制度教程 [M]. 北京:中国人民大学出版社,2009.
② 刘迪平. 中国新型农村社会养老保险长效供给研究 [D]. 苏州大学博士学位论文,2010.
③ 许琳,张盈华,唐丽娜,翟绍果. 社会保障学(第2版)[M]. 北京:清华大学出版社,2012.
④ 王冶英,林红,郭臻. 从社会保障的共性特征看我国社会保障法律制度的缺失 [J]. 中共济南市委党校学报,2011 (1):74-77.

社会保障的包容性和公正性。

（2）高覆盖率。社会保障应尽可能多地覆盖更多人群，需要因地制宜地建立合理的社会保障制度，确保没有人被边缘化或忽视，使多数人群都能获得社会保障福利。

（三）强制性原则

（1）法律约束。社会保障的有效运行需在法律的约束下规范进行，社会保障制度的创建、管理必须受到明确的法律规定和法律准则制约。同时，法律为社会保障提供了合法性和合规性。社会保障的资金来源包括多个主体，无论是企业为员工缴纳社会保险，还是职工个人按时缴纳社会保障税，都必须以法律规定的方式进行，以确保社会保障的稳定性。

（2）政府干预与监督。社会保障作为一种社会稳定机制与利益调整机制，各方的权利与义务必须由法律明确规定，政府在法律允许的范围内对社会保障制度的运行进行干预和监督。

（四）责任分担原则

责任分担是指由政府、企业和个人等共同担负社会保障责任，以推动社会的和谐发展和社会保障制度的健康运行。责任分担原则认为社会保障是一个复杂的系统，需要多个主体支持，包括政府、企业、个人、非营利组织等，需要各方合作和协调，有效分担社会保障责任，以充分发挥各自的优势和资源，提供灵活的社会保障问题解决方案。强调责任分担有助于调动社会力量的参与，通过非营利组织、志愿者机构和社区团体等，汇聚社会保障资源，增强社会保障制度的包容性，维护社会保障制度的健康长久运行。

（五）与经济发展相适应原则

（1）社会保障与经济发展紧密关联。社会保障与国家的经济发展相辅相成。社会保障的充分发展有助于促进经济增长，而经济的繁荣也为社会保障提供了更多资源。中外社会保障制度的发展实践表明，社会保障制度只有与国家的经济发展相适应，才能发挥最大的效益。

（2）促进社会保障体系可持续发展。只有与国家经济的实际情况相协调，社会保障制度才能顺应社会发展运行规律，解决相关社会问题，并确保整个社会保障体系的可持续发展。例如，当前我国人口老龄化趋势明显，需要建立更加完善的养老制度和发展老年福利事业，以满足老年人的需求，这就需要出台与经济发展相适应的养老政策和资源支持。

第四节 社会保障的制度体系

一、中国社会保障制度体系

目前我国已形成具有中国特色的社会保障制度，并建成世界上规模最大的社会保障体系。自1921年中国共产党成立以来，从最初的民生主张，到进一步的政策实践，再到如今社会保障制度体系的逐步完善，中国共产党始终贯彻以人民为中心的发展思想，并将其深深扎根于我国社会保障事业的建设之中。

立足中国国情，中国共产党审时度势，分别选择社会救助制度、社会保险制度、社会福利制度、军人保障制度，解决不同群体遭遇的不同社会保障问题。早在1921年8月便拟定《劳动法案大纲》提出建立由国家和雇主缴费的社会保险制度。[①] 抗日战争时期，各根据地先后制定了一些社会保障政策，既考虑到职工在丧失劳动能力后生活发生困难的情况，也照顾了敌后的实际情况和雇主与企业的经济负担能力。[②] 1978年党的十一届三中全会为进一步完善我国社会保障制度创造了良好的社会条件。1980年3月，国家劳动总局、中华全国总工会联合发布了《关于整顿与加强劳动保险工作的通知》，以劳动保险为核心的城市社会保障制度开始重建。十四届三中全会通过的《关于建立社会主义市场经济体制若干问题的决定》，将社会保障制度确定为市场经济正常运行的维系机制和市场经济体系的五大支柱之一，并首次提出"建立多层次的社会保障体系"。[③]

此后，经过漫长而艰辛的探索，适用于城镇居民与农村居民的社会保障制度得以确立，现代社会保障体系逐步建成。当前，我国社会保障体系框架基本定型，已由原来相互分割、封闭运行的板块结构和内部制度，走向了相互协调、相互衔接的社会化制度安排，形成了有中国特色的社会保障制度体系。中国社会保障制度体系如图1-1所示：

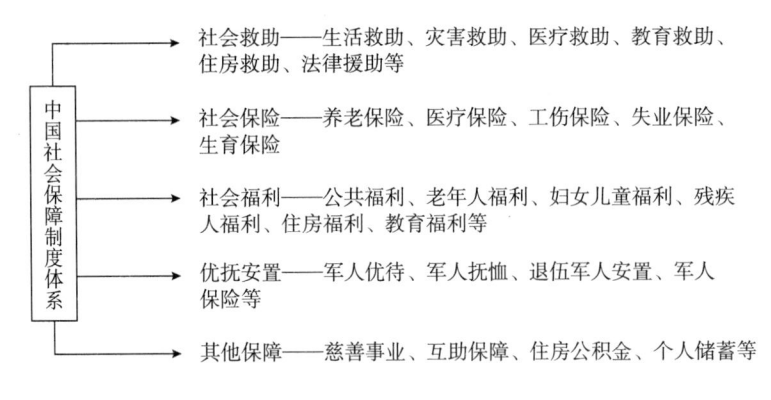

```
                    ┌─ 社会救助——生活救助、灾害救助、医疗救助、
                    │         教育救助、住房救助、法律援助等
中                  │
国                  ├─ 社会保险——养老保险、医疗保险、工伤保险、
社                  │         失业保险、生育保险
会                  │
保 ─────────────────┤
障                  ├─ 社会福利——公共福利、老年人福利、妇女儿童福利、
制                  │         残疾人福利、住房福利、教育福利等
度                  │
体                  ├─ 优抚安置——军人优待、军人抚恤、退伍军人安置、
系                  │         军人保险等
                    │
                    └─ 其他保障——慈善事业、互助保障、住房公积金、个人储蓄等
```

图1-1 中国社会保障制度体系

二、英国社会保障制度体系

英国作为最早建成福利国家的国度，其社会保障制度有着悠久的历史和鲜明的特

---

① 王友. 中国保险实务全书[M]. 北京：中国物价出版社，1993.
② 桂琰. 民国时期社会保险辨析[J]. 社会保障评论，2020，4（1）：129-145.
③ 席恒，余澍，李东方. 光荣与梦想：中国共产党社会保障100年回顾[J]. 管理世界，2021，37（4）：12-24.

色。16世纪前，受宗教思想影响，英国主要依靠分区域的教会和修道院等救济贫民。随后，文艺复兴与宗教改革等运动相继展开，同时大规模的"圈地运动"使英国许多农民丧失了土地并来到城市，贫困的加剧导致出现诸多社会问题并严重威胁社会稳定，政府不得不采取一些安抚救济贫民的措施，《济贫法》于1601年应运而生。

19世纪，英国仿效德国，逐步建立起现代社会保险制度。到20世纪40年代初，英国国内形势急剧变化，社会问题突出，急需制定包括社会保障在内的战后重建计划来稳定经济。此后，各种有关社会发展的理论，如费边主义、新自由主义、凯恩斯主义等，从政治、经济、社会诸方面阐述了福利制度建立的必要性与可行性，贝弗里奇的《社会保险及相关服务》则打开了福利国家建设的大门。英国按照《贝弗里奇报告》所确立的原则和方式在1948年陆续颁布了《国民保险法》《工业伤害法》《国民医疗保健服务法》等社会保障法律，并依法对社会保障事业实行统一管理。至此，一套完整的、覆盖全体国民的、由国家统一管理的社会保障项目在英国开始实施。[①] 英国社会保障体系如图1-2所示：

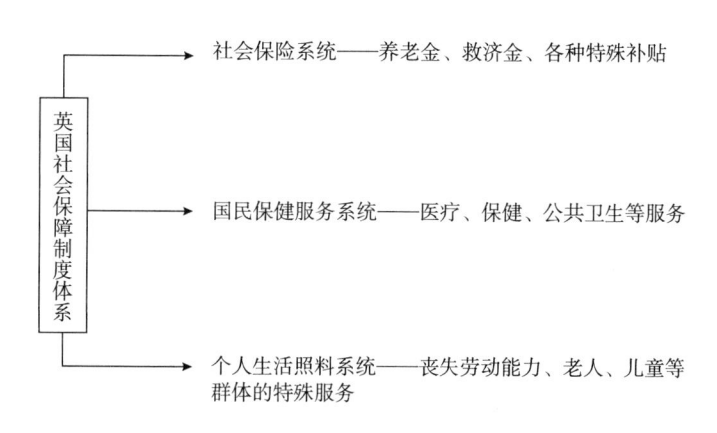

英国社会保障制度体系
- 社会保险系统——养老金、救济金、各种特殊补贴
- 国民保健服务系统——医疗、保健、公共卫生等服务
- 个人生活照料系统——丧失劳动能力、老人、儿童等群体的特殊服务

图1-2 英国社会保障制度体系

三、德国社会保障制度体系

早在18世纪前，德国依托教会救济机构就建立了很多在共同利益基础上的自助机构。1854年，德国颁布《普鲁士法令》，这是一项有关矿工联合会等保障工人权益的社会保障法律，也是德国历史上第一部全国性的、有公共法律性质的工人保障法。1883年德国颁布《工人疾病保险法》，1884年颁布《工伤事故保险法》，1889年颁布《残疾和养老保险法》，社会保险制度得以在德国正式建立。1911年，德国在完善先前立法的基础上颁布了一部全面的《帝国保险法典》，为社会保险制度的运行提供了统一规则与法律规定，此后一系列保险法的出台使德国的社会保险制度得以全面确立。

西德和东德未统一之前，德国的社会保障制度存在很大差异。西德社会保障制度

[①] 张鹏. 欧盟社会保障制度研究及中国的启示 [D]. 吉林大学硕士学位论文, 2005.

被称为社会的三大支柱之一,在整个社会经济发展中占有极为重要的地位,东德则参照苏联的做法建立了国家保险制度。1990年东德与西德统一后,西德社会保障体制被移植到东部德国,通过颁布《养老保险合并法》等法律法规,以及建立医疗保险事务办事处等做法实现了制度融合。[①] 统一后德国的社会保障制度,既继承了俾斯麦时期的社会保障风格,也融入了东德社会保障制度中的一些合理因素,形成了较为完备的现代社会保障体系。德国社会保障以社会保险制度为主体,辅之以社会救助和社会福利。德国社会保障制度体系如图1-3所示:

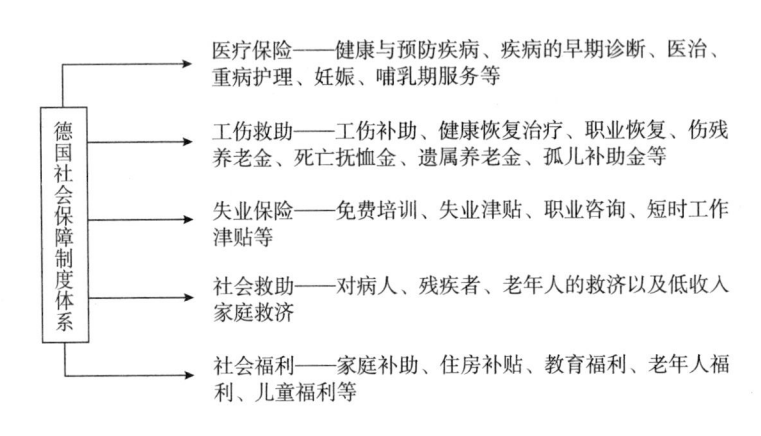

```
德国社会保障制度体系
├── 医疗保险——健康与预防疾病、疾病的早期诊断、医治、重病护理、妊娠、哺乳期服务等
├── 工伤救助——工伤补助、健康恢复治疗、职业恢复、伤残养老金、死亡抚恤金、遗属养老金、孤儿补助金等
├── 失业保险——免费培训、失业津贴、职业咨询、短时工作津贴等
├── 社会救助——对病人、残疾者、老年人的救济以及低收入家庭救济
└── 社会福利——家庭补助、住房补贴、教育福利、老年人福利、儿童福利等
```

图1-3 德国社会保障制度体系

第五节 社会保障模式

国际上社会保障模式主要分为以下四种:福利国家模式、社会保险模式、强制储蓄模式和国家保险模式。由于国家保险模式已退出历史舞台,目前存在的只有前三种保障模式。

一、福利国家模式

"福利国家"一词出自《贝弗里奇报告》,福利国家强调政府与公民之间的责任关系,最大的特点是以国家为直接责任主体,以公民权利为核心,以普遍福利和全面保障为原则,以国家为全体国民提供全面保障为基本内容,以充分就业、收入均等化和消灭贫困等为目标,建立起了一套完善的保障范围广、保障项目全、保障水平高的社会保障福利制度。

英国是福利国家的开创者,凯恩斯早在1941年1月著文要求政府将社会保障和充

---

① 刘涛. 德国统一进程中的社会保障制度 [J]. 社会保障评论, 2021, 5 (4): 3-19.

分就业作为战后重建的主要目标,并成功被政府采纳。贝弗里奇以一个完整的社会保障方案《社会保险及相关服务》(又称《贝弗里奇报告》)为战后英国建立福利国家提供了依据。在《贝弗里奇报告》中,强调社会保障是对收入达到最低标准的保障,其目的就是消灭贫困;它提出社会保障应该采取三种方式,即满足基本需要的社会保险、对特殊情况的国民补助和作为补助的自愿保险;同时遵循六条原则,即按统一标准发放补助金、按统一标准缴纳社会保险、将负责的行政部门统一起来、领取的补助金数额应当适当并及时提供、普遍性原则和类别原则。英国 1948 年宣布建成福利国家,其特点是:在范围上全民保障、在内容上全面保障、在实施方式上现收现付式、在政策上"劫富济贫""多缴多得"相结合、个人账户仅作为能否享受社会保障权益的资格凭证。自英国之后,西欧、北欧等一些国家也纷纷宣布建立起福利国家,并在 20 世纪 60 年代达到鼎盛时期。[1]

在充分肯定福利国家成就的同时,也要看到其存在的弊端。一方面,国家承担起医疗、教育、养老等有关领域的费用,提高了国民的生活水平与生活质量,国民的幸福感、获得感极大提高;另一方面,福利国家由于对工作者征收较高的税收,对失业者提供较高补贴,努力工作给人带来的回报变得不再明显,这种负激励导致不劳而获的思潮盛行,不仅阻碍了国家的经济发展,还给国家带来沉重的财政补贴负担,甚至败坏了社会风气与伦理道德观念。与此同时,国家快速发展的高福利制度与其本身较低的经济增长速度不相匹配,推行高福利政策的同时加重了政府财政赤字,造成了严重的财政危机,政府甚至通过借贷的方式来维持高福利政策。

二、社会保险模式

社会保险模式又被称作"传统社会保障模式""投保资助型社会保障模式",以劳动者为核心建立各种社会保险制度,辅之以其他社会救助或社会福利,它是针对工业社会劳动者面临的一系列风险而设计的保障制度。社会保险模式的特点是:实现市场效率与社会公平的协调;建立政府、雇主、雇员之间的责任共担机制,体现互助互济;以工薪劳动者为参保对象、强调权利和义务对等,只有履行缴纳义务才能后享有被保障资格;以解除劳动者的后顾之忧为核心。社会保险模式最早起源于德国,随后被西欧、美国、日本等发达国家效仿。

德国是世界上最早建立社会保险制度的国家,从社会保险制度诞生到 20 世纪 70 年代,德国的社会保险型社会保障制度已比较完善,养老保险、医疗保险、工伤保险和失业保险四大项目构成了德国社会保障体系的核心内容。德国社会保障制度的特点为:社会保险对象包括产业工人、职员、农民乃至全体劳动者,从而成为整个社会保障体系的主体;社会保险金实行个人、雇主与国家共同负担的责任分担制;实行自治管理,即在各类承办社会保险事务的社会保险机构中,由参保人代表、雇主代表所组成的代表大会与董事会,负责管理有关社会保险事务;养老与医疗是开支最大,也是

---

[1] 郑功成. 社会保障学——理念、制度、实践与思辨 [M]. 北京:商务印书馆, 2020.

覆盖最广的保障项目。[①]

社会保险模式适应了工业社会的需要，因为其激励性较强，又避免福利国家模式的缺陷，所以受到很多国家的重视。但各国的社会保障实践也表明，由于社会保险模式注重效率和激励，削弱了互助互济性，因而在整个社会保障体系中并非总是占据主体或核心地位。有的国家采取社会保险模式，而有的国家只采取部分甚至将这种模式蜕变为储蓄型或混合型保障模式。

三、强制储蓄模式

与福利国家模式和社会保险模式相比，新加坡创设的公积金制度属于典型的强制储蓄模式。20世纪50年代，新加坡独立后通过对工业化国家已有的社会保障模式进行考察，放弃了简单效仿他国做法的想法，选择设立与其他国家截然不同的公积金制度。与福利国家模式和社会保险模式相比，强制储蓄模式的特点在于：政府只起监督作用，主要事务由官方性质的中央公积金局统一管理；雇主与雇员自己为责任主体，通过立法强制雇主与雇员参加公积金制度，资金的筹集全部由雇主和雇员按照规定的比例缴纳；采取完全积累模式，即雇主与雇员缴纳的公积金全部存入受保人个人账户，逐年积累，到受保人退休时再行给付并用于养老等方面的开支；具有较强的激励功能但不具备再分配和互济功能，受保人之间、雇主之间及政府与国民之间社会保险制度运行相对独立，劳动者均有自己的公积金账户并仅适用于本人。公积金制度实行过程中，其用途由养老扩展到医疗、住房等，成为新加坡社会保障制度的主体内容。[②]

公积金制度不以政府为直接责任主体，较好地避免了福利国家型的某些缺陷。但公积金制度的最大弊端在于缺乏互济性，不具备全社会风险共担机制，低收入人群的保障水平较低，从而使该项制度缺乏公平性，且过高的缴费率易导致企业负担加重，不利于经济的稳定发展。

四、国家保险模式

国家保险模式又被称为国家统包型社会保障制度，其以"国家统包"为特点，追求社会公平，由政府对福利进行直接分配，强调国家和单位责任，一切社会保险费由国家和企业负担，个人不缴纳任何社会保险费用。这种模式最先由苏联在20世纪初创立，并被东欧社会主义国家和我国效仿，随着苏联解体和东欧剧变，国家保险模式随之被摒弃，我国也从20世纪80年代开始以能够适应市场经济体制的社会保障制度取代这种模式。虽然国家保险模式已退出历史舞台，但曾经也造福亿万人民，不应被社会遗忘。

---

① 欧阳琼. 中国社会保障地区差异研究[D]. 中国矿业大学（北京）博士学位论文，2012.
② 郑功成. 社会保障学——理念、制度、实践与思辨[M]. 北京：商务印书馆，2020.

第六节 社会保障的理论基础

作为一套源远流长的社会稳定机制，社会保障的产生和发展与各国政治、经济、社会、文化、伦理道德等多种因素密切相关，受到东西方诸多理论流派的影响，经济学、社会学、政治学等学科的不断进步，更是为其打下了坚实的理论基础。

一、大同社会论

大同社会是中国儒家思想的重要组成部分，在《礼记·礼运篇》中，最早勾勒出中国人心中"大同社会"的美好图景："大道之行也，天下为公，选贤与能，讲信修睦。故人不独亲其亲，不独子其子，使老有所终，壮有所用，幼有所长，鳏、寡、孤、独、废疾者皆有所养，男有分，女有归。货恶其弃于地也，不必藏于己；力恶其不出于身也，不必为己。是故谋闭而不兴，盗窃乱贼而不作，故外户而不闭，是谓大同。"大同社会思想在后世不断发展，深刻地影响了中国人以及中国社会对保障制度的想象。

陶渊明的《桃花源记》、宋代康与之的《昨梦录》均秉持了这一思想，以实现一个人人平等、共同劳动、互助共济、没有饥寒的社会为理想。[1] 近代社会，康有为于1902年完成的《大同书》将中国传统的大同思想推向一个新的层次，不仅将仁爱之心和人道主义精神作为构筑大同社会的基石，还汲取了资产阶级自由、民主、平等思想。在《大同书》中，康有为构建了一个完整的大同世界，其中包括完善的公共服务系统，而其所设想的公共服务系统，在今天的学术语境下皆属于社会保障体系。[2]

二、民主社会主义

民主社会主义强调在保持资本主义体制的前提下，以社会主义名义来实施福利国家政策。民主社会主义强调平等与民主，认为福利国家能够消除资本主义社会的痛苦，避免以暴力革命的方式达到消除贫困和实现平等的社会目标，是工业文明和政治民主发展的必然结果。民主社会主义培养利他主义、互助精神和社会一体化思想，这也符合人类建立更平等、更公平的社会理想。民主社会主义强调平等、自由和博爱等内涵，旨在消除社会不公，人民至高无上，拥有社会、政治和法律权利。此外，民主社会主义主张用国有化和计划经济来推进福利国家建设，以高额累进税对收入和财富进行再分配，以实现收入均等化和社会公平。他们认为民主社会主义是资本主义社会发展的一个高级阶段，人类社会必将从自由放任的资本主义社会进化到一种更文明的社会。民主社会主义的传播将福利国家的理论变为执政的纲领和政府的现实政策，为众多北

---

[1] 庞绍堂. 社会保障的思想渊源[J]. 南京社会科学，2008（7）：132-137.
[2] 刘丽伟，于佳琪. 以《大同书》观康有为的社会保障思想及其制度构建[J]. 井冈山大学学报（社会科学版），2017，38（6）：65-69.

欧国家的社会民主党在福利国家实践方面提供了理论支撑。

三、马克思主义社会保障论

随着工业革命的迅速发展和市场经济的加速运行,大量廉价劳动力被机器取代,生产力水平空前提高。在资本主义本质要求和市场竞争机制的作用下,大量生产者失去生产资料,失业、疾病和工伤事故不断增多,劳动者的权益无法得到有效保障。马克思主义通过分析和批判资本主义社会不合理的劳动模式和分配制度,认识到资本家大多只考虑自身利益,习惯于从自身所能获得的最大收益出发保证资本积累。马克思指出,劳动者是创造劳动价值的主体,社会保障的对象应该包括所有劳动者及需要救助的民众,劳动者的基本生存权是社会保障意在达到的基本目标,因此广大民众应具有公平享有劳动权利和参与分配的权利。[①] 此外,众所周知的剩余劳动所创造的"剩余价值"也是社会保障资金积累的重要途径,而这些进行剩余劳动的主体则是广大民众,因此必须建立完善的社会保障机制以维护劳动者权益,在其面临社会风险和社会危机时为其减轻难以承受的负担以及后顾之忧,进一步维护社会稳定与和谐发展。

马克思认为:"应把满足人的全面需求和促进人的全面发展作为经济社会发展的基本出发点和落脚点,应把人的全面而自由的发展和人类的自身解放作为社会保障的价值取向和终极目标。"因此,推动人的全面发展,是马克思主义的基本价值取向,也是科学社会主义的重要价值目标,这也进一步为我国社会保障理论与实践的发展提供了理论指导。

四、多层次社会保障论

中国共产党历来重视民生改善和社会保障工作,并不断优化制度、改革创新。党的十八大以来,我国社会保障体系建设进入快车道,经过不懈努力,我国建成了世界上规模最大、功能完备、具有鲜明中国特色的社会保障体系。习近平总书记指出,"社会保障是保障和改善民生、维护社会公平、增进人民福祉的基本制度保障,是促进经济社会发展、实现广大人民群众共享改革发展成果的重要制度安排,发挥着民生保障安全网、收入分配调节器、经济运行减震器的作用,是治国安邦的大问题""社会保障关乎人民最关心最直接最现实的利益问题,我们要加大再分配力度,强化互助共济功能,把更多人纳入社会保障体系,为广大人民群众提供更可靠更充分的保障,不断满足人民群众多层次多样化需求,完善覆盖全民、统筹城乡、公平统一、可持续的多层次社会保障体系,进一步织密社会保障安全网"。"要加快发展多层次、多支柱养老保险体系,健全基本养老、基本医疗保险筹资和待遇调整机制,扩大年金制度覆盖范围,规范发展第三支柱养老保险,积极发展商业医疗保险,更好地满足人民群众多样化需求。"[②]

党的二十大报告提出,要"健全覆盖全民、统筹城乡、公平统一、安全规范、可

---

① 刘钟元.浅析马克思主义的社会保障思想[J].新西部(理论版),2015(7):1+3.
② 习近平.完善覆盖全民的社会保障体系 促进我国社会保障事业高质量发展可持续发展[N].人民日报,2021-02-28(01).

持续的多层次社会保障体系。完善基本养老保险全国统筹制度，发展多层次、多支柱养老保险体系"。[①] 新时代，多层次、全覆盖的社会保障理念为我国社会保障事业的发展提供了科学指导和长远规划，也更加符合我国当前社会发展的现实需求和民众的殷切期盼，中国特色社会主义理论体系指导下的社会保障事业发展将持续迈上新台阶。

第七节　社会保障的学科特点与研究方法

一、社会保障的学科特点

社会保障是一门多学科融合的交叉学科。作为社会科学的重要组成部分，社会保障具有理论交叉性。

（一）社会保障与经济学

经济学作为现代社会保障理论及制度的重要基础，所揭示的普遍原理与方法对社会保障制度有着十分重要的指导意义。中外社会保障的发展与实践告诉我们，社会保障制度安排实则是一种社会价值的选择，而经济学中的选择理论则充当着社会保障制度安排的理论基础。[②] 不管是国家干预还是自由竞争，经济学在这些方面所取得的成就均为社会保障制度建立提供了基础与条件。例如，凯恩斯主义是工业化国家建立现代社会保障制度和建设福利国家的重要理论支撑，凯恩斯的国家干预论和增加公共支出等政策主张，为建立社会保障制度并通过这种制度调节社会经济发展提供了理论引导，同时也推进了现代社会保障制度的发展。

诸如此类的经济学理论不仅丰富了经济学家的经济思想，也深刻影响着现代社会保障体系的构建。社会保障与经济学有着密切的关系，经济学所取得的成就为社会保障的发展奠定了坚实基础。福利经济学直接推动社会保障理论的发展与进步，经济学为社会保障理论与政策实践的发展提供了具体指导方法。如西方经济学中的收入分配理论、边际效用理论、就业理论、贫困理论、制度学说以及马克思主义的劳动价值学说等，都为现代社会保障制度的建立与发展做出了贡献。

（二）社会保障与政治学

在政治学视角下，社会保障对政治体制的发展则具有更加深刻的意义。政治体系间各个组成部分相互联系，官僚机构、政治精英或国际体系在其中构建并生成相应的政治系统，从而形成最终决策，上述种种政治现象直接构建了各具特色的社会保障制度。

以德国社会保障制度建立为例，1848年革命前后，德国工人运动声势浩大，封建

[①] 习近平.高举中国特色社会主义伟大旗帜　为全面建设社会主义现代化国家而团结奋斗——在中国共产党第二十次全国代表大会上的报告[N].人民日报，2022-10-26.
[②] 张起梁，宗鑫，张伟.对中国社会保障制度的经济学分析[J].甘肃理论学刊，2011（3）：95-98.

土地所有制逐渐转化为资本主义私有制，农民得到了人身自由，德国手工业队伍不断壮大。但是，随着大批农民离开土地，去往城市的工厂劳动换取生存资本，这些工人的失业、养老、医疗问题也逐步凸显，对社会稳定和工业化发展造成了威胁，并带来一系列的社会问题。以俾斯麦为首的统治者看到了其中蕴藏的巨大风险，于是在工人阶级中选择政治代表人，开办各种福利合作社、伤残基金会等，并着手制定社会保障制度。[①] 德国分别于1883年、1884年、1889年颁布了《疾病社会保险法》《工伤社会保险法》《残疾和养老保险法》三项"政治作品"。这些社会保障举措对缓解劳资矛盾、稳定社会秩序、维护政治统治发挥了极其重要的作用，在改善劳工生活条件和提高劳动待遇的同时，强化了国家的政治统治，体现了社会保障强大的政治功能。

（三）社会保障与社会学

社会保障以解决养老、医疗、贫困、灾害等社会问题为出发点，试图通过一定的经济手段来解决特定的社会问题，社会保障制度的确立与发展通常被视为社会发展的重要方面和标志。社会学中的人道主义、伦理道德、历史文化传统等理论为社会保障提供了基础的理论源泉。因此，尽管经济学、政治学在当代社会保障理论与制度实践中占有最重要的地位，但社会学对社会保障理论与政策实践的巨大影响力也不容忽视。社会学所研究的社会公正、社会稳定、社会阶层与人口等社会问题，不仅为社会保障研究奠定了基础，也直接指导着社会保障理论与制度的发展。

一些社会学理论如马斯洛需求层次论、帕森斯的结构功能论等，都对社会保障理论的完善起到了重要的促进作用。社会保障水平的高低通常作为评价与衡量一个国家或地区社会发展水平而非经济发展水平的重要标志，这从另一个角度阐明了社会保障与社会学之间不可分割的关系。社会保障直接指向的就是社会问题，它也用社会学的理论和方法解决着这些社会问题，社会保障与社会学有着紧密的联系。

二、社会保障的研究方法

（一）实证研究法

实证研究法是探究现象本身"是什么"，从而认识客观现象，提供实用准确知识要点及学术内容的一种研究方法，这一方法非常契合社会保障的研究主题与要求，能为解决现实中的社会保障问题提供学术工具。实证研究法揭示客观现象的内在结构，明确要素间的普遍联系，归纳概括现象的本质并对其运行规律进行分析。实证研究法首先要确定所研究的对象，分析研究对象的合理性、各项影响因素及相互关系，收集并整理相关数据材料，根据数据结果得出研究结论。在研究过程中，研究者必须对某一理论所使用的条件进行设定，而这些假设需符合研究内容及研究目的。随后提出理论假说，对某一现象进行客观研究并得出暂时性结论。最后，需在不同条件和不同时间对假说进行事实检验，从而得出符合研究目的的结论。

（二）调查研究法

调查研究是指一种采用自填式问卷或结构式访问的方法，系统地、直接地从一个

---

① 赵晓芳. 政治学视角下的社会保障 [J]. 长春理工大学学报（社会科学版），2009，22（1）：48-50+58.

取自总体的样本那里收集资料,并通过对资料的统计分析来认识社会现象及其规律的社会研究方式。调查研究法的适用领域有以下三个方面:一是对某一社会问题进行系统的调查,目的是寻找该社会问题的原因,探究社会问题的解决办法;二是对社会科学领域的调查研究,具有一定的学术特性,是致力于探究某些社会现象或社会问题背后的规律与机制;[①] 三是对历史问题的研究,可以通过文献搜索、历史材料整理、相关人员访谈等途径来进行研究。上述领域与社会保障所关注的研究对象完全一致,调查研究法能很好地满足社会保障的研究需求。

(三) 案例研究法

案例研究法是更具有直观性的一种实地研究方法。研究者选择一个或几个案例为主要研究对象,并进行实地调查与研究,通过系统收集相关数据和资料,对其进行案例分析,用于探讨某一现象在实际生活环境下的状况。相对于其他研究方法,案例研究能够对所选取的案例进行翔实的描述和系统的理解,通过对案例全面系统的分析,能够获得有助于课题或假设的整体性观点。在研究过程中,证据的提出和数据的解释都具有主观性,研究者从不同角度的理解与自身对案例的偏见都会影响数据分析的结果。因此,可在案例研究中添加一定的数据分析,从而在一定程度上提高科学性与合理性。以案例的形式开展社会保障研究,能以鲜活的形象再现问题的产生,有助于提出更有针对性的解决对策。

(四) 问卷调查法

问卷调查法是社会调查与科学研究中普遍使用的一种研究方法。问卷以研究目的为主要设计方向,以设问的方式列出相应问题,再通过线上或线下的发放方式进行传播与发送,选择符合调查对象特征的群体如实填写答案。其中,问卷设计的类型包括结构性问卷与非结构性问卷,可由调查者依据调查问题进行具体的问卷设置。在设计问卷的过程中,调查者应该避免主观、客观的影响因素。一般来讲,问卷较之访谈、面试等方式更具针对性,数据更翔实完整,且易于控制。社会保障研究中采取问卷调查法,能帮助研究者掌握真实的社会问题,明确研究对象。

思考题

1. 社会救助、社会保险、社会福利在社会保障中的各自功能是什么?
2. 社会保障有几种模式?
3. 中国社会保障制度体系是什么?
4. 社会保障的特征有哪些?
5. 社会保障与经济学、社会学、政治学的关系?
6. 社会保障的研究方法有哪些?

---

① 风笑天. 社会研究方法(第六版)[M]. 北京:中国人民大学出版社,2022.

第二章　社会保障制度的发展历程

本章学习要点

了解西方现代社会保障制度的发展历程，重点掌握英国济贫法、德国社会保险制度、美国综合社会保障制度以及欧洲福利国家构建的背景、条件以及发展阶段。能够分析论述时下各国社会保障制度发展面临的挑战以及发展趋势。在了解世界社会保障发展的基础上，全面掌握我国现代社会保障制度产生与发展的历程。

第一节　现代社会保障制度的萌芽
——英国《济贫法》制度

众所周知，英国是最早对国民提供全面社会服务，进行社会保障政策实践的国家之一，也是最先系统研究社会福利政策理论的国家之一，涌现了许多著名的学者，如理查德·蒂特马斯，他写下大量有关英国社会福利政策与理论的著作，如《社会政策问题》（1950年）、《福利国家论文集》（1958年）、《今日福利国家的目标》（1965年）、《社会福利与给予的艺术》（1967年）以及《献身于社会福利》（1968年）等。

英国的社会保障制度历史非常悠久。总体来看，英国社会保障制度的发展经历了民间慈善救济、济贫时期、社会保险时期以及福利国家四个主要的发展阶段。其中民间慈善救济主要指的是中世纪时期依托教会的宗教救济以及以个人和基尔特①为主体的慈善互助行为，这些救济方式多为民间自发，而非政府组织，带有一些随意性。16世纪前，英国民间的宗教救济承担着重要的救济职能，教会为贫民提供生活必需品并提供住所。直到16世纪30~40年代，英国的宗教改革严重地削弱了宗教救济的力量，也推动了政府济贫制度的实施。

---

①　基尔特，是英文"Guild"的音译，即行会、协会。基尔特产生于中世纪晚期的英国，主要可以分为两类：一种是工商业基尔特，主要维持经济秩序的正常运转；另一种是具有宗教性质的社会基尔特，旨在应对各种社会问题。

1601年,英国政府颁布《伊丽莎白济贫法》(以下简称旧《济贫法》),[①] 这既是英国济贫时期的开端,也是现代社会保障制度的萌芽,它的出现标志着英国社会保障制度从传统的慈善宗教救济进入到由政府组织的社会政策阶段。旧《济贫法》是世界上第一个由政府承担应对贫困问题责任的制度安排。

纵观历史,英国的济贫制度并不是一朝一夕就建成的,其经历了一段相当曲折的历程。具体来说,主要经过了以下三个发展阶段:

一、济贫制度的起源:从慈善救济到旧《济贫法》的出台(16世纪到1601年)

在旧《济贫法》正式颁布前,英国社会不仅存在教会和民间救济的尝试,针对圈地运动而导致的日益严重的贫困问题,政府也开始探索出台解决流民和贫困问题的法令。英国最早的济贫法令可以追溯到都铎王朝时期,这一时期是英国从传统社会向现代社会过渡的重要时期。针对当时农业生产的商品化、资本主义化导致小农失去土地和劳动权利,引发失业、贫困、流民等严重社会问题,都铎政府很早就在贫困治理实践中尝试发挥社会职能,并不断纠错。[②]

都铎王朝时期,英国的流民和贫困问题最为严重,迅速增加的流民成为威胁社会稳定的主要因素之一。世界体系论者沃勒斯坦认为16世纪的英国一个"关键性的政治问题"就是"乞丐和流浪汉问题"。[③]都铎政府对流民这一群体充满了偏见,认为贫民等于流民,流民等于罪犯。社会舆论也抹黑流民,将流民贴上好逸恶劳的标签。[④]在这样的偏见下,政府出台多部严格的反流民法限制流民。

15世纪,英国政府颁布的第一部反流民法是1495年亨利七世制定的《反对流浪和乞丐法令》,规定有劳动能力的乞丐和流民会被处以鞭刑和关押三昼夜后遣送原籍,如果在同一个城市再次被捕,那么会被关押六昼夜后再遣送原籍。马克思在《资本论》中指出:"15世纪末叶和整个16世纪,西欧各国都制定了惩治浪人的血腥法律。今日工人阶级的祖宗,当初因迫不得已变为浪人和需要救济的贫民,而蒙受惩罚。"[⑤]通过反流民法的强压政策企图将失地农民禁锢在原有的土地上,只会进一步加剧社会冲突,引发诸多社会动乱令政府担忧。于是在1503~1504年,英国政府新颁布修改后的法令,在对流民处罚的量刑上比1495年法令明显有所减轻,被捕流民的关押时间改为一昼夜;在同一座城市再次被捕的关押时间改为三昼夜[⑥]。

进入16世纪,都铎政府在失败的反流民实践中不断调整政府的角色定位和政策选择。亨利八世时期,流民问题更加严重,统治者仍然期望通过强压性的手段来限制流民的数量,先后颁布了1531年法令和1536年法令。

---

① 又称《伊丽莎白43号法案》(43 Elizabeth),简称《济贫法》(The Poor Law),也就是后来所称的旧《济贫法》。
②④ 雍正江. 英国都铎政府贫困治理政策的演变 [J]. 史学集刊, 2020 (6): 81+86.
③ [美]伊曼纽尔·沃勒斯坦. 现代世界体系(第1卷)[M]. 郭方等译. 北京: 高等教育出版社, 1998: 318.
⑤ [德]马克思. 资本论(第1卷)[M]. 北京: 人民出版社, 1963: 810.
⑥ 尹虹. 近代早期英国流民问题及流民政策 [J]. 历史研究, 2001 (2): 113.

1531年法令严厉惩罚身体健全的人行乞，按照是否有劳动能力对贫困人口进行区分，对于无劳动能力的贫民发放乞食许可证，允许其在所属郊区的范围内行乞，跨教区行乞的将被处罚（关押两昼夜）；对于有劳动能力的贫民，将被遣送原籍从事农业劳动，违反者被捆绑到市场，处以赤身露体的鞭刑[①]。1531年法令比之前措施增加的新内容是实施乞食许可证制度，严格禁止和处罚无证乞食（关押三昼夜）。

　　1536年，根据1531年法令五年来的执行情况，亨利八世主持起草并颁布了1536年法令，也被称为《亨利济贫法》。该法令第一次对本教区贫民的救济做出规定，开始采取一些非惩罚性的积极措施。每个教区要负责本区的贫民（属地性原则），救济金来自政府在教区通过自愿捐赠的形式募集。对健康的贫民和无劳动能力的贫民实施分类救助：给健康贫民安排工作，促使他们自食其力；对于无劳动能力者则发放救济金，责成各教区负责供养教区内住满三年不能工作的贫民，防止他们被迫乞食和成为流民；对于5~14岁的流浪儿童，建立贫民习艺所（Workhouse），强制他们进入贫民习艺所做学徒，学会一门手艺，以便他们成年后自谋职业。分类救助旨在避免救助施舍助长好逸恶劳的思想。这一时期的反流民法标志着国家开始承担组织救济和募集资金，这不仅意味着政府对待流民和贫民的措施改变，也标志着一项由政府主办的公共救济计划正在建立。

　　爱德华六世时期，颁布了更为严厉的1547年济贫法令，该法令规定所有具有劳动能力而不劳动的人皆为流浪汉，被判定犯有流浪罪者将会根据拒绝劳动和逃跑的情况受到烙印、罚做奴隶甚至处以极刑的惩罚。由于这项法令对流浪贫困者的处罚过于严酷，在两年之后便被废止了，并恢复1531年对健康乞丐施以鞭刑的法令，一直到1572年。

　　救济贫民和减少流民不仅需要救济观念的转变，还需要资金。伊丽莎白时期，对募集济贫资金做了进一步规定。1563年法令，规定每户人家应依其财产收入按周缴纳税捐以救贫民，此为济贫税的起源，交纳税捐仍以自愿为主。1572年，英国女王伊丽莎白签署的《帕里石济贫法》，第一次提出通过征收一般税（General Tax）作为济贫基金用以救济贫民。济贫税从原来的自愿慈善行为，改为按财产比例强制征收。

　　1572年颁布的《帕里石济贫法》进一步明确实施分类救济，将贫民分为三类：无劳动能力者、健康无就业者、健康懒惰者。其中对无劳动能力者通过济贫税资金进行救助，对健康无就业者提供就业，对健康懒惰者仍然延续惩罚政策。《帕里石济贫法》恢复了对健康懒惰流民的严刑峻法，这些对流民施以监禁、烙印甚至极刑等血腥条款直到1593年法令才得以废除，但并未取消体罚和鞭刑的规定。

　　四年后的1576年法令在《帕里石济贫法》的基础上，进一步对健康流民出台了新政策。对于健康有劳动能力的流民，每个城市的治安法官应为其提供生产资料，"让有希望的年轻人习惯劳动，并在劳动中成长，而不是游手好闲……并使其他愿意或需要工作的人也有工可做"。[②] 法令还要求每个郡都要建感化院，将那些有工作机会却不去

---

① 贺蕙蕙. 评析中世纪晚期英国济贫法［J］. 政法论坛，2013（6）：69.
② 尹虹. 近代早期英国流民问题及流民政策［J］. 历史研究，2001（2）：115.

工作的人送进感化院，实行强制性的劳动改造。

1597年颁布《禁止流浪汉、流民和身强体壮的乞丐》法令，立法的主要内容是针对流民的济贫问题，它为近代济贫思想奠定了基础。传统认为旧《济贫法》是1601年法令，但事实上1601年法令只是对1597年法令的补充和修订，对流民问题的全面讨论是在1597年而不是在1601年。该法令对救济方式及官员的责权做了详细规定，随着对待流民和贫民的观念发生变化，救助政策也进一步发生变化。首先，对流民最严厉的惩罚取消了，当然鞭刑和体罚依然存在；其次，法令的重点把对健康者的惩罚转移到为失业者提供工作上，继续实施分类救济，除了对健康懒惰者延续惩罚外，对无劳动能力的穷人利用济贫税资金进行救济，并设立专职征收济贫税的救济员，对健康无就业贫民提供工作，并用济贫资金支付报酬。其核心内容已经从惩治流民真正转变为创造就业机会，为失业者提供工作，对无劳动能力者实施救济。

综上所述，都铎王朝时期开启了济贫的理性化过程，经历了单一惩治——惩治与救济相结合——轻惩罚、重救助的救济理念转变，体现了获取救济与获取工作相结合。这一时期政府已经基本上形成了一套解决贫民和流民问题的政策和方法，这些政策的核心原则是阻止贫民成为流民、惩治健康懒惰贫民，救济无劳动能力的贫民。都铎王朝时期的济贫探索为英国的济贫制度确定了立法原则，奠定了思想理论基础，是人类文明的一大进步。女王伊丽莎白一世把已有的惯例用法律的形式固定下来，制定了历史上著名的《伊丽莎白济贫法》。

二、旧《济贫法》时期（1601~1834年）

1601年，在女王伊丽莎白一世的授意下，英国政府颁布旧《济贫法》，是世界上第一部由政府承担贫民救济的正式法律。旧《济贫法》对英国都铎王朝时期的济贫制度进行了比较系统的规定，再次确认了国家和政府对流民和贫民应尽的责任，它使社会保障体系的最低层次的措施——社会救助制度，第一次以立法形式公之于世。旧《济贫法》在英国实施了近240年，不仅影响了英国社会，欧洲大陆各国政府也采取了大体相同的政策。

旧《济贫法》的内容主要体现在以下四个方面：①延续将贫民分类并区别对待的做法，把救济对象严格地区分为有劳动能力的贫民、无劳动能力的贫民、无依无靠的孤儿三类，详细规定救济的各种形式，包括救济金、补助金、实物救济、住房和医疗救助以及帮助儿童学习一门手艺等，兼具劳动强迫和福利救济双重性质；②强调工作救济，提倡将有劳动能力却无以为生的贫民置于工作之上进行救济，例如，通过与私人农场主、企业主签订协议为贫困者争取就业机会，通过工资补贴制度鼓励就业以及对贫困儿童实施学徒制等；③意义更为重大的是建立了严密的管理体系，以教区为单位实施属地化管理，设立教区的贫民监督官和教区济贫委员会，并在全国建立济贫院、贫民习艺所，院内救济和院外救济并存；④规定了较为完善的济贫税征收制度。

随着旧《济贫法》的实施以及英国经济社会的发展变化，济贫制度不断面临一些新的问题，随着时间的推移，英国政府也在不断出台新的法令，调整和完善济贫制度。

由于旧《济贫法》没有从根本上缓解因原始积累引发的失地贫民大规模流入城市的问题，1662年英国制定了《安置法》（又称《住所法》），其主要内容涉及流民的定居与迁移问题。规定贫民须在其所在的教区居住一定年限者方可获得救济。凡跨教区擅自变更住所之人，都应被迁回其法定住所所在地的教区，再次严格了旧《济贫法》的"属地管理原则"。《安置法》也不是禁止所有的跨教区迁移，法令规定只有新迁入者有能力租住年租金在10英镑以上的固定住所，才能获得居留证，否则将被驱逐出教区，但这一要求显然远远超出当时普通劳动者的经济能力。[1]《安置法》直到1948才被废除，在近三个世纪里，严格限制贫民只有在所属教区才能获得无条件接受救济的权利。从表面上来看，《安置法》是保障贫民更直接地获得所属教区的救济，但是却限制了贫民的自由流动，对那些希望到大城市寻找工作机会的健康贫民产生了消极的影响，阻碍了全国范围内自由劳动力市场的形成。但也有学者认为《安置法》只是阻止穷人跨教区申请救济，并没有阻碍工人跨教区流动，人们可以在不同教区工作，只是不能在那里申请救济。从17世纪到18世纪，英国主要城市迁入人口的增长，以及城市化率进程的加快也证明了这一点。

1722年英国通过《济贫院检验法》（又称《习艺所收容失业贫民法》），鼓励各教区在济贫院救济健壮的贫民，对于拒绝进入济贫院的贫民，可以不予救济。这标志着济贫院这一官方救济机构的正式诞生。济贫院是一种半工作半监狱性质的场所，健康贫民必须在济贫院生活和从事手工劳动，才能获得济贫院发放的工资，即院内救济。但是由于在济贫院内从事劳动的穷人多是劳动技能低下，所生产的产品并没有市场竞争力，导致济贫院的运营费用高昂。随着工业革命的深入，传统手工业逐渐衰败，济贫院能够提供的工作岗位也十分有限。因此，院内救济在旧《济贫法》时代并不普遍。

1782年，英国议会通过《吉尔伯特法》，明确地准许教区对健壮贫民实行院外救济，也就是说，接受救济者可以生活在自己的家庭，而不是必须在济贫院、感化院或贫民习艺所里接受救济。《吉尔伯特法》使接受院外救济的人群从儿童、年老或患病者扩大到健康贫民。他们不再被要求进入济贫院参加强制劳动，可以在教区领取救济，直到找到工作为止，但这种院外救济的济贫体制很快也面临费用问题。

1795年，伯克郡的济贫官员和士绅贤达在斯皮哈姆兰的鹈鹕旅馆做出决定，认为只要人们的收入低于确定的最低收入标准，他们就会得到救济，即使是健康的劳动者。当一位健康劳动者就业的工资达不到最低收入标准时，就可以得到工资补贴，这份补贴会将工人的收入提升到最低收入标准。最低收入标准的确定依据面包价格变动和家庭规模，而不是依据工人实际挣得的工资有多少。这些决定标志着英国济贫制度史上影响深远的《斯皮哈姆兰法令》的诞生。到1832年，除诺森伯兰及达勒姆两郡外，英国各郡均实行"斯皮哈姆兰制"。《斯皮哈姆兰法令》的实施，把济贫的范围扩大到健康贫民，以及扩大到家庭成员，一个家庭养育的儿童数量越多，得到的救济也越多，体现济贫的最低生活保障和普遍性。

---

[1] Paul Slack. The English Poor Law 1531-1782 [M]. London: Macmillan, 1990: 28.

学者们对《斯皮哈姆兰法令》的评价褒贬不一：卡尔·波兰尼认为，《斯皮哈姆兰法令》降低了劳动者的自尊心，他们宁愿申请不光彩的救济金也不愿努力工作；马尔萨斯的批评更加尖锐，从其人口论出发，认为济贫制度发放的工资补贴和抚养儿童补贴掩盖了人口过快增长和食物供给不足之间的矛盾，从长远来看，将使人类陷入贫困的深渊，此外，还滋生了劳动者的懒惰，加剧贫困问题；李嘉图认为《斯皮哈姆兰法令》扰乱了本应由市场决定的工资水平，有悖于市场运作机制，同时也增加了人口过剩的趋势[1]；但也有一些学者持肯定态度，认为《斯皮哈姆兰法令》体现济贫理念的转变，保障"生存权"的概念开始得到广泛认可，与面包价格和家庭规模相挂钩的最低救济标准也意味着人们有权过上基本舒适的生活。针对批评者提出的可能导致消极和懒惰的质疑，支持者指出事实上在任何时间点，至少有九成劳动者并未获得公共援助，工资仍然是绝大多数工人的唯一收入来源，绝大多数劳动者仍在从事困难且低薪的工作，只有极少数的工人会借助工资补贴躲避工作，不能代表整个工人阶级。

政治哲学家的争论、政府济贫开支过大、不断增加的济贫税以及工业革命带来的贫困问题的加剧最终促成了1834年新《济贫法》的颁布。

三、新《济贫法》时期（1834年到20世纪初期）

进入19世纪的英国，工业化创造了惊人的社会财富，但财富并没有被公平合理地分配，1801年英国基尼系数上升到0.59，[2]贫富差距严重。贫困问题成为工业革命后困扰英国社会的一个十分突出的社会问题。

早在1817年，英国济贫法委员会就提交了一份关于旧济贫法实施的报告，报告指出济贫法存在诸多问题：由于接受救济的贫民数量的增加导致济贫资金入不敷出，因此已经成为一项政府负担；《斯皮哈姆兰法令》中的工资补贴制度导致济贫呈现家庭化，没有承担劳动义务的家庭成员享受到了"免费午餐"，这对于那些依靠自己双手工作的劳动者是不公平的。

1832年，英国政府针对这份报告中对济贫制度的批评，英王威廉四世下令组织皇家委员会——"济贫行政与实施委员会"，启动了对英国济贫制度的调查。对全国约1.5万个教区中的10%进行了调查，在1834年3月，一份长达七卷的，由自由主义者埃德温·查德威克主笔的《改革现行济贫法的报告》发表。在自由主义思想家的有限救济理念的影响下，报告的基本共识是主张实行极为严格和有限的救济。调查报告详细列举了济贫法实施中存在的弊端并提出了英国济贫制度应遵循的三项基本原则，即院内救济的"劣等处置"原则、济贫院检验原则和中央管理体制原则，并根据三项原则提出相应的完善意见。

1834年8月，基于英国皇家委员会的报告，英国议会以绝对优势通过了《济贫法修正案》（The Poor Law Amendent Act），即通常所说的新《济贫法》，其理论基础是边

---

[1] ［英］彼罗·斯拉法.李嘉图著作和通信集（第一卷）[M].郭大力，王亚楠译.北京：商务印书馆，1981：77+88.

[2] A. B. Atkinson and F. Bourguignon. Handbook of Income Distribution [M]. Oxford：Elsevier, 2000：175.

沁的功利主义。① 从此英国济贫制度进入新济贫法时代。相较于旧《济贫法》，新《济贫法》主要有以下变化：

首先，新《济贫法》制度最重要的特点是确立了济贫院内救济的原则。对应调查报告中的济贫院检验原则，一切救济都应在济贫院内进行，除必要的医疗救济和儿童学徒制之外，停止向身体健全者及其家属提供院外救济，所有从教区领取救济者都应在济贫院内为教区工作，不仅工资比市场上的劳动者要低，济贫院的生活条件也极其恶劣，被称为穷人的"巴士底狱"，这也对应了调查报告中的院内救济的"劣等处置"原则。旨在通过济贫院内恶劣的生活和工作环境来威慑懒惰贫民，以消除贫困。取消院外救济也意味着斯皮哈姆兰"工资补贴"制度被废除，有劳动能力的贫民只有一种救济方式就是送进济贫院强制从事劳动。

其次，新《济贫法》建立了从中央到地方的一整套济贫工作管理和监督制度：在中央，建立"英格兰和威尔士济贫法委员会"，该中央济贫委员会由三人组成，对议会负责，每年向首相汇报一次工作。它有权组织人员调查济贫法实施情况，有权要求各地方管理机构上报济贫法执行情况统计数据，有权任命或撤换地方助理委员，中央济贫委员会任期为五年；在地方，济贫工作由管理员负责，各地区的治安法官是管理员的当然人选，新《济贫法》规定了地方济贫管理机构的职责和权限，例如，管理员的职责是合并教区建立联合劳动院，负责济贫税的征收与使用，负责保管各种档案和账目。可见，济贫制度的管理开始归属于济贫委员会，废除了以教区为单位的救济行政，扩大为较大的地方单位。

最后，在全国建立济贫院和联合教区的济贫院。为了保证院内救济原则的推行英国各地开始广泛建立济贫院，院内救济原则结合建立联合教区的济贫院，节省了大量的开支。但是总的来说，各地建立联合教区济贫院的进程缓慢，其重要原因之一是建立新的联合济贫院的成本较高。

新《济贫法》的实施具有一定的成效，主要体现在以下三个方面：①降低了济贫法支出，面对济贫院的恶劣条件，穷人不到万不得已，不会申请救济。接受救济的贫民数量得到有效控制，从全国来看，接受救济者占总人口的比例由新《济贫法》元年的8.8%下降到1850年的5.7%，到20世纪初，这一比例进一步下降到2.5%。② 从而节省了大量济贫开支。②提供了大量劳动力，济贫院劣等处置原则和《斯皮哈姆兰法令》的废除使具有劳动能力的贫民把在劳动力市场谋求工作机会作为首要选择。③提高了济贫工作的管理层次，使济贫工作向着国家统一有序管理的方向发展。

由于自由主义有限救济理念和社会现实以及和贫民需求相脱离，新《济贫法》的推行非常缓慢，尤其体现在院内救济原则的落实上。虽然新《济贫法》明文规定从1837年7月1日起一律停止对济贫院外所有壮年男子的救济，但事实上济贫委员会并没有严格按此执行，济贫院外的救济仍然存在，不仅一些老弱病残者可以在济贫院外

---

① 陈晓律. 英国福利制度的由来与发展 [M]. 南京：南京大学出版社，1996：22-30.
② 徐琪新. 英国济贫制度变迁研究 [D]. 山东大学博士学位论文，2022.

获得救济，而且一些身体健全的贫困者按照新《济贫法》本应该接受济贫院内的救济，却实际上接受济贫院外的救济。根据1841~1842年济贫委员会报告的590个联合教区之中还有132个没有实施取缔院外救济的一般禁令。[①] 1870年，只有15%的贫民是在济贫院中得到救济的。[②] 特别是到了19世纪末20世纪初，英国失业问题越发严重，大量失业者无法获得基本生活保障时，英国济贫院外的救济不仅为其提供了必要的救济，甚至导致济贫院外救济出现不断扩大的趋势。

新《济贫法》严苛的救济原则在全英国范围内引发了大规模的反对新《济贫法》的运动。例如，托德默登发生了关闭工厂以抵制新《济贫法》制度的行为；布莱德福发生了严重的骚动；在兰开郡和西莱定济贫委员修正了他们的救济政策，没有颁发院外救济的禁令，济贫监督官可依照旧《济贫法》和"有关济贫事宜的其他一切成文法"处理救济工作，从而使济贫监督官拥有了援引过去成例权宜行事的余地。

此后，虽然新《济贫法》对院内救济做出严格规定，19世纪40年代，英国还颁布了一些允许提供院外救济的立法，如1842年，济贫委员会颁布院外劳工监察条例，允许对从事救济性工作的劳动者提供院外救济，这些救济性工作往往是砸石块等枯燥乏味的工作。1844年，政府颁布《禁止院外救济令》，虽然再次强调"禁止院外救济"，但在法令的第一章却规定包括患病、养育子女、服兵役者的家属等九种情况下可以提供院外救济。正是由于长期以来形成的救济习惯以及来自贫民的抵制，新《济贫法》原则在全国的贯彻受到阻滞，也导致了事实上的院内救济和院外救济共存。

19世纪中后期至20世纪初，英国政府对新《济贫法》做过多次修改和补充。首先，针对中央管理济贫机构很不完善，各地管理员权限过大，1847年经议会讨论后决定，取消"英格兰和威尔士济贫法委员会"，代之以"济贫局"。其次，在济贫院内进一步实施分类救助。对于被认为是"不值得救济"的贫民实行强制劳动制度，强迫他们修路、采石或从事其他劳动。对于那些被认为是"值得救济"的贫民，则尽可能地改善他们的生活条件，例如儿童，有的济贫院建立单独的儿童之家，1870年大约82%的济贫院内的儿童可以在济贫法机构中得到教育，同年起，大部分规模较小的济贫院中的儿童已经可以进入地方中小学校上学。最后，改善济贫院的条件，19世纪70年代后，英国经济出现衰退，世界工厂地位逐步丧失，国民经济增速减缓，人们对贫困、失业等社会问题的态度发生了巨大变化，普遍认同贫困不是个人原因造成的，更多的是社会原因，因此应对贫困问题是政府、社会需要承担的责任。在此背景下，社会各界对济贫院进行改革的呼声越发强烈。到19世纪末，很多惩戒性的严苛措施被逐步取消，例如，济贫院对违反规定的贫民的处罚措施逐渐减轻，统一时间起居和用餐的规定被取消，贫民可以外出探亲、散步甚至短途旅游。济贫院的条件也逐渐改善。例如，建造新的条件较好的济贫院，改善济贫院的膳食标准、增设取暖设备等。又如，1867年，议会通过了《都市济贫法修正案》，要求济贫医院必须与济贫院分开设立，济贫医

---

① 丁建定. 英国新济贫法制度的实施及其评价——19世纪中期英国的济贫法制度［J］. 华中师范大学学报（人文社会科学版），2011（7）：34.

② 丁建定. 1870~1914年英国的济贫法制度［J］. 史学集刊，2000（11）：48.

院成为济贫院的标配,成为独立的机构并为院内外穷人提供简单的医疗服务。20世纪90年代以后英国济贫院的条件有了一定的改观的确是一种历史事实,过去所谓的"巴士底狱"般的济贫院已经并不多见。

20世纪初,济贫法制度进一步改革,这主要体现在1911年的救济条例和1913年的济贫法机构条例,前者放宽了对院外救济的限制,要求济贫监督官对院外贫民提供较之以前更加充分的救济,后者将济贫院这一名称改称为济贫法机构,并要求各地济贫法机构要进一步改善济贫院的生活环境。第一次世界大战后济贫院的地位和作用有所下降,有劳动能力的人不再进入济贫院寻求帮助,不少济贫院被出售、拆除或废弃。

随着社会经济的发展,济贫制度在19世纪末20世纪初已经不能适应英国社会发展的需要,但它并没有被废除,而是被自由党政府保存下来,作为其推行新型社会保险制度的补充,并一直存在到1929年。1929年英国颁布《地方政府法》,要求各郡议会及各自治市议会建立一个公共救助委员会,该委员会具有提供救济的权力。实际上用郡议会和自治市议会取代了原来的济贫委员会,用国家的公共补助取代了贫民救济。长达三个多世纪的济贫法制度开始走向终结。1929年后,济贫法已开始名存实亡。此时,还有不少遗留下来的济贫院仍以公共援助机构的身份为穷人提供食宿救济,延续着历史使命。1948年,英国颁布《国民救助法》,法令宣布废除济贫法制度,建立国民救助局。健康部大臣厄内斯特·贝文(Ernest Bevin)在向议会提出国民救助法案时说:"国民救助法是英国社会服务大厦的基石,国民救助制度的建立标志着英国社会史整个一个时代的结束。"1948年的《国民救助法》也通常被视为济贫院制度的正式终结。

英国作为世界上第一个建立济贫制度的国家,其制度和政策一直对世界各国和地区的社会救济产生重要影响。继英国建立济贫法制度之后,欧洲大部分国家都借鉴英国的经验,建立了自己的济贫制度。在社会保险制度出现以前,济贫法制度一直是英国政府解决社会问题的主要官方措施,英国的贫民救济制度适应了资本主义萌芽时期和工业革命阶段的社会现实和社会需要,为贫民和流民提供生活保障,维护了社会秩序,也为资本主义发展初期提供了所必需的廉价劳动力。新《济贫法》奠定的现代社会保障立法的基础,使社会救助走上了国家化和社会化的道路,形成了政府直接管理社会保障事业的传统,标志着英国现代社会保障制度的萌芽。

第二节 社会保险制度的建立
——德国社会保险立法

德国是最早建立社会保险制度的国家。在1883年、1884年和1889年,德国先后颁布了《疾病保险法》《工伤事故保险法》《老年和残疾社会保险法》,开创了以社会保险制度为核心的社会保障制度的建立和完善过程。继德国之后,西欧及世界上的许多国家先后建立起社会保险制度。德国社会保险制度的建立至今已百年有余(140

年），现在社会保险制度已经成为世界上许多国家社会保障制度的核心。

一、为什么德国成为首个建立社会保险的国家？

工业社会是社会保险产生的物质基础，为什么率先完成工业革命的英国只是最先建立了社会救助制度，而社会保险制度则诞生在德国？其中德国自身独特的政治、经济、社会和文化背景是形成不同社会保障传统的重要因素。

（一）政治不稳定

首先要从帝国政治不稳定这一方面来分析。19世纪的德国从一个小国割据、农业为主、等级森严的社会发展成为工业社会。1871年实现了民族统一与国家统一。德意志的统一为德国经济的发展开辟了更广阔的前景，工业化进程加快，但生产力进步和经济繁荣的同时也带来一系列的社会问题——贫困问题加剧，社会主义和工人运动高涨。与此同时，完成统一后的德国，之前隐藏的各种国内社会矛盾也日益显现出来并且日益尖锐。其次19世纪80年代初期，德意志帝国陷入严重的建国者危机中，[1] 民族统一后短暂繁荣的经济进入衰退阶段，政治危机也愈加严重。帝国政府面对的内政对手越来越多，存在多个利益集团，如容克地主阶级、保守的容克资产阶级、自由资产阶级、社会民主党和工会组织、天主教势力等。资产阶级在德意志帝国只是一个参与者。政治上的不稳定决定德国不能像那些老牌的稳定民族国家一样从容地应对国内的各种矛盾和冲突。刚刚建立新政权的帝国政府将社会保险立法看成一个潜在的整合各利益集团的手段。

（二）迟到却快速发展的工业化

德国由于诸侯割据而四分五裂，其工业革命起步晚于英法多年，直到19世纪30年代才开始进行第一次工业革命。工业革命起步迟反而使德国占有了优势，比起英国的陈旧设备，德国能够最大限度地利用最新的科技成果。德国第一次工业革命在19世纪50~60年代进入了快速发展阶段。德国是第一次工业革命的迟来者，却是第二次工业革命的领先者。在70年代开始的第二次工业革命，德国又抓住机会，工业发展突飞猛进。在大约30年的时间里，德国从一个农业占统治地位的落后国家变成了"一个拥有强大农业基础的工业化国家"。1871年德国统一，进一步促进了本国资本主义的发展。到90年代初，德国已完成了工业革命，并呈现出一种繁荣昌盛的景象。在工业化进程中，德国经历了一个短暂而快速的过程，19世纪中叶出现工业化的端倪，可是到了1874年德国的工业生产已经超过了法国，1895年德国的综合经济实力又超过了英国，成为欧洲头号工业强国和仅次于美国的世界第二强国。[2] 德国当时的经济状况和财政实力，使政府拿出一部分资金用来改善工人的生存状况和福利水平成为可能。

（三）工人的处境和工人运动

资本主义经济的快速发展是建立在对工人的残酷剥削的基础上，德国也不例外。

---

[1] [德] 埃希霍夫. 德国社会保险的形成 [J]. 社会保障研究，2013（2）：176.
[2] 吴友法，黄正柏. 德国资本主义发展史 [M]. 武汉：武汉大学出版社，2000：147.

虽然德国的工业化和资本主义的发展速度很快，但是由于英国商品在世界上具有竞争力并长期控制着一定的市场，为了赢得更大的竞争力，德国企业采取了延长工作时间和削减工人工资的办法降低成本，导致大量的工人在高强度的工作之后还无法维持温饱。19世纪40年代末德国工人每天工作的时间高达17个小时，甚至更多。但同时期德国工人的工资却低于其他资本主义国家。据统计，德国工人的工资在1865年比美国工人的低77%，只相当于英国工人的61%。① 工人的工作条件非常恶劣，工伤事故频繁、职业病增多；工人受到压榨，贫困问题日益严重，生命健康受到威胁。为了摆脱困境，在马克思主义的影响下，罢工和抗争风起云涌，社会主义运动和工人运动高涨。巴黎公社革命失败后，欧洲工人运动的中心逐渐从法国转移到德国。1869年8月，德国社会民主工党成立。1875年5月，德国社会民主工党与全德工人联合会合并，建立统一的德国社会主义工人党，并于1891年10月更名为德国社会民主党。社会民主党重视社会正义，主张改进社会福利和工人劳动保护思想，对工人影响甚大。德国社会民主党向政府提出了一系列的社会要求，主要内容涵盖免费的医疗服务和无须缴纳保险费的社会保险立法。

当因工人贫困而导致一系列的社会风险和社会问题出现后，"德国的反应比英国迅速而广泛，比美国就更迅速、更广泛得多"。② 面对工人运动和社会民主党的压力，俾斯麦不得不选择通过社会政策改革与社会立法化解阶级矛盾和对政权的威胁，旨在提高工人的工资和福利待遇的社会保险在19世纪末的德国势在必行。正如列宁所说的那样，"对工人实行保险，完全是资本主义发展的整个进程决定的改革"。③

（四）思想基础

统一后的德国各种思潮涌现，在各种思潮中，对俾斯麦影响最大的是"新历史学派"。新历史学派是德国的德国社会改良主义，古斯塔夫·施穆勒是德国新历史学派的创始人，代表人物还有阿道夫·瓦格纳、路德维希·布伦坦纳。1870年后，由于工人运动和各种社会问题的出现，在旧历史学派的基础上，形成以施穆勒为首的新历史学派。新历史学派的社会改良政策主要体现在如何看待劳资对立这一问题上。他们既反对英国古典经济学的完全自由主义，也不赞同马克思的阶级斗争学说。他们反对工会，反对工人罢工，宣扬一种"合法的强权君主制"，主张国家应进行自上而下的社会改良，以调和劳资矛盾。新历史学派认为国家是超阶级的组织，能调和阶级关系，主张在不废除资本主义制度的范围内，通过社会政策、社会立法等解决劳资问题和社会问题，逐步实现"国家社会主义"。这种思想的鼓吹者于1872年组成"社会政策学会"，当时德国的曼彻斯特学派讽刺新历史学派为"讲坛社会主义"。新历史学派关于社会政策改革的具体主张体现在国家应该担负起"为其臣民的幸福和福利负责"的任务，通

---

① [苏]波梁斯基. 外国经济史：资本主义时代[M]. 郭吴新等译. 北京：生活·读书·新知三联书店，1963：388.
② [美]科佩尔·S. 平森. 德国近现代史[M]. 范德一译. 北京：商务印书馆，1987：327.
③ [苏]中共中央马克思恩格斯列宁斯大林著作编译局. 列宁全集（第十七卷）[M]. 北京：人民出版社，1959：448.

过社会政策解决工人在劳动保护权、工资待遇、养老就医等方面的问题来改善工人的境况，从而缓解劳资冲突。这一主张恰与俾斯麦政府保守专制的执政理念不谋而合。

（五）实施社会保险的民间基础

德国民间早有互助的传统。早在12世纪德国的采矿业就出现互助性行会组织，行会章程规定会员会费的一部分用来救济鳏寡孤独者。[①] 在中世纪就已经出现了"基尔特"，即手工业者互助基金会。它通过向会员收会费筹集基金，以帮助那些丧失工作能力又没有土地作为生活依托的手工业会员。19世纪中叶，社会救济在德国民间形成并发展起来，德国的工人阶级依托工会创办了"劳动者福利中心""社会福利联合会"等群众性社会团体，开展工人内部的互济活动。截至19世纪70年代，德国已经形成了4000多个由劳动者自我缴费的疾病保险基金。[②] 德国民间手工业者的互助传统和工人互济，为德国政府制定社会保险法提供了经验和传统。使人们更易于接受提倡社会保护的新的社会保险制度。

（六）小结

综上所述，社会保险法的问世得益于德国独特的历史传统，与英国不同，德国要面对的是联邦的稳定和无产阶级运动。为了维护脆弱的统一，德国政府通过社会立法和社会福利增强德国人的国民意识和爱国情怀。由于处在工业化和工人运动的不同时期，英国的济贫制度和德国的社会保险制度在理念和政策上都有很大的差异，正如有学者研究指出，"这两种模式都产生于欧洲，造成它们不同的根源就是英国和德国在民族主权国家发展过程中那一百多年的时间差。统一的民族国家政权对工业化早期的社会现实做出进行社会干预的决定，就产生了济贫法；统一的民族国家政权对大规模的工业化社会矛盾做出进行社会干预的决策，就产生了社会保险法"。[③]

二、19世纪末德国社会保险制度的产生

1881年国王威廉一世在德意志帝国议会前宣布发布了"皇帝告谕"，明确提出"根治社会弊端不能仅通过对社会民主党人不法行为的镇压，同时还要通过积极提高工人福利……我们应该为祖国实现内部和平提供新的持久保障，并给予贫困户更多保护，在更大程度上提供他们所需的援助……与普通大众相比，那些因为年老或伤残失去劳动能力的人有足够理由享受高于当前分配水平的国家救济标准"。[④] 这份告谕对民众希望获得生活保障的要求给予了认可，为德意志帝国的社会保险确定了发展方向。

紧随其后，俾斯麦于1882年4月29日向国会提出制定劳工疾病保险法案，1883年6月15日公布《疾病保险法》。《疾病保险法》是德国颁布的第一条社会保险立法，也是世界上第一部疾病保险法，主要内容为：对从事矿山、采石、工厂生产且年收入

---

① 赵晓芳. 德国的利益集团与社会保险制度的起源[J]. 兰州学刊，2012（8）：71.
② 杨一帆. 对德国社会保险制度与政策的回顾和评析[J]. 保险研究，2010（7）：121.
③ 周弘. 福利国家向何处去[J]. 中国社会科学，2001（3）：96.
④ [德] 埃希霍夫. 德国社会保险的形成[J]. 社会保障研究，2013（2）：176.

低于2000马克的工人实行强制保险;① 保险费由雇主承担30%，另外的70%由工人负担；保险内容为免费医疗、医疗护理、疾病津贴和丧葬费；免费医疗使工人在治疗疾病时不必再关注治疗和医药费用问题，② 缓解了工人的后顾之忧；疾病津贴从生病的第三天开始支付，标准为参保者平时工资的50%，但领取时间不超过13周；如果疾病治疗持续超过半年，那么之后的费用由事故保险基金负责。

1882年5月8日提出伤害保险法案，在经过若干修正后，于1884年6月27日正式公布《工伤事故保险法》。主要内容为：保险对象为从事工厂、船厂、矿山及建筑业的劳动者，年收入低于2000马克；保险费全部由雇主承担，标准按照企业规模和工作危险性计算；如果因工受伤，那么可获得工伤津贴和医药费；如果因工作玩忽职守或者越轨妄动而导致的工伤事故，那么由工人自己承担医疗费用；工伤津贴的标准是工资的2/3，因工伤需要护理者标准是全额工作，领取的最长时间是14周。

1889年6月22日，国会通过《老年和残疾社会保险法》，此法被世界公认为第一个具有现代意义的养老保险制度。主要内容有四个方面：①保险对象是年收入低于2000马克的所有雇员；②强制雇主和雇员共同缴费参加，保险费由雇主和雇员各承担一半，国家提供财政补贴，参保者在服兵役期间应承担的缴费全部由国家承担；③养老保险基金由国家统一管理；④凡年满70岁、缴费30年以上参保者才有权领取养老金，养老金的多少根据工人原工资的等级和地区等级而定。

俾斯麦推行的自上而下的社会保险立法，使工人的个人利益获得保障，获得了一定的社会安全感，起到了缓和劳资冲突，化解社会矛盾的效果，对经济的平稳发展起到了促进作用。它使社会保障的制度范畴从对贫困者进行救济和帮扶的社会救助制度扩展到对疾病、工伤、年老、伤残等各种生活风险进行防范和保障的社会保险制度，1911年7月19日，德国《帝国保险法典》出台，该法整合了所有俾斯麦时代的社会保险立法。德国的立法探索推动着制度的进步和各国社会保障的完善。之后，德国的这一系列举措成为许多国家效仿的典范，也成为继英国济贫制度之后，在欧洲最有影响的社会保障制度。英国也于1911年颁布《国民保险法》，借鉴了德国社会医疗保险制度的经验。

第三节 全面社会保障制度的建立
——美国《社会保障法》

"社会保障"（Social Security）这个概念，第一次在美国1935年的《社会保障法案》中被提出。1938年，在新西兰的一项法案中再次出现。国际上首次使用"社会保

---

① 孙炳辉，郑寅达.德国史纲[M].上海：华东师范大学出版社，1995：167.
② 王宏波.德意志帝国的社会保险制度与社会稳定[J].经济社会史评论，2020（1）：29.

障"这个概念,是在 1944 年国际劳工大会上发表的《费城宣言》。

1935 年的《社会保障法案》是美国建立现代意义上的社会保障制度的开端,从世界范围来看,也是构建全面的社会保障制度的开端。该法创设了一系列社会保险、社会福利和社会救助制度。开启建设综合社会保障制度的先河。

《社会保障法》的诞生和美国现代社会保障体系的建立固然离不开罗斯福总统的强力推动,但是美国早期的社会保障萌芽、欧洲制度的输入、本土经验以及民间探索都使这一源自欧洲的制度打上了美国的烙印。

一、早期社会保障萌芽

欧洲国家建立社会保障制度的成功经验和失败教训,对美国构建本国的社会保障制度起到了重要的推动作用。从英属殖民地时期开始,受英国《济贫法》的影响,各英属北美殖民地的居民逐步发展起一整套制度和习惯做法,通过开办济贫院照顾贫困的老人、孤儿、残疾人以及丧失劳动能力者。但是由于环境不同,和英国圈地运动导致大量的流民贫民问题不同,美洲殖民地劳动力是稀缺的,这种差异导致在美洲殖民地对穷人的严苛程度以及对勤奋工作的强调程度都比英国强得多,从而形成了美国独特的济贫思想——非常强调个人的努力在改善生活中的主导作用。这种济贫思想的核心在 1776 年美国立宪建国之后并没有发生明显的变化,相反,它与自由放任的自由主义思想相契合,个人自立和勤奋工作被提到一个新高度。这种理念也长期决定着美国的济贫政策,至少在内战前的济贫政策,都具有非常明显的特征,即把贫困和社会问题的根源归结为贫民自身,将其视为社会的负担,所提供的救助目的不在于改善生活,而且还带有很大的惩罚性、侮辱性。美国内战后,随着美国从农业国转向工业国,大量的农业剩余劳动力涌入工业和城市。工业化和城市化的问题推动着济贫思想的重大转变,开始对贫穷的根源、应该由谁承担济贫的责任以及贫穷到底能不能根除等问题进行反思。最终在罗斯福新政时期,《社会保障法》的颁布标志着政府正式承担起了保障人民生活的责任,到 20 世纪 60 年代开始划定贫困线,从而彻底完成了对人民生活"保底"的转变。

德国建立社会保险制度之后,其经验也很快跨越大西洋来到美国。1910 年,哥伦比亚大学政治经济学教授亨利·罗杰斯·西格尔(Henry Rogers Seager)出版了《社会保险:一项社会改革计划》,这是在美国出版的第一部专门介绍社会保险的书籍,[1] 将德国社会保险制度介绍到美国。西格尔指出与传统的社会救济和自愿互助模式不同,社会保险具有强制性,针对劳动过程中出现的工伤、事故、疾病、失业、死亡等劳动风险,为了提高抗风险能力,防止陷入贫困,最好的办法是由政府立法强制企业和工人缴费参加社会保险。受德国的影响,美国从 1907~1919 年,先后有 39 个州颁布了《雇员工伤补偿法》;到 1933 年已有 28 个州通过了老年雇员退休金法。[2]

---

[1] 张庆熠. 开启福利国家之门——美国《社会保障法》初探 [J]. 西部史学, 2021 (6): 190.
[2] 黄安年. 富兰克林·罗斯福和 1935 年社会保障法 [J]. 世界历史, 1993 (5): 37.

尽管济贫法以及社会保险的理念和实践在美国扎根多年，但是直到 19 世纪 20 年代，美国联邦政府和地方政府层面的社会保障制度建设仍然没有取得重大突破。原因之一在于美国的企业和私营部门具有为雇员提供商业保险的传统，加之商业保险公司和各利益集团的阻碍，增加了政府构建全面社会保障制度体系的难度。正如美国学者丹尼尔·罗杰斯所言："雇主和保险公司对国家企图染指他们独占领域的抵制、劳工立法专家从原有立场退缩到更安全、更有美国特色的方式、大众缺乏对需要缴费的社会保险的支持，有效阻止了美国政策像海外那样转向更加体系化的社会保险。"[1]

二、经济危机和罗斯福新政

19 世纪 30 年代的经济大萧条，引发严重的失业，数千万美国人处于贫困的困境。据统计，1929 年四口之家贫困线标准在 2351 美元，49% 的家庭处于贫困线下；1929 年的失业人数是 155 万，1933 年达到 1283 万；国民收入 1929 年达到 874 亿美元，1933 年仅 396 亿美元。[2] 直到 1937 年，罗斯福在连任就职演说中还承认"1/3 的国民住不好、吃不好"。

1932 年，罗斯福当选美国第 32 任总统，针对经济危机，积极实施"新政"。百日新政只是初步地缓解了经济大萧条导致的失业严重问题和社会动荡问题，要想真正解决这些社会问题，建立全面的社会保障制度已刻不容缓。

1934 年 6 月 29 日，罗斯福颁布总统行政令，组建经济保障委员会（Committee on Economic Security，CES）。经济保障委员会的任务是专门研究涉及个人经济保障的诸多问题，并于 1934 年 12 月 1 日前向总统提交报告。委员会专家分成四组，专门研究四个问题：第一组研究失业保险问题，第二组研究公共雇佣和救济问题，第三组研究医疗保险问题，第四组研究养老保险问题。经过半年的辛勤工作，经济保障委员会于 1935 年 1 月 17 日向罗斯福总统提交了《经济保障委员会报告》及其立法草案。罗斯福对《经济保障委员会报告》给予了好评，作为美国社会保障制度的主要设计者，经济保障委员会的成员们为美国的社会保障制度的构建打下了良好的基础、绘制了蓝图。甚至《社会保障法》通过之后，为帮助美国公众能够更好地了解全新的社会保障制度体系，推进社会保障制度付诸实践，1937 年美国社会保障署政策研究部门从经济保障委员会撰写的《经济保障委员会报告》中择其精要，编撰整理，出版了《社会保障在美国：社会保障法的事实背景》一书供公众、企业界和政府官员参考。

罗斯福总统将《经济保障委员会报告》和立法草案提交国会讨论，在国会的严苛考验中被牺牲掉的是医疗保险。美国医师协会（American Medical Association，AMA）代表医生群体的立场反对社会化的医疗保险，担心专业自主权和医生收入下降，主张延续传统的商业医疗保险。面对利益集团的强大压力，罗斯福担心医疗保险项目面临的激烈反对可能会影响养老保险和失业保险项目在国会顺利过关。为了照顾全局利益，

---

[1] [美] 丹尼尔·罗杰斯. 大西洋的跨越：进步时代的社会政治 [M]. 吴万伟译. 南京：译林出版社，2011：449.

[2] 黄安年. 富兰克林·罗斯福和 1935 年社会保障法 [J]. 世界历史，1993（5）：38.

《社会保障法》草案中医疗和健康保险部分被删除了,这也预示着之后美国的社会医疗保险改革是曲折和艰难的。

1935 年 3 月 1 日,众议院拨款委员会审议经济保障委员会提交的立法草案文本,来自加利福尼亚州的众议员弗兰克·巴克(Frank Buck)将经济保障法案(Economic Security Bill)更名为社会保障法案(Social Security Bill),"社会保障"一词由此正式登上了历史舞台。经过激烈辩论,众议院和参议院通过了《社会保障法》,1935 年 8 月 14 日,罗斯福总统签署正式生效。

三、1935 年《社会保障法》的内容

《社会保障法》共十一条(见表 2-1),主要解决大萧条时期的两大社会问题:贫困和失业。设置了三大制度项目:社会保险、社会救助、社会福利,其中以养老保险、失业保险和社会救助为核心。

表 2-1 美国 1935 年《社会保障法》的内容

条款	项目	项目内容
第一条	对各州老年援助计划拨付款项	联邦政府对各州的贫困老人援助项目予以财政支持,老年援助计划面向年满 65 岁者,明确了补贴标准、补贴范围等
第二条	联邦老年人养老金	建立老年保险制度(OAI),亦称老年储备金账户,提供给年满 65 岁的退休者,明确了待遇支付标准;对不符合领取 OAI 待遇的老年人发放补助;等等
第三条	为各州的失业保险计划提供拨款	建立全国统一的失业保险体系,为资助各州实施失业保险制度提供拨款
第四条	为各州的未成年人救助计划提供拨款	明确接受抚养儿童的定义,明确未成年人救助计划的资助对象;联邦政府对各州的未成年人救助计划提供拨款
第五条	为各州的妇幼福利提供拨款	扩大和改善贫困地区、农村地区的妇幼福利设施,各州根据人口数确定拨款额,各州的计划涉及残疾儿童福利、儿童福利和促进身残者恢复就业计划
第六条	公共卫生事业	为资助各州的公共卫生事业,每年提供 800 万美元拨款;各州的公共卫生机构的拨款额根据人口、公共卫生问题和财政需要确定;每年拨款 200 万美元用于公共卫生局调查疾病和卫生问题;引导和规范各州公共卫生服务体系建设
第七条	关于社会保障委员会	社会保障委员会的设立、职责、权限、工作机制
第八条	雇员的社会保障税	雇员参加老年保险制度(OAI)需征收社会保障税(工资税),税率从 1% 逐渐提高到 3%,此外还规定了工资税的税基、税则和应税群体等
第九条	雇佣八人以上的雇主所缴社会保障税	雇佣八人以上的雇主需要缴纳社会保障税和失业保障税,分别规定了社会保障税和失业保障税的税基、税率、税则,应税群体,应税收入最高限额等
第十条	为各州的盲人救助提供拨款	联邦政府对各州救助盲人项目予以财政拨款支持
第十一条	总则	界定了《社会保障法》中的一些术语、法律概念,以及权利和义务关系等

资料来源:笔者根据相关资料自行整理。

首先,在养老保险方面,设立老年保险制度(OAI),也称老年储蓄账户。规定由成立的社会保障委员会对年满 65 岁、收入在 6000 美元以下的老年人提供养老保险,参保人群不包括政府雇员、农场工人、临时工、商船海员、文化教育、宗教团体与慈善机构雇员。参加老年保险,需要雇主和雇员缴纳社会保障税(工资税),体现权利与义务的对等原则。在税率上,雇主和雇员承担同样的税率,税率根据开始雇工时间和开始受雇时间的早晚而有差异,例如,雇员工资税规定在 1937 年、1938 年、1939 年受雇就业的雇员,税率为 1%;1940 年、1941 年、1942 年受雇就业的雇员,税率为 1.5%;1943 年、1944 年、1945 年受雇就业的雇员,税率为 2%,依此规律直到 1948 年 12 月 31 日以后就业的雇员,税率为 3%。雇主工资税的递增趋势与之相同。

其次,在待遇给付方面,参加老年保险的投保时间越长,缴费越多,退休金待遇越高,每月退休金数额大约为 10~85 美元。对于那些不能获得老年保险退休待遇的老年人,还设置了老年援助(OAA)项目,由联邦政府对其进行补贴,每人每月大约 20 美元。

再次,在失业保险方面,建立了联邦政府层面的失业保险制度。这是世界上首例由联邦政府主导的覆盖全国范围的失业保险制度。失业保险资金来自向雇主征收的失业保险税,失业赔偿金每周 10~18 美元,赔偿期一年内为 12~26 周。

最后,在社会救济方面,建立公共救助,联邦政府协助各州对没有独立收入的妇女、儿童、老年退休、残疾人与失业者提供公共援助,形成不同类别的援助计划。《社会保障法》的颁布,第一次使联邦政府参与到解决失业和贫困的问题中来,是美国现代社会救助制度的开端。

第四节 福利国家的建立、发展与改革

一、福利国家产生的背景和动力

(一)工业化与福利国家的经济基础

工业化推动经济飞速发展,创造了巨额的社会财富,税收为政府提供了大量的资金来源,为政府发挥财政作用,完善社会福利提供了坚实的物质基础,使福利主义成为一种可能。

工业化也对构建福利国家提出了诉求。经济发展的同时,社会结构也在发生变化,人们面对的生存风险也在发生变化,原本自给自足的小规模生产经济所面临的生存风险由家庭就可以解决,或者由社会中的互助协会进行慈善帮助。工业化和城市化加剧了贫困、失业、工伤、疾病等风险,人们不仅面临生命周期风险,还有因为生产模式变化以及经济周期性波动带来的危机。社会结构的变化又削弱了家庭、社会组织、慈善组织的保障功能。尤其随着 20 世纪,资本主义进入垄断阶段,第二次世界大战之后,随着社会动荡和经济停滞,公民迫切需要生活的基本保障。在济贫制度和社会保

险制度之外，福利国家这种以国家为主体维护和增进全体国民基本福利的政府行为模式，更有利于应对日益复杂和严重的社会问题。

（二）思想基础

1. 古典自由主义思想引领地位岌岌可危

19世纪末，自由主义迎来了下坡路。古典自由主义在其发展过程中遇到了一系列困境，以经济危机和垄断市场危机为主要体现。20世纪30年代，经济危机爆发，资本主义固有的不可避免的社会矛盾被激发。古典自由主义的自由放任思想已经不利于资本主义的健康发展，主张国家干预的凯恩斯主义开始占据主流。在凯恩斯主义理论中，在不同的经济时期政府应该对市场经济进行适当干预，在经济危机时，实施积极的社会政策，增加财政支出，促进充分就业，发展社会福利制度，凯恩斯主义扩大了政府的职能，是福利国家主义兴起的经济理论基础。

2. 社会主义思想的影响

战后国际上形成了社会主义与资本主义的抗衡局面，尤其是在西方经济受创、社会动荡不安的情况下，使社会主义的优越性得到突出体现，世界各国的工党和社会民主党派都开始积极争取政治地位，并成为国内重要的政党，积极宣扬社会民主主义思想，推行福利国家主义，迅速取得公民的拥戴，一跃成为战后最有影响力的政党。例如，英国的工党在"二战"期间以及"二战"之后长期执政，为公民描绘了一个福利国家主义的美好蓝图。在这种意识形态竞争的情况下，战后资本主义国家形成一种福利国家共识。

3. 20世纪公民权利思想

20世纪公民权利理论中产生新的公民社会权利理论与公民资格理论成为福利国家主义的核心内容。1949年的一次会议上，托马斯·汉弗莱·马歇尔发表了其著名演讲——"公民资格与社会阶级"。这是第一次关于马歇尔公民权利思想的系统阐述，是公民权利扩张的证明。T. H. 马歇尔最具影响力的理论是关于公民资格的三个要素。他指出，每个公民都拥有三种权力：公民权利、政治权利和社会权利，每种权利都包含着权利与义务的两个方面。公民权利就是人们常说的公民权或市民权，人身自由、言论、思想、信仰的自由，还有要求正义的自由,[①] 与法院相关。政治权利主要是指公民作为政治权力实体的成员或这个实体的选举者，参与行使政治权力的权利,[②] 与国会和地方议会相关。社会权利指的是公民享受福利和安全等一系列文明生活所具有的权利，与社会公共福利体系和教育体制相关。社会政策研究者认为，社会政策源于社会权利。

公民资格理论主要是针对"二战"后像英国那样的福利国家的发展所提供的一种理论解释，同时它也对其他福利国家在20世纪五六十年代的发展产生了影响。[③] 马歇尔认为，社会权利是公民应享的一项基本权利，完整的公民权由三个要素构成，仅有公民权利、政治权利无法为公民争取更多的福利，还需要社会权利。这为制度化的、

[①②] T. H. 马歇尔. 公民资格与社会阶级 [M]. 郭忠华译. 南京：江苏人民出版社，2008：8+26.

[③] 蒋勤. 马歇尔公民资格理论评述 [J]. 社会，2003 (3)：35.

普遍性的福利国家的发展找到了理论根据。

二、《贝弗里奇报告》的内容与意义

1941年，英国成立社会保险和相关服务部际协调委员会，着手制定战后社会保障计划，英国著名的经济学家和社会改革家贝弗里奇爵士受委托，出任社会保险和相关服务部际协调委员会主席，负责对现行的国家社会保险方案及相关服务（包括工伤赔偿）进行调查，并就战后重建社会保障计划进行构思设计，提出具体方案和建议。1942年，贝弗里奇爵士根据部际协调委员会的工作成果提交了题为《社会保险和相关服务》的报告，这就是著名的贝弗里奇报告。

报告分析了英国社会保障制度现状、问题，对以往提供的各种福利进行了反思，并系统勾画了战后社会保障计划的宏伟蓝图。报告共分六个部分：[1]

第一部分介绍了社会保险和相关服务部际协调委员会的调查、结果及工作过程；强调在勾画社会保障计划时遵循的三条指导原则；并从摆脱贫困之路、社会保险的性质、统一的社会保障计划及涉及的改革等方面概述了整个报告的主要内容。

第二部分审视了英国当时保障制度所存在的诸多问题，详细论述报告所建议的23项改革的理由及具体建议，例如，统一社会保险缴费；社会保险和国民救助由社会保障部统一管理；废除缴费相同的强制参保者由于归属不同的工会或互助会而实行不同福利待遇的制度；将医疗服务和现金待遇分开管理；建立覆盖全民和涵盖所有诊疗项目的综合性医疗服务体系；扩大长期伤残保险和养老保险的覆盖对象；对失去生计的人提供培训保险金；统一失业、伤残和养老金的水平、统一失业、伤残待遇的等待时间、统一失业、伤残保险金的缴费条件，修订享受养老金的缴费条件、如果失业者接受相关培训，则取消全额失业保险金的享受期限、取消伤残保险金的享受期限、重新规定养老金的具体数额等。

第三部分重点讨论待遇标准和房租问题、老年问题以及关于伤残赔偿的途径问题。在本部分，贝弗里奇先生在大量调查统计数据的基础上，详细分析劳动年龄人口、老年人、供养子女等不同群体对房租、食品、衣着、燃料等生活必需品的需求，由此得出战后满足人们基本生活最低需要所需的保险待遇标准；根据英国人口老龄化现状及当前养老金制度存在的问题，提出提高养老金标准、改革养老金制度的建议，并且提出在20年时间内将旧制度逐步过渡到新制度的具体设想以及把退休作为享受养老金的必要条件的意见。

第四部分主要涉及社会保障预算问题。在分析社会保险支出状况之后，分析了各方的缴费能力和意愿，提出由财政、雇主、参保人三方共同缴费的缴费方案，且就各方应承担的比例作了具体划分；同时，还专门论述工伤保险费的筹资问题，明确了事故和职业病高发的行业应承担额外的工伤附加费的原则和比例。

---

[1] [英]贝弗里奇. 贝弗里奇报告[M]. 劳动和社会保障部社会保险研究所组织翻译. 北京：中国劳动社会保障出版社，2004：1.

第五部分为社会保障计划的全面阐述。首先，论述了社会保障计划必须满足的三个假定：①为15岁以下或为16岁以下在全日制学校就读的子女发放子女补贴；②对全社会成员提供全方位的医疗和康复服务；③为避免大面积失业而维持就业。其次，提出通过社会保险、国民救助和自愿保险三个层次保障人们不同需要的重要观点。同时，在明确养老金、保险金、补助金及补贴等基本概念的基础上，将全部国民分为雇员、从事有酬工作的人员、家庭妇女、其他有酬工作的人群、退出工作的老年人、低于工作年龄的子女等六个群体，分析了各群体的不同保障需求，并就其参保的待遇、缴费等有关问题进行了系统阐述。

第六部分为社会保障和社会政策。详细讨论了子女补贴、全方位医疗康复服务和维持就业这三个假定为何是必须要保证的，进而提出社会保障计划的目标是：确保每个公民只要尽其所能，在任何时候都有足够的收入尽自己的抚养责任，满足基本的生活需要。并把消除贫困作为战后的基本目标。

报告指出，社会保障应遵循以下四个基本原则：①普遍性原则，即社会保障应该满足全体居民不同的社会保障需求；②保障基本生活原则，即社会保障只能确保每一个公民最基本的生活需求；③统一原则，即社会保险的缴费标准、待遇支付和行政管理必须统一；④权利和义务对等原则，即享受社会保障必须以劳动和缴纳保险费为条件。这些原则的提出和实施使社会保障理论更加丰富和趋于成熟。

《贝弗里奇报告》形成了一个完整的福利体系，设计了一套从"摇篮到坟墓"的社会福利制度，提出国家将为每个公民提供九种社会保险待遇，分别是失业、伤残和培训保险金，退休养老金，生育保险金，寡妇保险金，监护人保险金，扶养补贴，子女补贴，工伤养老金，一次性补助金。这套完整的社会保险制度由国家强制实施，缴费费率相同，待遇实行统一标准，突破了英国原有的社会保险实践。此外，还有一项突破是提出建立全面的康复和医疗服务，这为之后全民免费的国民卫生服务体系（NHS）埋下了伏笔。

三、英国福利国家的建立

"二战"后，由于战争带来的对英国经济、社会和民生的冲击，引发了大众战后对提高生活境遇的需求，民众们对《贝弗里奇报告》寄以重大的期望，因此希望报告中描绘的政策蓝图能够成为现实。面临战后的恢复重建，政府也不得不倾向于实现《贝弗里奇报告》中的福利国家。1943年2月，英国议会就《贝弗里奇报告》进行辩论，各派议员对报告表示支持。接着，英国政府开始制订各项社会保障改革计划。

英国政府基本接受《贝弗里奇报告》的建议，于1944年发布一系列白皮书，最重要的分别是2月发表的《关于健康服务的白皮书》，5月发表的《关于就业问题的白皮书》《关于社会保险的白皮书》。

尤其是1945年，工党上台执政后，开始了以《贝弗里奇报告》为蓝图构建福利国家。时任工党党魁的艾德礼出任首相。从历史上来看，艾德礼的工党政府是20世纪英国最有民意基础、政治期待值最高的政府。这也为艾德礼政府大刀阔斧进行福利社会建设奠定了坚实的基础。此后，工党政府开始在促进就业的基础上，重点解决社会保障、医疗服务、住房和教育这四个福利国家构建的核心问题。

1945年6月颁布《家庭津贴法》（Family Allowance Act），为所有两个及以上子女的家庭提供家庭补贴，这是一种非缴费型的普享性的津贴，由税收统一支付。具体标准为从第二个孩子开始，向每个孩子提供平均每周5先令的家庭补贴。这一法令的颁布标志着英国家庭补贴制度的建立。

1945年颁布《国民保险（工伤）法》，建立起关于工伤事故的社会保险制度。参保人发生工伤事故后，不再由雇主全权负责赔偿，而是由工伤保险金提供工伤津贴。适用范围为所有受雇佣者，缴费由雇主、雇员和国家共同分担。

1946年英国通过新的《国民保险法》，首次明确国民保险的受保人为所有超过受教育年龄而未到退休年龄的英国公民，确立了全民保险的定位。

1946年11月颁布《国民医疗保健法》，在健康部大臣厄内斯特·贝文（Ernest Bevin）的推动下，面向全民的国民卫生服务体系建立起来，所有的预防、诊断和治疗疾病的医疗服务，国民都可以免费获得。实行家庭医生制度，由家庭医生首先为公民提供初级医疗卫生服务和全科医疗，并负责向专科医疗转诊。为了保证国民卫生服务体系的实施，英国政府将医院收归国有。依据《国民医疗保健法》建立的国民卫生服务体系，被人们赞誉为"皇冠上的明珠"。而《国民保险法》《国民保健法》则被视为工党政府民主社会主义建设的"两个伟大的里程碑"。

1946年颁布《住房法》，鼓励地方政府建造租金低廉的公共住房，政府对第一次购房的低收入家庭给予额外的补助和其他优惠条件，为老弱病残人士提供特殊住房。

1948年颁布《国民救助法》，建立国民救助制度，法令宣布废除济贫法制度，建立国民救助局，为贫困者提供帮助与救济。

1945年之后的五部法律：《家庭津贴法》、新的《国民保险（工伤）法》、《国民保险法》、《国民保健法》、《国民救助法》于1948年7月5日生效，这一天标志着英国福利国家的产生。之前所有的相关法律都自行废止。1948年，英国首相工党党魁艾德礼宣布英国第一个建成了福利国家。贝弗里奇也因此获得"福利国家之父"的称号。《贝弗里奇报告》和英国建设福利国家的实施，影响了整个欧洲。瑞典、芬兰、挪威、法国等国也纷纷效仿英国，致力于建设福利国家。

四、福利国家的发展与改革

（一）福利国家发展的繁荣时期（20世纪40年代后期到70年代中期）

"二战"结束到20世纪70年代后期被普遍认为是福利国家发展的"黄金年代"，或称繁荣时期。欧洲国家普遍建立了"凯恩斯—贝弗里奇"或"凯恩斯—俾斯麦"式的福利国家，[①] 形成"战后福利共识"。政府干预经济，促进充分就业，保障公众的生

---

① 房莉杰. 平等与繁荣能否共存——从福利国家变迁看社会政策的工具性作用［J］. 社会学研究，2019（9）：100.

活,满足公众的需要,经济增长与社会保障之间实现了经济上的良性循环。

1. 瑞典

在两次世界大战中,瑞典都保持中立,成功地避免了其他欧洲国家所遭遇的战争创伤,这无疑令瑞典在战后经济复苏中占尽优势。

当其他国家进行战后重建工作的同时,瑞典社民党政府可以全身心积极地继续推行被"二战"中断的社会福利计划。20世纪30年代的经济危机是瑞典社会福利发展的转折时期,经济危机使社会矛盾(劳资矛盾)达到顶峰,当时社会民主党首相佩尔·汉松,在1928年提出"人民的国家"。人民的国家的实质是福利国家与合作主义,瑞典开始在全国推行各项福利政策,这是社民党社会福利计划的第一步,佩尔·汉松也被称为瑞典"福利国家的奠基人"。1938年,瑞典总工会和雇主协会联合达成《萨尔斯巴登协议》(咸水湖浴场协议),规定有关工资和其他劳动条件等劳资矛盾应通过谈判解决,从此形成了劳资冲突经由民主协商的方式解决的传统。20世纪30年代推进社会福利的计划由于经济危机导致的经济大萧条和"二战"期间紧张的外部环境并没有完全落到实处。"二战"后,在社会民主党持续执政的背景下,[①] 瑞典经历了两个社会福利发展的"丰收季节":1945~1951年和20世纪60年代。

(1)养老保险制度走向完善。虽然瑞典的养老金制度早在1913年就已经建立世界上第一个全国性社会养老保障计划,包括缴费养老金和针对贫困者的附带家计调查的养老金两个部分,但事实上只有收入稳定的国家公职人员和收入比较高的私企职员才能负担得起缴费养老金的税负。直到20世纪50年代,才将受益范围扩大到低收入劳动者。

(2)医疗保险制度的发展完善。1946年,瑞典议会通过了新的健康保险法,在全国范围内第一次建立起强制性的健康保险制度,针对所有公民,1951年强制性的健康保险制度正式生效。

(3)失业保险制度的完善。1935年,瑞典建立起国家补助的自愿性的失业保险制度。除失业保险制度之外,政府还实行"充分就业"政策以保持社会低失业率,以积极的财政政策来实施国家对劳动力市场的干预。20世纪60年代是瑞典经济发展"黄金时代"。失业率低,福利待遇高。

(4)建立社会救助制度,1957年,瑞典通过社会福利与社会救助法,建立现代社会救助制度。制度规定社会救助支出由中央政府负担,以现金而不是实物的形式发放。用社会救助法代替济贫法救济,充分体现出人道主义和对公民权利意识的尊重,强调国家对于公民个人应该承担的社会保障的责任和义务,将获得社会救助确定为公民权利的一部分。

(5)团结工资政策。20世纪50年代,瑞典工会提出团结工资政策,工资的多少只能取决于工作的性质和要求,不管在任何地区工作,工人凭同等劳动获取同等报酬,

---

[①] "二战"后瑞典社会民主党在1932~1976年、1982~1991年以及1994~2006年等时期掌握国家政权,在当时已成为瑞典的"国家党"。

即同工同酬。同时瑞典最高收入和最低收入的差距不超过8倍,使初次分配结构比较合理。

此外,瑞典在1960年颁布儿童福利法,1962年颁布国民保险法。至20世纪60年代,瑞典的福利国家基本建成,被称为"瑞典模式"。

2. 德国

第二次世界大战结束时,德国几乎变成了一片废墟,经济几近崩溃。1945年的国民生产总值仅为1938年的40%。作为战败国的德国面临着恢复国民经济、改善人民生活的重任。战后的恢复重建问题、失业问题、复员军人安置问题、伤残军人抚恤问题、老人赡养问题、民众最低生活保障问题以及住房问题等都成为德国政府需要解决的棘手问题。而盟国又对德国实行了"非工业化"计划,对德国的工业生产进行了严格的规定,德国还要偿还战争赔款,这使德国的经济和社会形式雪上加霜。1948年,德国开始实行"社会市场经济模式",对当时施行的统制经济体制进行改革,改革效果显现。1951~1966年,德国经济获得了高速发展。1966年德国的国民生产总值超过法国和英国,跃居欧洲第一位,成为世界上仅次于美国的第二经济大国,创造了举世闻名的"西德经济奇迹"。为了缓和阶级矛盾,实现社会的长久稳定,以全力恢复发展经济,完善社会福利成为必然选择,而从德国战后发展的实际来看,德国创造的经济奇迹也为建立和发展福利国家制度和完善社会政策提供了坚实的经济基础。

1947年米勒·阿尔马克正式提出"社会市场经济模式",之后因为在德国的成功实践,也被称为"莱茵模式"。其基本内涵是要把市场经济的自由原则和社会的平等原则结合起来,并提出"为每个公民提供基本的生活保障是国家的重要任务"。"社会市场经济模式"结合了市场自由和政府引导以及社会福利。科尔内阁的联邦劳工部长诺·布吕姆曾提出"社会保障是社会市场经济的脊梁"。基于这样的共识,"二战"后,德国社会保障体制的规模空前扩展。

1949年颁布社会保险调整法,开始了对社会保险制度的恢复和重建,发展的目标是"使越来越多的德国人民走向繁荣成为可能"。到20世纪60年代之后,德国逐渐进入社会政策的成熟期,成为一个高福利、高保障的福利国家。

(二)福利国家的变革时期(20世纪70年代以后)

1973年的经济危机导致了资本主义国家通货膨胀与经济增长缓慢同时出现,凯恩斯主义不再能完满地解决随之而来的社会问题与经济问题。经济萧条使失业率上升,不断增加的失业救济金支出和其他的福利支出增加了政府的财政赤字,经济发展滞缓使福利支出的增长超过了经济增长的速度,各国面临沉重的福利国家负担。

传统现收现付模式,在经济稳步发展时期是有效的筹资模式,但是在经济发展放缓以及人口老龄化的冲击下,这种筹资模式受到严重挑战,迫使福利国家不得不提高社会保障税率。"1965~1992年,整个经济合作与发展组织成员国的社会保障税占税收总量比例则从21.6%增长到27.2%。"[1] 不断提高的福利税又和高失业率形成矛盾。

---

[1] Richard B. Freeman. The Welfare State in Transition [M]. Chicago: The University of Chicago Press, 1997: 123.

20世纪70年代以后，福利危机逐渐显现。此时，以哈耶克、弗里德曼为首，提出了以古典自由主义为基础的新自由主义。新自由主义并不完全反对社会福利，而是反对福利的普享性与均一性。以新自由主义为主导的福利思想对福利国家进行了深刻的反思和批判，福利国家进入改革和调整阶段。各福利国家纷纷从本国的国情出发，对福利国家制度进行了改革。"原有的社会保障制度导致'路径依赖'的产生，面对相同或相似的问题，不同国家选择了不同的应对方式和改革路径。"[①]

1. 德国保守主义福利国家制度改革

20世纪80年代，科尔政府执政（1982~1998年）。这一时期政府分别从养老保险制度、失业保险以及医疗保险制度进行改革。一是养老金制度改革。一方面，德国对于养老金制度的改革体现在提前退休方面。1984年科尔政府颁布了《提前退休法》，允许30万老职工提前在58岁退休，并通过对提前退休者给予补贴的方式，引导更多的人提前退休，让出更多的劳动岗位，以接纳失业者。另一方面，围绕养老保险筹资模式，选择维持原有的现收现付制度，只是在此基础上改变了缴费和给付之间的关系。二是医疗保险制度的改革，主要目标是控制医疗保险费用支出的增长幅度。1988年，德国政府颁布《疾病保险体系结构改革法》（以下简称《法案》），该《法案》在医疗保险制度中引入竞争机制和激励机制，强调个人在医保中的责任和义务，提倡多种形式的医保，保持医保费率的稳定。由于强调个人责任，引起了民众的不满，使法案未能长期发挥作用。1993年，德国再次颁布《卫生保健改革法》，该法案将提供医疗保险的责任重新定位为医疗保险与医疗服务的提供者。这次改革的收效最为明显，疾病保险支出膨胀的趋势得以控制，疾病保险基金也由赤字转为盈余，保险缴费率也开始下降。

1998年德国社民党人施罗德的成功当选总理标志着科尔时代的结束。1998~2005年，是施罗德领导的社会民主党执政时期，这一时期德国的失业问题、老龄化问题以及福利依赖的问题依然严峻，政府非常重视社会福利制度改革。施罗德本人信奉"第三条道路"理论，因此以施罗德为首的社会民主党人形成了自己的"第三条道路"主张，强调重视市场的作用和个人应承担更多责任。1998~2002年是施罗德第一个任期，这一时期福利制度的改革具有温和的特征。包括降低某些养老金水平；在法定养老保险的基础上积极发展私人养老保险，引入由国家支持的基金积累制的个人自愿养老保险计划，即"里斯特养老金"等。2002~2005年是施罗德的第二个任期，这一时期福利制度的改革具有激进主义的特征。2002年2月施罗德政府成立劳动力市场现代化服务委员会，开始推行"哈茨改革"。"哈茨改革"从劳动力供给侧入手，对失业问题遵循的原则是"促进与要求"，这就意味着从消极的劳动力市场政策转变为积极的劳动力市场政策。针对经济增长缓慢、失业率居高不下以及高福利支出等顽固问题，推行"2010年规划"的改革方案，包含一系列福利体系和就业政策的改革。

---

① 张浚. 非常规就业、劳动力市场二元化与社会保障制度的重新定位——向"后工业社会"转型中的欧洲社会保障制度[J]. 欧洲研究，2022，40（6）：132.

2. 瑞典社会民主主义福利国家制度改革

从 20 世纪 70 年代中期以后，世界性范围内的石油危机和经济滞胀对瑞典的福利国家也带来了影响。经济增长缓慢，据统计，1965~1970 年的年均国民经济增长率为 3.8%，1974~1977 年下降为 0.3%，1973~1983 年仅为 1.5%。伴随经济的困顿瑞典福利模式也开始遭遇困境。经济停滞使高福利难以为继，曾经引以为荣的"瑞典模式"反而被称之为"瑞典病"，福利危机使改革势在必行。

福利危机使社民党的执政优势逐渐被蚕食，出现"瑞典社会民主主义已发生老化危机"。① 在 1976~2006 年的 30 年间，瑞典社民党的执政地位几度沉浮，先后在 1979 年和 1991 年大选中失利。即使社民党失利期间，由非社会主义政党执政，但是由于非社会主义政党由于长期在野，缺乏经济治理的基本经验，在经济滞胀之后，为了获得民意和选票，所推行的国有化和高福利举措的步伐比社民党时期还要快，因此反而带来了更严重的福利危机。社民党抓住时机，对原有的理论政策进行了调整，提出"第三条道路"的主张，并在 1982 年大选中赢得了选民支持，重新上台执政。

1996 年，佩尔松政府提出新"第三条道路"主张。不同于 20 世纪 80 年代提出的"第三条道路"，此时的新"第三条道路"强调把新自由主义同传统的民主社会主义混合起来，选择一条介于社会民主主义与新自由主义之间的发展新路径。它一方面坚持了瑞典社民党关于社会民主主义的核心价值；另一方面也充分吸纳了新自由主义思想中的某些合理成分。由于带有明显的瑞典特征，德国社民党著名理论家托马斯·迈尔将其称之为"改革的福利国家"模式。

佩尔松政府的福利改革主要是削减福利、缩紧开支。为了遏制福利支出的膨胀，迈出了更激进的改革步伐。首先是削减福利，例如，提高医疗保险福利金的领取门槛，以减少福利滥用，降低退休金水平，并有限地减少失业、工伤、父母保险津贴等多数福利金标准；其次是开源，对退休保险试行雇员缴费制度，鼓励私人附加保险，提高失业保险的个人缴费比例等。

1999 年，瑞典进行了养老金制度的改革，养老金由待遇确定制（DB）变为缴费确定制（DC）。调整养老金制度结构，构建以保障养老金和个人账户为核心的公共养老金制度。在公共养老金层次，建立基于家计调查的保障养老金，在此基础上构建名义个人账户制度（NDC）和实账积累制度（FDC），将个人缴费和养老金收益相挂钩。1999 年养老金改革是对传统养老金体系的一次体制性变革，也是全球养老金制度的一个创新。迄今为止，受瑞典影响，已有包括意大利、拉脱维亚、吉尔吉斯斯坦、波兰、蒙古、捷克和俄罗斯在内的七个欧亚国家采用了这种制度模式。可以说"名义账户制"已成为瑞典社会保障制度的一个重要"出口品牌"。②

---

① [德] 托马斯·迈尔. 论民主社会主义 [M]. 北京：东方出版社，1987：151.
② 房连泉. 改革中的瑞典社会福利制度 [J]. 天津社会保险，2009 (1)：49.

第五节　21世纪社会保障发展的挑战与趋势

一、21世纪社会保障发展的挑战

(一) 金融危机和欧债危机背后的经济衰退

2008年的全球金融危机逆转了经济增长趋势,使包括欧洲在内的世界各大经济体深陷泥潭。紧随其后的主权债务危机席卷了欧洲,导致希腊、西班牙、葡萄牙、意大利、爱尔兰五个福利国家一度面临破产境地,其冲击力还波及与欧洲有着紧密贸易往来的经济体。发生主权债务危机的主要是南欧的福利国家,如希腊、意大利,危机给这些福利国家的慷慨福利政策尤其是慷慨的养老金支出带来了严峻挑战。希腊自身无法应对这种危机,欧债危机爆发半年之后的2010年5月,欧元区16国财长会议作出决定,由欧元区和国际货币基金组织(IMF)共同向希腊提供1100亿欧元的三年期救助贷款[①],以帮助其走出困境。但是,这套救助方案附加了严格的条件,那就是希腊政府必须采取一系列紧缩措施,包括削减政府开支和财政赤字,削减工资、养老金和其他福利待遇,提高退休年龄,调高增值税以增加税收等。其他危机国也面临相似的财政紧缩和福利削减要求。

(二) 老龄化带来的冲击

欧洲各福利国家的老龄化程度比较严重,人口老龄化程度最高的四个国家分别是意大利、希腊、德国以及葡萄牙。除德国外其他三个国家都陷入了主权债务危机。随着"二战"后的"婴儿潮"人口逐渐步入老年,福利国家面临养老金支出以及老年护理支出的迅速增长。从老年抚养比来看,"2017年欧盟28国老年抚养比的平均水平已经达到29.9%,其中老年抚养比最高的五个国家分别是意大利(34.8%)、希腊(33.6%)、芬兰(33.2%)、葡萄牙(32.5%)和德国(32.4%)。根据欧盟统计局的预测,欧盟28国老年抚养比在2030年将达到39.1%,2040年和2050年将分别高达46.4%和50.3%"。[②] 这意味着21世纪中叶,欧盟成员国每两名劳动人口将要抚养一名老年人口,养老负担将非常沉重。

(三) 就业形态变化带来的挑战

随着欧洲国家从工业社会转向后工业社会,产业结构的变化带来了就业形态的转变。从产业结构来看,以制造业为核心的第二产业在欧洲发达国家的占比下降,服务业和信息业成为重要的产业类别。从就业结构来看,产业结构变化,尤其服务业的兴起带来了全新的就业机会,吸收了大量人口就业,但是也带来了就业结构的变化。新一轮的技术革命,数字技术和信息技术的进步,推动机器设备走向自动化、智能化,

---

①② 吕普生.21世纪欧洲福利国家面临的新挑战[J].武汉大学学报(哲学社会科学版),2020(1):149.

制造业对劳动力的吸纳力下降，越来越难保持大量稳定的正规就业，出现结构性失业。转移出来的劳动力，要么转向劳动密集型的服务业，要么从事临时工、小时工等非正规、非全时就业。福利国家的家庭政策和女性劳动力市场参与率提高，也在一定程度上促进了非正规就业。从就业形态来看，服务业和信息业的兴起使就业形态的弹性化特征日趋显著。欧盟统计局的统计数据表明，金融危机之后，欧盟成员国全职员工减少，临时工人数增加，从2008年第二季度到2009年第二季度，欧盟27个成员国中有22个成员国的临时工在就业总人数中的比例上升，上升幅度最大的是立陶宛，增幅为5.3%。[①] 非正规就业更加灵活的工作时间和对劳动技能极低的要求，对女性、高龄劳动者、劳动技能低以及受教育程度低的群体更加友好，为他们创造了进入劳动力市场的机会。这种非正规就业，不仅就业时间越发灵活，甚至出现应召工作，而且劳动合同业更加灵活，在短期合同工作和临时合同工作之外，甚至还出现"零小时合同"工作（0-hourcontract）。[②]

不稳定性的劳动关系、弹性工时以及不稳定的工资收入，出现了劳动力市场规则与社会保险制度不相匹配的情况。这种就业形态对于传统的立足于工业社会产业工人正规就业基础上的福利国家是一种挑战。

（四）难民危机和移民潮

2015年夏，因叙利亚问题引发的难民潮使数以百万的难民涌入欧洲各国，形成了第二次世界大战以来最大的难民潮。各国为解决难民问题付出了很多，大量难民的涌入也带来一系列的社会问题。仅2015年，英国政府就拿出57亿欧元来解决难民问题和移民开支，而且根据英国国家统计局的数据显示，2015年英国的净移民数量增加至33.3万人，这一数据被认为是英国移民政策"失控"的重要证据。[③] "从理论上来讲，福利制度属于一种带有边界的封闭系统，这些边界的功效在于对系统成员和非系统成员加以区分。"[④] 然而在实际上，许多国家的福利获取都并没有和公民身份严格相关。许多移民可能在自己的国家本已陷入贫困，他们中很多是"福利移民"。例如，英国的情况，英国更高的生活水平和福利政策可能是引得大量的移民赴英的因素之一，英国的最低工资九倍于罗马尼亚，然后入英后仅仅几个月之内，移民就可以享受儿童福利、住房福利以及医疗服务体系。一切都比其流出国内要更好，而且教育体系对于其子女也是免费的。[⑤] 安置难民和新增移民人口的福利支出，挤占了本国民众本就有限的福利资源。文化差异、争夺就业岗位、社会福利负担甚至恐怖主义的威胁等社会矛盾和社会问题逐渐显现。

---

① 严恒元. 欧洲就业结构出现新特点 [N]. 经济日报, 2009-11-12 (007).
② 张浚. 非常规就业、劳动力市场二元化与社会保障制度的重新定位——向"后工业社会"转型中的欧洲社会保障制度 [J]. 欧洲研究, 2022, 40 (6): 136.
③⑤ 孙波. 右翼民粹政党与英法德疑欧主义演变 [D]. 北京外国语大学博士学位论文, 2021.
④ 帕斯尼. 移民及其对福利的影响——伦巴第（意大利）卫生政策案例研究 [R]. 第三届世界现代化论坛, 2019.

二、社会保障发展的趋势

(一)"第三条道路"发展理念

1994年,英国伦敦经济学院院长安东尼·吉登斯出版了《超越左与右》一书,对苏联式的现实社会主义和西欧左翼政党的社会民主主义提出了批判,同时对新自由主义和新保守主义这两种思潮也进行了评析。他试图从左右之间的传统对立中超脱出来,主张构建一个同时包含左与右特征的思想体系。[①] 这一设想迅速为英国工党所接受,成为工党的指导思想,工党党魁布莱尔当选首相后在各个场合倡导"第三条道路"理念。除此之外,欧洲各国社民党纷纷兴起"第三条道路"的研究,在20世纪90年代发展到一时鼎盛。"第三条道路"的倡导和推进曾带来20世纪90年代中期西方社会民主主义的复兴,1998年甚至出现欧盟15个国家中有13个国家,皆由社会民主党单独或联合执政的盛况。然而,由于没有能够有效地解决西方各国当时存在的经济、政治、社会危机,在欧洲的大选之年,出现了各国执政的社会民主党纷纷被下野的情况,因此"第三条路线"也随之偃旗息鼓了。

在"第三条道路"理论主张中,吉登斯系统阐述其积极福利思想与社会投资战略,此外还包括坚持社会投资的主体多元化,变福利国家为福利社会。具体的福利政策调整涉及以下两个方面:①政府必须强调教育培训,提高国民综合素质,实施终身教育,增加对贫困者和失业者的技能培训;②倡导建立"积极的福利"(Positive Welfare),即社会福利不再是一味的社会支出,而是一种社会投资,所有的社会支出在未来都会产生社会收益。如失业保险领域强调对失业者进行职业技能培训,是对人力资本的投资,主张从事后补救型的福利政策转向以人力资源开发为核心的"造血型"的福利政策。

(二)艾斯平-安德森建设社会投资型福利国家

在考斯塔·艾斯平-安德森和赫梅尔赖克(Anton Hemerijck)等的积极推动下,社会投资福利国家的理论体系不断完善,相关的改革措施在欧洲多国和欧盟中都被提上政策日程,使社会投资成为欧洲一种新的福利国家模式。[②] 社会投资的哲学原理来源于艾斯平-安德森等受欧盟委托撰写的,其在2002年出版的《我们为何需要新福利国家》一书中提出:知识型服务经济下应运而生的新型社会风险——社会隔离、技能低下和结构性贫困,加之人口老龄化问题,使传统那种被动的、与就业相关联的社会保险制度变得极其昂贵和不可持续。要缓解"新型"社会风险,早期儿童发展、培训、教育、终身学习以及家庭和谐政策必不可少。[③] 社会投资型福利国家的理念是社会政策的主要目标不是"再分配",而是"预分配"(Pre-Distribution),通过教育培训和消除歧视提高人们的综合素质,增强人们在劳动力市场中的竞争力,提高他们获取财富的能力,实现预防社会风险的目的,而不仅是通过再分配对社会风险进行事后补偿,即逐渐由

[①] 秦宣. 历史比较中的"第三条道路"思潮 [J]. 科学社会主义,2005 (4):76.
[②] 李姿姿. 社会投资:欧洲福利国家改革的新趋势 [J]. 国外理论动态,2016 (12):72.
[③] [荷兰] 安东·赫姆瑞吉克,覃伊璇. 社会投资——欧洲福利国家调整的必然方向 [J]. 社会保障研究. 2014,19 (1):17.

全民福利和风险事后救济型向以人力资源开发为核心的风险事前预防型转变。社会投资型政策具体包括以下三个：①加强义务教育、高等教育和职业教育的投入；②实施积极的劳动力市场政策；③帮助妇女进入劳动力市场的家庭友好政策等。

(三) 加强非正规就业者的保障

为了应对这种劳动力市场的二元化，解决非正规就业者社会保障不足的问题。各国在社会政策领域进行了一些改革，针对非正规就业者的特点，强化了非正规就业者的保障。首先，增加社会救助制度向非正规就业者发放的保障，而不是单一的依靠权利义务相对等的社会保险制度。其次，建立针对非常规就业人员的特殊计划，比较突出的是德国为作家和艺术家设立的保险计划以及法国为视觉艺术从业者设立的失业保险计划。又如欧盟国家实行的针对单亲和年轻人的"短时工作制"。"短时工作制"就是在企业可能裁员的情况下，由雇主和雇员协商，保留雇佣合同和雇员的工作岗位，根据现实的企业经济状况减少雇员的工作时间，并由政府出资补偿雇员因削减工时而损失的收入。不同于失业保险在失业发生之后发放失业津贴，"短时工作制"可以通过政府的财政投入预防失业。这种"短时工作制"不仅面向核心劳动者，自2020年3月起，德国的短时工作制扩面，覆盖了临时就业的劳动者，贸易和餐饮业成为申请短时工作补贴最多的部门。最后，调整社会保险政策，针对非正规就业者中的特殊群体提供灵活的支持。2014年5月，德国联邦议院以压倒性多数票通过了《法定养老保险改进法案》，改革举措中最引人注目的是45年缴费年限的计算中，抚育孩子、照料家人以及短期失业的时间都视作缴费，这无疑有利于保证单亲母亲或单亲父亲的养老保障权益。

第六节　中国现代社会保障制度的产生与发展

一、中国社会保障制度的初创 (1949~1956年)

1949年，在第一届全国政治协商工作会议中通过《中国人民政治协商会议共同纲领》，在第32条中提出人民政府应按照各地各业情况规定最低工资，逐步实行劳动保险制度。1949年10月，中央人民政府政务院设立劳动部，由李立三担任劳动部部长，劳动部下设劳动保险局。同年11月，根据党中央指示，李立三牵头成立劳动保险条例起草委员会，开始起草劳动保险法规。经过将近一年时间的起草过程，根据《中国人民政治协商会议共同纲领》第32条的规定及全国各地职工的要求与意见和目前工厂企业的实际情况，拟定初步草案之后，召集有关机关及工会组织进行反复研究，修改了20余次之多，才做成正式草案。[①] 值得注意的是，在《共同纲领》第一稿的10个部分

---

① 李立三. 关于中华人民共和国劳动保险条例草案的几点说明 [J]. 山东政报, 1951 (Z1): 55.

中，曾专门把"社会政策"单列为第 7 部分："国家采取劳动立法和其他必要措施，使一切劳动人民获得就业机会，使在业职工获得当前国民经济水平所能达到的劳动条件与劳动保险……使失去劳动力或因天灾人祸而无法生活的人民获得生存条件。"虽然最终"社会政策"并未作为独立部分呈现，但内容均在各草稿版本中有体现。[①]

《中华人民共和国劳动保险条例（草案）》起草完毕之后，经中国人民政治协商会议审查同意，1950 年 10 月，由政务院决定公布，组织全国职工讨论。这是我国第一部关于社会保障的法律文件。[②] 文件中明确了机关事业单位或员工人数在 100 人以上的企业，应该为职工提供包括养老、医疗、生育、优抚安置、扶贫救灾等待遇保障。职工的劳动保险费由企业承担，职工无须缴费，各级工会将管理企业缴纳的保障金。

1951 年 2 月 23 日，政务院第 73 次政务会议通过《中华人民共和国劳动保险条例》，共 7 章 34 条，明确规定了职工在老年、医疗、工伤、生育等项目上的保险办法。自同年 2 月 26 日起施行。这是新中国成立后第一部全国统一的社会保险法规，奠定了我国职工社会保险制度的基础。经过 1953 年、1956 年两次修订，全面建立了适用于中国城镇职工的劳动保险制度。制度覆盖城镇所有企业和职工，劳动保险金由企业承担，费率为工资总额的 3%，缴费由工会组织管理。对企业职工在遭遇年老、疾病、因工伤残亡、非因工伤残亡、直系亲属病（亡）、生育等诸多社会风险时，做出了明确的待遇给付规定，标志着国家保障型社会保障制度模式的创立。截至 1956 年，全国参加劳动保险的人数达到 1600 万人，占企业职工总数的 94%。[③]

1952 年 6 月，政务院颁布《关于全国各级人民政府、党派、团体及所属事业单位的国家工作人员实行公费医疗预防的指示》；1955 年 12 月，经全国人大常委会批准，国务院颁布《国家机关工作人员退休处理暂行办法》《国家机关工作人员退职处理暂行办法》；1958 年国务院又公布了《关于现役军官退休处理的暂行规定》等法规。这些办法和规定为机关、事业单位工作人员和军官等创设了由公费医疗、退休制度以及抚恤制度等组成的公职人员社会保障制度。[④]

1954 年 9 月 20 日，第一届全国人民代表大会第一次会议一致通过了《中华人民共和国宪法》并公布实施。"劳动保险"一词在宪法中被正式明确为"社会保险"。

二、中国社会保障制度艰辛探索阶段（1956~1966 年）

随着三大改造的完成，自 1957 年开始国家进入全面有计划的社会主义经济建设时期，政府也开始对社会保障制度进行进一步的调整和完善。

1958 年 2 月，全国人大常委会原则批准，由国务院公布施行《关于工人、职员退休处理的暂行规定》，统一了企业事业、国家机关职工的退休制度。至此，我国以劳动

---

① 刘洪清. 共同的纲领共同的征程 [J]. 中国社会保障，2019（9）：15.
② 王寒. 新中国 70 年来党对社会保障制度建设的历史探索及其现实走向研究 [D]. 东北师范大学博士学位论文，2020.
③ 江宇. 论中华人民共和国前 30 年的社会保障 [J]. 社会保障评论，2018（10）：125-134.
④ 郑功成. 中国社会保障 70 年发展（1949—2019）：回顾与展望 [J]. 中国人民大学学报，2019，33（5）：3.

保险为代表的社会保险制度已经初步形成体系框架,对于调动广大城市劳动者的生产积极性,起到了巨大的促进作用。

1956年6月,全国人大一届三次会议通过《高级农业生产合作社示范章程》,规定,对农村无劳动能力的社员的吃、穿、住、烧、葬都由合作社保障,奠定了我国农村五保供养制度的基础。1958年全国有五保户423万户、519万人,社会救助也主要依赖于集体经济。① 1960年4月,全国人大二届二次会议通过《1956~1967年全国农业发展纲要》,以这两个法律性文件为依据,农村建立了"五保"制度,这是第一项中国特色的乡村社会集体福利保障制度。②

伴随合作化运动兴起的还有农村合作医疗制度。我国农村合作医疗起源于20世纪50年代初,发展于60年代,鼎盛于70年代,80年代出现严重萎缩。③ 1955年,山西、贵州、上海、山东等地农村相继建立了一批由农业合作社兴办的保健站和医疗站。1955年,山西省高平县米山乡在农村社会保健站中最早实行"医社结合",采取社员群众出"保健费"和生产合作社公益金补助相结合的办法建立合作医疗制度。④ 1959年11月,卫生部在山西省稷山县召开全国农村卫生工作会议,肯定了农村合作医疗制度,并开始在全国推广。1960年底,全国农村各生产大队举办合作医疗制度的达40%。⑤ 20世纪60年代,农村合作医疗在曲折中发展,农村看病难问题虽有一定改善,但农村医疗保障的供需矛盾仍然非常突出。针对农村缺医少药的情况,1965年6月26日,毛泽东针对我国医疗资源布局不合理和农村缺医少药等问题,做出了"把医疗卫生工作的重点放到农村去"的指示。同年9月,中共中央批转了卫生部党组《关于把卫生工作重点放到农村的报告》,加强了农村基层卫生保健工作,极大地推动了农村合作医疗保障制度的发展。

三、中国社会保障制度曲折发展阶段(1966~1976年)

1968~1970年,中国进入社会主义艰辛探索时期,传统社会保障制度也发生了蜕变,国家仍然是政策的制定者和最后保障者,但在组织方式与实践路径方面却发生了变化。⑥

1968年负责社会福利的中央机构内务部和地方民政部分被相继撤销,1969年社会部被撤销,我国社会福利和社会救济事业一度中断。大批符合条件的贫困者不能得到及时救济,大量孤老幼童、残疾人流落街头,无法保障其基本生活。⑦ 1978年农村居

---

① 王立剑,代秀亮. 新中国70年中国农村社会保障制度的演进逻辑与未来展望[J]. 农业经济问题,2020(2):69.
② 郑功成. 中国社会保障70年发展[J]. 社会科学文摘,2019(12):49.
③ 蔡天新. 新中国成立以来我国农村合作医疗制度的发展历程[J]. 党的文献,2009(3):20.
④ 郑蕾,郑少锋. 中国农村合作医疗的演进与反思[J]. 西北大学学报(自然科学版),2010(2):360.
⑤ 宋晓梧. 中国社会保障制度建设20年[M]. 郑州:中州古籍出版社,1998:87.
⑥ 郑功成. 中国社会保障70年发展(1949—2019):回顾与展望[J]. 中国人民大学学报,2019,33(5):4.
⑦ 王寒. 新中国70年来党对社会保障制度建设的历史探索及其现实走向研究[D]. 东北师范大学博士学位论文,2020.

民贫困发生率为97.5%，农村贫困人口规模7.7亿人。① 与此同时，负责劳动保险事务的中华全国总工会陷入瘫痪状态，无法承担统筹全国劳动保险资金的职责，单位的社会保障职责被强化。1969年2月，财政部军管会发布《关于国营企业财务工作中几项制度的改革意见（草案）》，对劳动保险筹资机制做出重大改变，劳动保险失去了社会统筹机能，蜕变成"企业保险"。1970年6月22日，中央批准国务院精简合并的报告，劳动部被撤并，相关职能由国家计委设劳动局专管。失去了组织体系，劳动保险处于停顿，职工退休退职手续也被迫中止办理。劳动保险开始从高层级的全国统筹转变为低层级的企业保险，这是劳动保险工作的大倒退。②

与城市不同，这一时期的农村医疗保障取得了一定的成绩，20世纪60年代开始，中国发起"农村卫生革命"，实施农村合作医疗制度和赤脚医生制度，普遍建立起三级医疗保健网（县、公社、生产大队）。1976年全国实行合作医疗制度的生产大队比重高达93%，覆盖全国农村人口的85%；赤脚医生制度为落后农村地区提供了初级护理保障，为不发达国家提高医疗卫生水平提供了样板。这一举措基本实现了"小病不出村，大病不出乡"的目标，被WHO和WB两个世界组织誉为"不发达国家实现初级卫生保健的独有典范"。③

四、中国社会保障制度改革准备阶段（1976~1985年）

1978年，党的十一届三中全会的召开标志着我国进入改革开放新时期，1978年既是中国发展进程中的重要年份，也是中国社会保障制度演进的关键之年。

1978年，党的五届全国人大一次会议通过的《中华人民共和国宪法》，对劳动者的社会福利、养老保障、医疗保障、贫困救助以及军烈属生活保障等方面做出规定。同年5月24日，五届全国人大常委会第二次会议讨论并原则批准了《关于安置老弱病残干部的暂行办法》和《关于工人退休、退职的暂行办法》，9天后，国务院将两份文件印发全国，文件编号为国发〔1978〕104号。104号文件是对1958年颁布的退休办法的全面修订，标志着国家开始恢复重建退休制度。

1984年4月25日，广东省东莞县人民政府颁布《东莞县退休基金统筹试行办法》，拉开了退休费用统筹试点的大幕。1984年7月，劳动人事部在广东省江门市和东莞县、四川省自贡市、辽宁省黑山县等地开始退休费用社会统筹试点，实现了退休费用社会统筹的破冰。1987年3月6日，中央财经领导小组会议决定设立各级退休费用统筹管理委员会。在总结改革先行地区社会保险经办体制创建经验的基础上，开启了各地自下而上探索建立社会保险机构的序幕。④

---

① 王立剑，代秀亮. 新中国70年中国农村社会保障制度的演进逻辑与未来展望［J］. 农业经济问题，2020（2）：69.
② 夏育文. 劳动保险的退变［J］. 中国社会保障，2019（9）：29.
③ 徐进. 中国社会保障70年：制度演进、理念变迁、中国经验［J］. 哈尔滨商业大学学报（社会科学版），2019（6）：115.
④ 刘洪清. 退休费用社会统筹，社保改革的先声［J］. 中国社会保障，2019（9）：38.

1979年12月15日，卫生部、农业部、财政部、国家医药管理总局、全国供销合作总社联合发布《农村合作医疗章程（试行草案）》，巩固和完善了农村合作医疗制度和赤脚医生制度。这是首次出台关于农村合作医疗制度的国家层面的文件，也是实行改革开放后国家颁布的第一个有关农村合作医疗的规范性文件，拉开了农村合作医疗制度改革的序幕。该文件对农村合作医疗的举办形式和管理机构、基金和管理制度、医务人员管理、药品管理等问题作了全面细致的政策性规定，试图摆脱长期以来的政治束缚，使农村合作医疗步入规范化的轨道。[1] 但是随着农村实行家庭联产承包责任制，集体经济的瓦解，农村合作医疗制度也开始走向低谷。

五、中国社会保障制度改革起步阶段（1985~1993年）

1986年是中国社会保障制度进入改革年代的标志性年份，这一年第六届全国人大四次会议通过《国民经济和社会发展第七个五年计划》，其中第九部分"人民生活与社会保障"，专门阐述了社会保障改革与社会化问题，首次提出了社会保障概念，指出要"建立具有中国特色的社会主义的社会保障制度"，强调社会保障改革的理念为社会保障社会化。"七五"计划成为中国社会保障进入制度转型的重要标志。

1986年7月12日，国务院印发《关于发布改革劳动制度四个规定的通知》，其中包括《国营企业实行劳动合同制暂行规定》《国营企业职工待业保险暂行规定》，是对我国劳动制度的重大改革。

《国营企业实行劳动合同制暂行规定》标志着正式实行劳动合同制，计划经济时期的终身就业制逐渐被符合社会主义市场经济体制的劳动合同制所取代。企业职工养老保险范围扩大到劳动合同制工人，确定企业和个人按比例缴纳养老保险费用，开始在县、市一级养老保险费统筹。

《国营企业职工待业保险暂行规定》标志着我国开始实施待业保险制度。1979年4月，中央政治局常委、中央委员会副主席李先念在中央会议上指出，全国大约有2000万人要求安排就业。[2] 为了更好地保护待业者的合法权益，建立了待业保险制度。在职工待业期间将会为其提供待业保险以保障基本生活。待业保险资金由企业按照全部职员工资总额的1%缴纳，地方政府财政给予一定的补贴。当时的待业保险是我国现行的失业保险制度的前身，它标志着我国开始正视失业的问题，探索建立失业保险制度。

六、中国社会保障制度重构阶段（1993~1998年）

这段时期，传统社会保障制度与新型社会保障体系双轨并存，但是新制度探索试点的态势逐渐上涨。

1989年3月4日，国务院批转国家体改委《1989年经济体制改革要点》，成立全国社会保险制度改革的领导机构，加快了社会保险制度改革的步伐。要求积极推广社

---

[1] 蔡天新. 新中国成立以来我国农村合作医疗制度的发展历程[J]. 党的文献, 2009 (3): 22.
[2] 刘洪清. 劳动制度改革发轫[J]. 中国社会保障, 2019 (9): 41.

会保障体系的专项改革试点,确定在丹东市、四平市、黄石市、株洲市进行医疗保险制度改革试点,并在海南省、深圳市进行社会保险制度综合配套改革试点,此为我国首次在国家层面做出的对医疗保险制度改革进行的试点探索,① 试点的主要内容是探索社会统筹与个人账户相结合的医疗保险制度。

1991年6月26日,国务院发布《关于企业职工养老保险制度改革的决定》,从养老保险的负担方式、管理机构、统筹方式、运作模式等几方面做了详细规定。基本养老保险实行社会统筹,企业和职工均须承担缴费,从此以个人缴费为主要特征之一的养老社会保险制度开始逐步建立。

1993年10月8日,劳动部发布《关于职工医疗保险制度改革试点的意见》,强调"逐步建立与社会主义市场经济体制相适应的,医疗保险费用由国家、用人单位和职工三方合理负担的,社会化程度较高的,覆盖城镇全体职工的医疗保险制度",首次提出"建立职工个人医疗保险专户,为职工个人所有"。

1993年11月14日,党的十四届三中全会通过了《中共中央关于建立社会主义市场经济体制若干问题的决定》,指出"城镇职工养老和医疗保险金由单位和个人共同负担,实行社会统筹和个人账户相结合"。这是我国首次提出社会统筹与个人账户相结合的基本养老保险制度。

1994年4月14日,由国家体改委、财政部、劳动部、卫生部联合发布《关于职工医疗制度改革的试点意见》,决定在江西九江、江苏镇江启动社会统筹与个人账户相结合的社会医疗保险改革试点。

1994年,劳动部颁布了《企业职工生育保险试行办法》,在该办法中就职工生育保险实施过程、统筹层次、基金筹集和支付做出了明确规定。

1995年3月,国务院发布《关于深化企业职工养老保险制度改革的通知》,两个不同标准的统账结合实施方案从辩论迈向试点,两个方案分别称为"大账户小统筹""大统筹小账户"模式,这标志着统账结合制度走上养老保险制度改革的舞台。

1995年12月29日,为配合《中华人民共和国劳动法》的贯彻实施,劳动部印发《关于建立企业补充养老保险制度的意见》,填补了我国多层次养老保险体系的一个制度空白,开始探索构建多层次养老保险。

1996年,国务院颁布《企业职工工伤保险试行办法》,首次将工伤保险作为单独的社会保险制度实施,标志着我国职工工伤保险也进入了改革阶段。

1997年7月16日,国务院发布《关于建立统一的企业职工基本养老保险制度的决定》,将原有的两个试点的实施方案合并为统一制度,将个人账户规模统一为职工本人缴费额为工资的11%,并对基本养老保险个人账户制度的具体实施办法做了详细规定。

1997年9月2日,国务院发布《关于在全国建立城市居民最低生活保障制度的通知》,鉴于1993年上海市率先建立城市居民最低生活保障制度的成功经验,开始在全国推广,标志着我国开始初步建立城市居民最低生活保障制度。

---

① 张苗.1989,奏响医保改革序曲[J].中国社会保障,2019(9):42.

1998年12月14日，由国务院发布《关于建立城镇职工基本医疗保险制度的决定》，要求在全国范围内建立覆盖全体城镇职工、社会统筹和个人账户相结合的基本医疗保险制度。我国统账结合的城镇职工医疗保险制度模式得以定型。

1998年5月14~16日，中央明确提出要确保国有企业下岗职工基本生活、确保企业离退休人员基本养老金按时足额发放；同年6月9日，国务院印发《关于切实做好国有企业下岗职工基本生活保障和再就业工作的通知》，提出补发历史拖欠养老金，确保离退休人员基本生活，养老保险基金差额缴拨改为全额缴拨，推进社会化管理等举措。[①]

1998年，总参谋部、总政治部、总后勤部、总装备部联合发布《军人保险制度实施方案》，中国军人保险制度正式实施。

在农村，这一时期的医疗保障改革与城市同步进行。按照1993年《中共中央关于建立社会主义市场经济体制若干问题的决定》要求，开始谋划恢复重建计划经济时期已实行的农村合作医疗制度。1997年5月，国务院批转了由卫生部等五部委提出的《关于发展和完善农村合作医疗的若干意见》，对农村合作医疗的性质、组织机构、队伍建设、医疗资金使用和管理监督等有关事项作了政策性规定。同年11月，卫生部发出《关于进一步推动合作医疗工作的通知》，要求各地做好合作医疗的宣传动员、管理培训、引导等工作。此后，各地都在积极探索农村合作医疗的新模式。

1994年国务院颁布了《农村五保供养工作条例》，标志着我国农村五保供养走上制度化发展道路。1996年民政部发布的《关于加强农村社会保障体系建设的意见》《农村社会保障体系建设指导方案》，指出了农村最低生活保障制度在农村社会保障体系中的重要地位，在这两个文件的指导下我国开始了农村最低生活保障制度的大范围试点工作。

七、中国社会保障制度扩面阶段（1998~2012年）

这一时期社会保障注重公平导向，为城镇企业职工之外的群体建立了若干独立的制度，社会保障制度的覆盖面从以城镇职工为主开始转向覆盖全体国民。

1998年3月，九届全国人大一次会议审议批准，在劳动部基础上组建劳动和社会保障部，统一管理全国劳动保障工作，使原来多部门分割的社会保险管理体制得以统一。

1999年1月，国务院发布了《失业保险条例》，首次在法规上明确将待业保险正名为失业保险，待业救济金正式改为失业保险金，进一步将保险对象扩大到城镇所有企业事业单位及其职工。

1999年9月28日，国务院颁布的《城市居民最低生活保障条例》，标志着中国城市居民最低生活保障制度正式走上法制化轨道。

2000年，中国进入老龄化社会。2000年9月，中央政府建立了战略储备性质的全

---

① 徐颢. 世纪之交的"两个确保"[J]. 中国社会保障，2019（9）：66.

国社会保障基金，旨在应对社会保障危机，并设立了全国社会保障基金理事会。

2003年4月27日，国务院颁布的《工伤保险条例》，对工伤保险作了较为全面的规范，中国工伤保险制度最终得以确立。

2003年1月16日，国务院办公厅转发《关于建立新型农村合作医疗制度的意见》，创建新型农村合作医疗制度，首次强调政府对农民参合的财政支持，实现将农村居民成功纳入医疗保障体系。

2004年1月6日，劳动和社会保障部发布《企业年金试行办法》。

2005年12月3日，国务院印发《关于完善企业职工基本养老保险制度的决定》，标志着我国构建基本养老保险制度可持续发展的探索。在辽宁、吉林、黑龙江省相继开展做实个人账户试点的基础上，进一步对个人账户制度进行了调整。从2006年1月1日起，个人账户的规模由本人缴费工资的11%调整为8%，全部由个人缴费形成，单位缴费不再划入个人账户。

2006年1月31日，国务院颁布《关于解决农民工问题的若干意见》，要求积极稳妥地解决农民工社会保障问题。

2006年1月21日，国务院颁布新的《农村五保供养工作条例》，自此农村五保供养工作从集体保障跨入国家保障。

2007年7月10日，国务院发布《关于开展城镇居民基本医疗保险试点的指导意见》，将城镇未就业居民纳入医疗保险，填补了医疗保险最后一个制度空白。

2007年7月11日，国务院发布《关于在全国建立农村最低生活保障制度的通知》，在全国范围内建立农村低保制度，标志着覆盖城乡的最低生活保障制度得以建立。

为贯彻中央经济工作会议精神，帮助受金融危机影响较大的困难企业渡过难关，2008年12月20日，人社部联合印发《关于采取积极措施减轻企业负担稳定就业局势有关问题的通知》，是我国首次采取调整社会保险费率的办法为企业减轻负担。[1]

2009年9月1日，国务院出台《关于开展新型农村社会养老保险试点的指导意见》，从2009年开始在10%的县（市、区、旗）实行新型农村社会养老保险（以下简称新农保）试点，这是对中国农村数千年家庭养老模式的根本性变革，农民在土地养老、家庭养老之外，拥有了社会养老。

2010年10月28日，十一届全国人大常委会第十七次会议通过《中华人民共和国社会保险法》，这是我国社会保障法治建设的一个里程碑。

2011年6月，国务院下发《关于开展城镇居民社会养老保险试点的指导意见》，决定在全国逐步推行城镇居民养老保险。这标志着在制度设计层面上，实现了养老保险城乡居民全覆盖，"老有所养"的目标基本实现。

2011年9月6日，人社部颁布《在中国境内就业的外国人参加社会保险暂行办法》，社会保险管理服务开始与国际接轨。2001年7月12日，《中华人民共和国与德意志联邦共和国社会保险协定》签署，是我国对外签订的第一个社会保险双边协定。

---

[1] 尚芳."寒潮"来袭，社保雪中送炭[J].中国社会保障，2019（9）：100.

2012年4月27日，第十一届全国人大常委会第二十六次会议审议通过《中华人民共和国军人保险法》。首部具有中国特色的军人保险法律，填补了我国军人保障的法律空白。

八、中国社会保障制度质量提升阶段（2012年至今）

2012年，党的十八大报告提出"要坚持全覆盖、保基本、多层次、可持续方针，以增强公平性、适应流动性、保证可持续性为重点，全面建成覆盖城乡的社会保障体系"。根据党的十八大提出的对社会保障制度建设的任务要求，我国的社会保障制度从制度普惠阶段进入制度质量提升阶段。

2014年2月21日，国务院发布《关于建立统一的城乡居民基本养老保险制度的意见》，新农保、城居保合并为城乡居民基本养老保险制度，促进制度之间的城乡公平。

2014年2月21日，国务院颁布《社会救助暂行办法》，将施行多年的多项社会救助政策上升为规范性更强的全国统一行政法规。

2015年1月14日，国务院发布《关于机关事业单位工作人员养老保险制度改革的决定》，机关事业单位工作人员非缴费性退休金制度终止，养老保险"双轨制"成为历史。

2016年1月3日，国务院发布《关于整合城乡居民基本医疗保险制度的意见》，实现城乡居民基本医疗保险制度的整合。它标志着我国社会医疗保险制度城乡二元结构的终结，也标志着我国医疗保险制度向更加公平、更可持续目标迈出了关键一步。

2016年3月10日，国务院发布《全国社会保障基金条例》，是对全国社会保障基金16年来管理运营经验的高度概括，明确了全国社会保障基金的性质是国家社会保障储备基金，用于人口老龄化高峰时期的养老保险等社会保障支出的补充和调剂。

2016年6月27日，人力资源和社会保障部办公厅发布《关于开展长期护理保险制度试点的指导意见》，决定在河北省承德市、吉林省长春市等15个城市开展长期护理保险制度试点。护理保险成为继五项社会保险之外的"第六险"。

2017年1月，国务院办公厅印发《生育保险和职工基本医疗保险合并实施的试点方案》，由于两险种在运行操作层面具有合并实施的条件，在医疗服务项目上有共同之处，特别是在医疗待遇支付上有很大共性，因此将两者合并实施。

2018年，根据中共中央印发《深化党和国家机构改革方案》，于当年5月31日成立国家医疗保障局。将城镇职工和城乡居民的医疗保险、医疗救助、生育保险全部交由国家医疗保障局管理。

2018年7月20日，中共中央办公厅、国务院办公厅印发了《国税地税征管体制改革方案》，将各项社会保险费交由税务部门统一征收，实现了社会保险费改税的转变。

2018年5月30日，国务院印发《关于建立企业职工基本养老保险基金中央调剂制度的通知》，建立企业职工基本养老保险基金中央调剂制度，标志着我国职工基本养老保险制度向全国统筹迈出了第一步。

2020年10月29日，中国共产党第十九届中央委员会第五次全体会议通过《中共中央关于制定国民经济和社会发展第十四个五年规划和二〇三五年远景目标的建议》，首次提出了"实施积极应对人口老龄化国家战略"。

2021年4月，国务院办公厅发布《关于建立健全职工基本医疗保险门诊共济保障机制的指导意见》，对职工医保个人账户做了相应的改革，缩小个人账户规模、扩大参保人员的门诊共济。

2022年10月，党的二十大胜利召开。党的二十大报告对以共同富裕为基本特征的中国式现代化和健全社会保障体系做出完整阐述并排在首位，为我国加快健全社会保障体系提供了基本遵循与行动指南。

2022年4月，国务院办公厅印发《关于推动个人养老金发展的意见》。同年10月，人社部联合印发《个人养老金实施办法》。

2023年5月，人力资源社会保障部、财政部联合印发《关于2023年调整退休人员基本养老金的通知》，全国调整比例按照2022年退休人员月人均基本养老金的3.8%确定。我国企业退休人员基本养老金实现自2004年起连续19年调整上涨。

综上所述，经过半个多世纪的探索与改革，我国终于建立起了符合国情的现代社会保障制度。在一个拥有14多亿人口的泱泱大国，实现保障项目齐全、人人享有基本保障、待遇水平适度、基金安全可持续的社会保障体系，是中国共产党为人民谋福利、谋幸福的重要内涵，是前无古人的伟大壮举。而今，中国社会保障虽已实现普惠全民，却仍处于福利国家发展的初步阶段，需要在充分尊重社会保障70年发展经验以及国家经济社会发展实际的基础上，继续深入有效地解决社会保障领域存在的发展不平衡与发展不充分的问题，推进中国福利国家建设。

思考题

1. 西方社会保障制度的发展经历了哪几个阶段？有哪些重要的标志？
2. 欧债危机之后，福利国家面临哪些挑战？福利国家的改革具有哪些趋势？
3. 我国现代社会保障制度的发展经历了哪几个阶段？发展的主要内容是什么？

第三章 养老保险政策与实践

本章学习要点

掌握养老保险的概念、内涵、特征、设计原则及地位作用等；了解我国养老保险制度的历史变迁及养老保险现行制度框架；掌握养老保险社会统筹与个人账户的相关理论；了解中国人口老龄化的变动趋势及延迟退休政策；了解未来我国养老保险制度的发展趋势。

自1999年我国跨入人口老龄化国家行列以来，人口老龄化速度呈快速发展趋势，根据2020年第七次人口普查数据显示，我国60岁及以上人口占总人口数的18.70%，同2010年第六次全国人口普查相比，60岁及以上人口的比重上升5.44个百分点。其中65岁及以上人口占13.50%，比2010年上升4.63个百分点。[①] 专家预测，到2050年前后，我国老年人口规模和比重、老年抚养比和社会抚养比将达到峰值。随着老年人口持续增加，人口老龄化程度不断加深，养老保险的发展受到人们广泛地关注，养老保险影响着人们退休后的老年生活质量，关系到人民群众对美好生活的向往。

第一节 养老保险制度概述

一、养老保险的概念及内涵[②]

养老保险是社会保障制度的重要组成部分，是社会保险五大险种中最重要的险种之一。所谓养老保险是国家和社会根据一定法律和法规，为解决劳动者在达到国家规

[①]《第七次全国人口普查公报》。

[②] 本书养老保险的概念及内涵是作者根据以下著作的相关内容整理而成：郭士征.社会保障学[M].上海：上海财经大学出版社，2005：53-60；邓大松.社会保险[M].北京：中国劳动社会保障出版社，2002：40-41；郑功成.社会保障学[M].北京：商务印书馆，2015：18；林义.社会保险[M].北京：中国金融出版社，2004：16-25；余桔云.养老保险理论与政策[M].上海：上海复旦大学出版社，2015：15-17。

定的解除劳动义务的劳动年龄界限，或者因年老丧失劳动能力退出劳动岗位后的基本生活而建立的一种社会保险制度。养老保险的目的是为了保障老年人的基本生活需求，为老人提供可靠稳定的生活来源。其内涵包括以下四个方面：

（1）强制性。养老保险需要通过法律形式进行强制和规范，是一种具有政府意志体现的制度安排。强制性是指国家依据社会发展需要，通过法定程序，对养老保险范围进行划定，要求制度覆盖范围内的国民强制参加养老保险。强制性是养老保险的首要特征，这种强制性决定了养老保险的管理者、组织者必须是政府，绝大部分国家养老保险体系由政府负责管理，公民是否参与和进行缴费是由法律规定并由政府强制执行，不是建立在个人选择的基础之上的。

（2）普遍性。养老保险的覆盖范围不是一成不变的，它根据社会经济发展的阶段进行动态调整。但随着国家经济实力的不断增强，应该尽力扩大养老保险的覆盖范围（即我国提出的"广覆盖"），直至覆盖全体社会公民，从"广覆盖"过渡到"全覆盖"，使社会所有成员都能享受到养老权这一基本权利。养老保险保证的是养老权，养老权作为公民因年老不能工作时享有的生存权，是一种普遍权利，每个公民都应平等享有。

（3）社会性。社会性具体体现为，主要以国家为主体进行组织实施，养老金在一定范围内进行统筹调剂和进行社会化管理，并在全社会实行统一的养老保险制度，以此实现国家主导的公平收入分配、稳定社会经济发展的目的。可见，社会养老保险主要体现了国家的收入再分配功能，它是一项重要的社会政策。此外，养老保险制度还是一项经济制度，它对于提高储蓄率、加快资本市场形成和促进经济发展等方面发挥着巨大的作用。养老保险模式的选择是否得当，直接影响一国的经济发展状况。

（4）对应性。社会养老保险的对应性指养老保险权利与义务相对应，要想享受养老权利就必须履行缴费义务，即养老保险是以社会保险为手段来达到保障的目的。一般而言，养老金收益水平与个人退休前的平均工资呈正相关，即投保人所得到的津贴取决于他所缴纳的保费。

二、养老保险制度的基本特征

养老保险除了具备社会保险的强制性、普遍性、互济性、社会性和福利性等共同特征之外，还具备以下五个主要特征：

（一）参加保险与享受待遇的一致性

社会保险其他项目的参与者不一定都能享受相应的待遇，而养老保险待遇的享受人群是最确定、最普遍、最完整的。因为人人都会进入老年，都需要养老，都需要有相应的养老保险。相对于失业、疾病、伤残等不确定事件，老年风险是确定的、可以预见的事件。同时随着家庭规模的缩小、家庭保障功能的弱化，任何人都不能保证自己的老年没有风险，因此基本养老保险成为社会成员最普遍的需求。基本养老保险是社会保险制度中受保者权利最稳定的，参加基本养老保险者只要进入法定的养老年龄，都可以享受基本养老保险待遇。

（二）保障水平的适度性

养老保险的基本功能是保障劳动者在老年时的基本生活，这就决定其保障水平既不能过高也不能过低，应该坚持适度原则。一般来说，养老保险的整体水平要高于贫困救济线和失业保险金的水平，低于社会平均工资和在职时的收入水平。

（三）保障基金的累积性

养老保险涉及的时间跨度较大，从参保人缴纳养老保险费到领取养老金之间，大约有20~40年的时间间隔。从个人方面来看，涵盖了劳动者从年轻到年老再到死亡的生命历程；从制度方面来看，养老保险制度的设计、运行、管理涉及几代人的社会福利分配，具有较强的代际性。

（四）保障期限的长期性

参加养老保险的公民一旦达到享受养老保险待遇的条件或取得享受待遇的资格，就可以长期享受养老金直至死亡，且待遇水平基本稳定并逐步提高。

（五）保障方式的多层次性

养老保险制度不是单一层次的。由世界银行提出的"三支柱"养老保险制度体系，即基本养老保险、企业年金和职业年金、个人储蓄型养老保险和商业养老保险，已经得到许多国家的认可。建立和完善多层次的养老保险体系，已经成为一种国际潮流。

三、养老保险制度的设计原则

各国由于经济、文化、社会背景不同，因此养老保险制度的实施类型也各不相同，但在建立这一制度时，都遵循以下六项基本原则：

（一）广覆盖原则

养老保险的基本特征就是运用"大多数法则"，在某一社会范围内分散劳动者或者社会成员的年老风险，从而构筑一个"老有所养"的社会安全网。同时，老年风险是确定的、人人都会遇到的事件，养老风险成为劳动者最具普遍性的风险，由此决定了其覆盖面应该是最广的，应该包括尽可能多的劳动者和居民。

（二）经济援助与服务提供相结合的原则

养老保险制度是一种国民收入再分配的调节机制，它向劳动者提供的是年老时的生活保障。目前的保障大多以养老金的形式出现，但是随着人口老龄化的不断发展，需要政府提供相应的老年产品和老年服务。因此，对老年人的生活保障不仅体现在经济保障上，还体现在服务保障上。

（三）与经济发展相协调原则

基本养老保险应该是保障退休老年人的基本生活，如果保障水平过低，那么无法发挥保障功能；如果保障水平过高，超过了社会生产力发展水平，那么会滋生"懒汉"社会效应，诱发提前退休的冲动，浪费有效的社会人力资源，这样不仅制约了社会生产力的发展，而且会危及养老保险制度的正常运行。

（四）权利与义务相对应原则

实行权利与义务相对应原则，即要求参保人员只有履行义务，才能在退休后享受规定的养老保险待遇。这些义务包括依法参加、缴纳基本养老保险费并达到规定的最低缴费年限。基本养老保险待遇以缴费为条件,并与缴费时间长短和缴费数额多少直接相关。

(五)保障基本生活水平的原则

基本养老保险的目的是对劳动者退出劳动领域后的基本生活予以保障,使老年人在晚年有一个可靠的生活来源。由于老年人领取养老金不是一次性的,往往采取终身、定期给付的方式。在给付期间,由于社会经济发展状况不断变化,不可避免地会出现物价上涨或通货膨胀的情况。为保障退休者的实际生活水平与整体社会消费水平相适应,国家需要根据物价和通货膨胀率的变化及时调整养老金水平。同时,公民还可以参加商业养老保险和个人储蓄性养老保险获得更高的养老收入。

(六)公平与效率兼顾的原则

公平原则就是通过养老保险制度实现收入的再分配,以体现社会公平。效率的原则是指制度的设计一定要符合成本最低的要求。一个有效率的基本养老保险制度,就要用最小的经济成本实现已达成社会共识的基本养老保险制度的目标。由于公平和效率一直以来就是对立的统一体,如果单纯强调公平或者单纯强调效率,养老保险制度就会因为脱离经济社会发展规律而步入歧途。因此养老保险制度的设计要寻求公平与效率的平衡点。

四、养老保险的地位及作用

养老保险是以老年人的生活保障为目标的,通过再分配手段或者储蓄性等方式建立起保险基金,支付老年人生活费用。它的实施有以下作用:

首先,它有利于保证劳动力队伍的新陈代谢。劳动力逐渐老化是不可避免的趋势,人类社会总是在延续和继承中发展的,当劳动者年老体衰、工作效率下降时,应按国家规定进行正常退休,为新的劳动力提供工作岗位,有利于使劳动力队伍保持旺盛的生命力,保证了就业结构的合理化。

其次,有利于维护社会稳定。养老保险为老年人提供了基本生活保障,随着人口老龄化的到来,老年人口比例越来越大,养老保险保障了社会相当部分人口的基本生活。对于在职员工而言,参加养老保险,对自己老年生活有了预期,免除了部分后顾之忧,人们多了些稳定,少了些忧虑,这有利于社会稳定。

最后,养老保险制度是应对人口老龄化的重要举措。老龄化的后果之一就是经济活动人口短缺,老年人口与经济活动人口之比就是赡养比,经济活动人口减少和老年人口增加,必然会使赡养比升高。依据资料显示,预计到 2050 年,我国老年人口将达到峰值 4.87 亿,占总人口的 34.9%。[1] 作为一个刚步入小康社会的发展中国家,我国的社会发展面临人口老龄化的严峻挑战,唯有建立和完善现代化的养老保险制度,才能有效应对这一挑战。

---

[1] 任泽平. 中国老龄化研究报告 2022 [EB/OL]. https://opinion.caixin.com/m/2022-09-28/101945678.html, 2022-09-28.

第二节 我国的养老保险制度

一、我国养老保险制度的改革历程

(一) 城镇职工养老保险发展

我国的城镇职工养老保险发展分为四个阶段:

(1) 第一阶段: 1951~1966 年的传统养老保险制度。1951 年政务院颁布的《中华人民共和国劳动保险条例》规定,企业职工的养老保险费由企业负担,建立了社会保险型的企业职工退休养老制度。1955 年国务院颁布《国家机关工作人员退休处理暂行办法》,对于国家机关、民主党派、人民团体和事业单位工作人员的退休制度予以明确规定。1958 年 2 月,国务院又颁布《关于工人、职员退休处理的暂行规定》、7 月颁布《关于现役军官退休处理的暂行规定》等。至此,中国基本建立起了统一的退休制度。

(2) 第二阶段: 1967~1978 年的以集体保障为主体的社会养老保险制度。"文化大革命"对各项工作造成了不同程度的影响,社会保险制度也未能幸免。在机构被撤、资料散失、政令不通的情况下,财政部发布《关于国营企业财务工作中几项制度的改革意见(草案)》,宣布"国营企业一律停止提取劳动保险金""企业的退休职工、长期病号工资和其他劳保开支改在营业外列支",企业职工的养老社会保险制度被迫废除,变成了企业保险,形成了集体保障为主体的社会养老保障制度。养老保险制度建设在"文化大革命"的 10 年里呈现停滞不前甚至倒退趋势,在很大程度上影响了中国养老保险制度的长期发展。

(3) 第三阶段: 1979~1991 年的社会统筹型养老保险制度。1978 年国务院颁发《关于安置老弱病残干部的暂行办法》《关于工人退休、退职的暂行办法》; 1980 年出台《关于老干部离职休养的暂行规定》; 1981 年发布《关于严格执行工人退休、退职暂行办法》等,国家在"文化大革命"后颁布许多法规、办法、条例来完善退休养老保险制度,取得了一定成果。1984 年起开始全国试点并逐步推行养老保险社会统筹。1985 年 1 月国家发布《关于做好统筹退休基金与退休职工服务管理工作的意见》,统筹养老金有了明确的国家政策。1991 年 6 月,《国务院关于企业职工养老保险制度改革的决定》标志着我国开始了社会统筹的企业职工养老保险制度改革。基本养老保险基金由政府根据支付费用的实际需要和企业、职工的承受能力,按照"以支定收、略有结余、留有部分积蓄"的原则统一筹集,养老保险统筹由市、县级统筹逐步过渡到省级统筹。这是养老保险社会统筹的开始。

(4) 第四阶段: 1992 年至今的"统账结合"型养老保险模式。我国养老保险制度改革真正的转折点是 1993 年《中共中央关于建立社会主义市场经济体制若干问题的决定》中提出的关于社会保障制度的三个原则,它重新确定了我国养老保险改革的方向,正式提出建立"统账结合"的养老保险模式。1995年，国务院颁布《关于深化企业职工养老保险制度改革的通知》，进一步强调建立多层次社会保障体制的必要性，制定了社会统筹与个人账户相结合的养老保险制度改革方案（以下简称统账结合），建立了职工基本养老保险个人账户，以促进养老保险新机制的形成。1997年《国务院关于建立统一的企业职工基本养老保险制度的决定》，明确要建立统一的企业职工基本养老保险制度，并规定了企业和个人缴纳基本养老保险费的具体比例，标志着我国养老保险制度进入了一个新的发展阶段。2000年的《关于完善城镇社会保障体系的试点方案》调整了两个账户的比例，企业缴费全部进入统筹账户，不再划入个人账户。2005年12月，国务院出台了《关于完善企业职工基本养老保险制度的决定》，养老金计发办法更加注重与缴费挂钩，鼓励在职劳动者多工作，多缴费，多得养老金。进入21世纪以来，我国进一步优化基本养老保险的缴费比例和待遇调整机制，建立多层次、多支柱的养老金体系，出台促进第二、第三支柱发展的配套性措施。

（二）农村养老保险制度的探索之路

城市老人工作退休后可以依靠退休金安度晚年，但是在广大农村，主要依靠家庭养儿防老和种地养老两种模式。但随着改革开放的深入和市场经济的推行，这两种养老模式的功能逐渐弱化，大多数没有退休金的农民依然面临着如何养老的问题。基于此，民政部在1987年先行在经济较发达的地区开展了农村社会养老保险的试点工作。

1992年，民政部颁发《县级农村社会养老保险基本方案（试行）》，在部分县、市建立农村社会养老保险制度，（以下简称老农保）。1993年国务院批准建立农村社会养老保险机构，各种规章制度与操作方案陆续出台，农村社会养老保险工作在全国全面推广。到1997年底，全国已有30个省、市开展了农村社会养老保险工作，7452万农村人口参加了养老保险。2000年老农保业务基本停滞。2009年9月，国务院发布《关于开展新型农村社会养老保险试点的指导意见》，决定在全国选10%的县开展新型农村社会养老保险（以下简称新农保）试点工作，新农保与老农保相比更具互济性和福利性。2014年2月7日召开的国务院常务会议决定，合并新型农村社会养老保险和城镇居民社会保险（以下简称城居保），建立全国统一的城乡居民基本养老保险制度。每个阶段的养老保险制度都是政府结合社会经济发展状况进行的改革探索，对保障农村居民的老年生活具有重要意义。

（三）城镇居民基本养老保险制度的建设

对于我国城镇居民养老保险制度的建设，则是从2011年开始试点。2011年为了解决城镇无养老保障居民的老有所养的问题，国务院颁布《关于开展城镇居民社会养老保险试点的指导意见》，明确政府补贴与个人缴费相结合的模式。2014年国务院发布《关于建立统一的城乡居民基本养老保险制度的意见》，在全国基本实现了城镇居民社会会养老保险和新型农村社会养老保险合并实施，并与职工基本养老保险制度相衔接。

我国的养老保险制度历经60多年的改革和完善，截至2022年末，全国参加城乡居民基本养老保险人数为54952万人，全国城镇职工基本养老保险参保人数为50349

万人。[1]

二、我国现行的养老保险体系

依据世界银行提出的"三支柱"思路,现阶段中国的养老保险体系包括以政府兜底的第一支柱基本养老保险,基于雇佣关系基金积累为主的第二支柱职业养老金以及个人储蓄为主的第三支柱个人养老金[2](见图3-1)。其中,基本养老保险是我国多层次养老保险体系的第一层次,也是最基本的层次,目前已形成城镇职工基本养老保险制度和城乡居民基本养老保险制度两大制度板块。可以发现,这两大制度板块在制度模式、筹资模式、领取条件、给付月数等方面保持着相似的财务机制和给付形式,奠定了养老保险制度城乡统筹的制度基础,"城乡统一"的基础逐步夯实(见表3-1)。

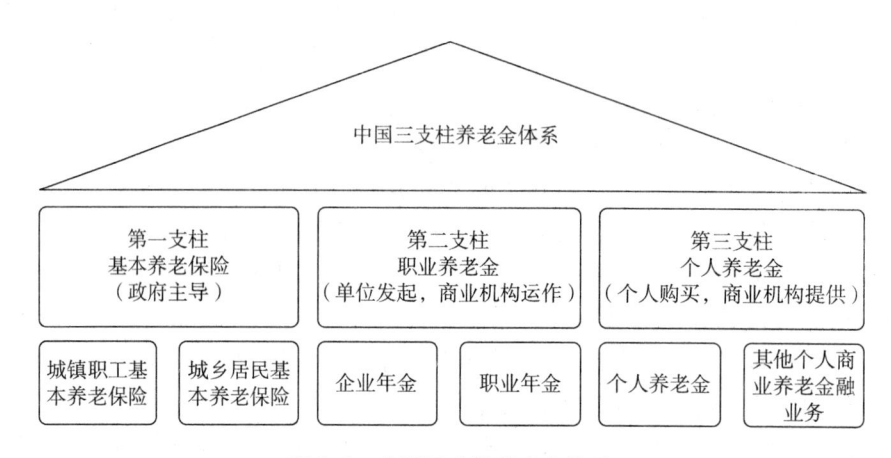

图3-1 中国三支柱养老金体系

表3-1 中国现行基本养老保险制度体系

		城镇职工基本养老保险	城乡居民基本养老保险
基本模式		社会统筹+个人账户	
覆盖群体		城镇各类从业人员可以参保(且强制参加)	年满16周岁(不含在校学生),不符合城镇职工基本养老保险参保条件的农村居民和城镇非从业居民可以自愿参加
筹资模式	单位/集体/政府	企业和机关事业单位每月缴纳16%,计入基本养老保险统筹基金	个人缴费标准目前设为每年200元……1500元、2000元12个档次,政府对参保的人员给予补贴,个人缴费越多,政府补贴也越多。个人缴费与政府补贴全部计入个人账户
	个人	个人每月缴纳8%,计入个人账户。本人月平均工资低于当地月平均工资60%的,按60%缴费;超过当地职工平均工资300%的,按300%缴费	

---

[1] 国家统计局. 中华人民共和国2022年国民经济和社会发展统计公报[EB/OL]. http://www.stats.gov.cn/zt_18555/zthd/lhfw/202302/t20230228_1919008.html,2023-02-28.

[2] 娄飞鹏. 我国养老金三支柱体系建设的历程、问题与建议[J]. 金融发展研究,2020,458(2):69-74.

续表

	城镇职工基本养老保险		城乡居民基本养老保险
领取条件	城镇居民养老保险缴满15年，男满60周岁、女干部满55周岁、女职工满50周岁，退休时可以领取养老金（缴费年限不足15年的人员，可一次性缴费至满15年后，办理退休手续）		年满60周岁、累计缴费满15年，且未领取国家规定的基本养老保障待遇的，可以按月领取城乡居民养老保险待遇
给付模式	基础养老金	[退休时当地在岗职工上年度月平均工资×（1+本人平均工资指数）]÷2×本人全部缴费年限（工龄）×1%	月养老金=基础养老金+退休时个人账户累计余额÷计发月数
	个人账户养老金	退休时个人账户累计余额÷计发月数	
调整机制	根据当地职工平均工资和物价变动情况进行调整；2023年人力资源和社会保障部、财政部要求调整比例按照2022年退休人员月人均基本养老金的3.8%确定		2022年6月，国家财政部和人力资源社会保障部要求将城乡居民基本养老保险全国基础养老金最低标准由原每人每月93元提高至每人每月98元

资料来源：国发〔1997〕26号文、国发〔2005〕38号文、国发〔2014〕8号文、国发〔2015〕2号文、人社部发〔2022〕36号文、人社部发〔2023〕28号文，经整理所得。

三、我国养老保险的发展现状

（一）我国基本养老保险参保人数

基本养老保险参保人数逐年增加（见表3-2），到2022年，我国参加城镇职工基本养老保险人数累计达50355万人，参加城乡居民基本养老保险人数达54952万人。[①] 由图3-2可知，我国年末参加基本养老保险总人数由2018年的94293.3万人增加到2022年的105307万人，5年参保人数呈稳步上升趋势。这是国家相关部门采取积极有效的措施扩大基本养老保险覆盖面，实施全民参保计划工作取得成绩的重要体现。未来，我国基本养老保险的参保覆盖面还将持续扩大，由"广覆盖"走向"全覆盖"。

表3-2　2018~2022年我国基本养老保险参保人数情况　　　单位：万人

年份	2018	2019	2020	2021	2022
城镇职工基本养老保险参保人数	41901.6	43487.9	45621.1	48074.0	50355
城乡居民基本养老保险参保人数	52391.7	53266.0	54243.8	54797.4	54952
年末参加基本养老保险总人数	94293.3	96753.9	99864.9	102871.4	105307

资料来源：《中国统计年鉴》（2018~2022年）、《2022年人力资源和社会保障事业发展统计公报》。

---

① 国家统计局. 中华人民共和国2022年国民经济和社会发展统计公报［EB/OL］. http://www.stats.gov.cn/zt_18555/zthd/lhfw/2023/hgjj/202302/t20230228_1919008.html，2023-02-28.

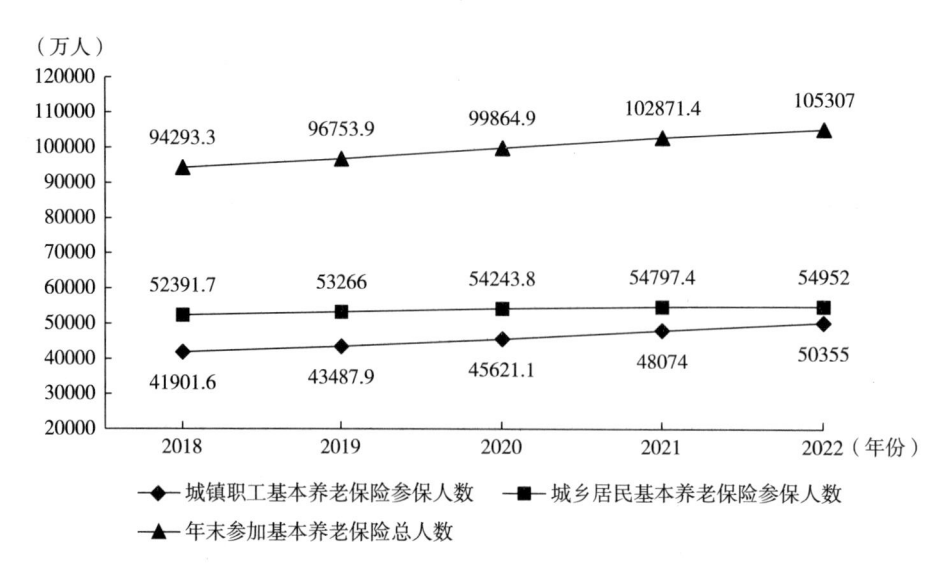

图 3-2　2018~2022 年我国基本养老保险参保人数情况

(二) 我国基本养老保险基金收支情况

我国基本养老保险基金规模总体不断扩大。由表 3-3 可知，2017~2019 年，基本养老保险基金规模总体呈平稳上升趋势。直至 2020 年，基金收入 49228.6 亿元，基金支出 54656.5 亿元，[1] 由图 3-3 可以看出，我国养老保险基金首次出现支出大于收入的情况。对于总收入的下滑，不可忽视的一个原因是 2020 年实行的阶段性减免企业社保费政策。阶段性减免社保费是一项临时性支持政策，于 2020 年底已经到期。到 2021 年，我国基本养老保险基金收入 65793.3 亿元，[2] 继续持平稳上升状态。总体来看，基本养老保险基金规模总体是稳定运行的，收支总体是有盈余的。

表 3-3　2017~2021 年我国基本养老保险基金收支及累计结余　　单位：亿元

基本收支＼年份	2017	2018	2019	2020	2021
基金收入	46613.8	55005.3	57025.9	49228.6	65793.3
基金支出	40423.8	47550.4	52342.3	54656.5	60196.5
累计结余	50202.2	58151.6	62872.6	58075.2	63970.0

资料来源：《中国统计年鉴》（2017~2021 年）。

---

[1] 《人力资源和社会保障事业发展统计公报》（2020）。
[2] 《人力资源和社会保障事业发展统计公报》（2021）。

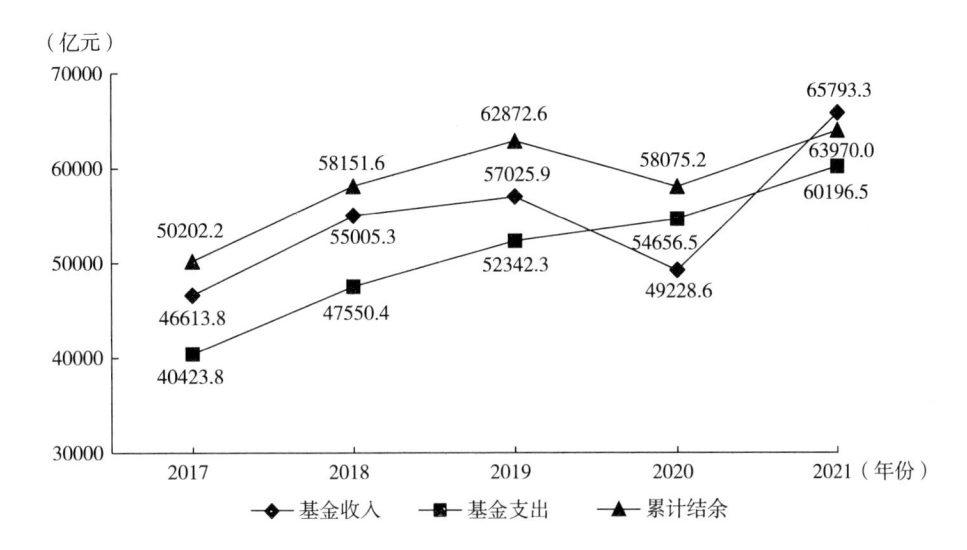

图 3-3　2017~2021 年我国基本养老保险基金收支及累计结余

(三) 我国养老保险第二支柱发展情况

我国高度重视多层次养老保险体系建设，1991 年发布的《国务院关于企业职工养老保险制度改革的决定》中第一次明确提出构建多层次的养老保障体系，标志着我国开始了企业补充养老保险制度建设，即养老体系的第二支柱。目前，养老保险第二支柱中企业年金与职业年金管理办法基本一致，对参与人员来说，在缴费、管理、领取方面略有差异，具体见表 3-4。

表 3-4　我国养老保险第二支柱比较

	企业年金	职业年金
参与人员	企业职工	机关事业单位工作人员
缴费	企业缴费每年不超过本企业职工工资总额的 8%；企业和职工个人的缴费合计不超过本企业职工工资总额的 12%，由单位代扣代缴	单位缴纳职业年金费用的比例为本单位工资总额的 8%；个人缴费比例为本人缴费工资的 4%，由单位代扣
管理	企业缴费按照企业年金方案确定的比例和办法计入职工企业年金个人账户；个人缴费计入本人企业年金个人账户	单位缴费按照个人缴费基数的 8% 计入本人职业年金个人账户；个人缴费直接计入本人职业年金个人账户
领取	(1) 缴费人员退休或完全丧失劳动能力时，可按月、分次或一次性领取，也可以全部或部分购买商业养老保险产品； (2) 出国（境）定居人员的企业年金个人账户资金可根据本人要求一次性支付给本人； (3) 职工或者退休人员死亡后，个人账户余额享有继承权	(1) 退休后按月领取； (2) 出国（境）定居人员的职业年金个人账户资金可根据本人要求一次性支付给本人； (3) 工作人员在职期间死亡的，职业年金个人账户余额享有继承权

资料来源：《企业年金办法》《机关事业单位职业年金办法》。

企业年金采取自愿参与形式，发展较为缓慢。为了缓解基本养老保险待遇水平低的问题，劳动和社会保障部于 2004 年 1 月发布《企业年金试行办法》，通过国家政策来鼓励企业为员工提供补充型养老保险福利。政策导向促进我国建立企业年金的企业个数及参与职工数稳步增长，2019 年以后增速明显有所加快。截至 2022 年末，共有 12.8 万户企业建立了企业年金，参加职工 3010 万人，积累基金 28718 亿元[①]（见表 3-5）。

表 3-5　2018~2022 年企业年金设立情况

年份	企业账户数（万户）	职工账户数（万人）	积累基金（亿元）
2018	8.74	2388	14770
2019	9.6	2548	17958
2020	10.5	2718	22497
2021	11.75	2875	26400
2022	12.8	3010	28718

资料来源：《人力资源和社会保障事业发展统计公报》（2018~2022 年）。

职业年金采取强制参与的形式，发展速度较快。国务院办公厅于 2015 年 4 月正式发布了《关于印发机关事业单位职业年金办法的通知》，要求机关事业单位自 2014 年 10 月 1 日起实行职业年金制度，标志着机关事业单位养老金来源由社会统筹代替了国家财政全额负担，极大缓解了财政压力。截至 2021 年末，职业年金基金投资运营规模 1.79 万亿元，当年投资收益额 932 亿元。[②]

企业年金和职业年金是我国养老保险第二支柱的重要组成部分。企业年金的建立，有利于提高员工整体保障水平及退休后的生活水平，有利于形成激励机制，稳定员工，在增强企业的凝聚力和竞争力方面起到了重要作用；[③] 职业年金的建立，有利于提高机关事业单位退休职工的收入水平。养老保险第二支柱中企业年金和职业年金作为补充性的养老保障项目，其重要功能正日益凸显。

（四）我国养老保险第三支柱发展情况

随着人口老龄化程度的加深，发展第三支柱养老金的需求已十分迫切。第三支柱养老金体系的建设是一项系统性工程，除了需要政府进行顶层设计外，还需要金融企业的积极参与，也需要广大民众的广泛参与和意识转变。第三支柱养老保险作为基本养老保险的补充，保障范围更加广泛，为个人提供了更加全面和个性化的养老保障，对于缓解政府提供养老保障的财政负担提供了有力支撑。

1991 年《国务院关于企业职工养老保险制度改革的决定》提出"补充养老保险""职工个人储蓄性养老保险"，[④] 此后政府有关文件也多次提及多层次的养老保险相关概

[①]《人力资源和社会保障事业发展统计公报》（2022）。
[②]《人力资源和社会保障事业发展统计公报》（2021）。
[③] 杨胜利. 企业年金的激励作用研究 [J]. 理论探讨，2007，136（3）：86-88.
[④]《国务院关于企业职工养老保险制度改革的决定》国发〔1991〕33 号。

念。2018年2月，人社部、财政部共同组织召开会议，同国家发改委、国家税务总局、中国人民银行、银监会、证监会、保监会成立工作领导小组，启动建立养老保险第三支柱工作。2018年4月，财政部、国家税务总局、人社部、银保监会、证监会联合印发了《关于开展个人税收递延型商业养老保险试点的通知》，[1] 决定先在上海、福建和苏州工业园区进行税收递延型商业养老保险试点工作。2022年4月，国务院办公厅印发《关于推动个人养老金的意见》，[2] 明确提出政府政策支持、金融机构参与、个人自愿的个人养老金。

目前，第三支柱个人养老金尚处于试点阶段，试点工作进展缓慢。截至2020年末，共有23家保险公司参与试点，19家公司出单，累计实现保费收入4.26亿元，参保人数4.88万人。[3] 中国养老体系目前第一支柱的基本养老保险呈现"一家独大"的局面，第二支柱的职业养老金覆盖面相对较窄，资金规模有限，第三支柱个人养老金虽然目前规模较小，但放眼未来，它具有较大潜力，能在一定程度上弥补一二支柱的不足。我们相信，随着国家对个人养老金发展的重视和支持，基金版、银行版、保险版的个人养老金产品也会越来越丰富，金融机构参与个人养老金产品研发和业务创新也会极大地提升投资者和消费者的信心。

第三节 养老保险社会统筹与个人账户的相关理论

养老保险是指国家和社会通过相应的制度安排，为进入老年的劳动者退出劳动岗位后提供相应的收入保障的一种社会保险，目的是增强劳动者抵御老年风险的能力，同时弥补家庭养老功能的不足。[4] 在养老保险制度中，社会统筹和个人账户是两种不同的方式。

一、社会统筹

养老保险社会统筹是指通过政府的统一调配，由社保机构依法统一进行征收管理，将缴纳养老保险费的单位和公民的费用进行汇集，形成一个统一的养老保险基金，然后用这个基金进行养老金的支付。社会保险统筹，简单来说相当于一个由国家管理使用的统一现金池，社会统筹主要实行现收现付制。

我国养老保险自20世纪90年代建立以来，从县级统筹起步，逐步提高统筹层次。截至2020年底，各省都实现了基金统收统支，即我们所说的省级统筹，但是各个省、

---

[1] 《关于开展个人税收递延型商业养老保险试点的通知》财税〔2018〕22号。
[2] 《国务院办公厅关于推动个人养老金的意见》国办发〔2022〕7号文。
[3] 张爽. 23家险企参与税延养老险试点［EB/OL］. 中国银行保险报网，http://xw.cbimc.cn/2020-05/27/content_345729.htm，2020-05-27.
[4] 高灵芝. 社会保障概论［M］. 济南：山东人民出版社，2011：150-151.

自治区、直辖市的养老保险是单独运作的,彼此之间并没有打通。由于我国区域间发展不平衡、经济发展水平和人口年龄结构存在差异,各省之间养老保险基金结构性矛盾日益突出。一些省份基金结余较多,但在人口老龄化严重的省份,养老保险基金的支出压力比较大,因此必须实现全国统筹,在全国范围内调剂使用基金。

2022年,国务院印发《"十四五"国家老龄事业发展和养老服务体系规划》中明确提到要实现企业职工基本养老保险的全国统筹。[①] 截至目前,江西、山西、新疆、广东、陕西、山东、天津、福建、浙江、河北、云南、安徽、重庆、四川、河南、贵州、内蒙古、西藏、湖北、湖南、黑龙江、辽宁、甘肃等多地的社保系统已经切换至全国系统。在劳动力全国性流动的背景下,劳动力无论在哪里参加养老保险,无论把钱缴到哪个地区,所形成的养老保险基金都是劳动者所应具有的权益。因此,养老保险基金全国统筹具有制度内生逻辑性。

二、个人账户

养老保险个人账户,是指通过政府的统一规划,社会保险经办机构为每位参保职工设立一个终身不变的个人账户,然后用这个账户来支付养老金。个人账户采取完全累积的方式,以实现自我激励和自我保障的功能。个人账户养老金是社会统筹与个人账户相结合改革模式中的基本养老金的重要组成部分。个人账户计入的内容包括三个部分:①当年缴费本金;②当年本金生成的利息;③历年累计储存额生成的利息。

个人账户的累计存储额是职工在符合国家规定的退休条件并办理了退休手续后,计算基本养老金中个人账户养老金的主要依据。因此,职工从参加工作之日起,就应督促其所在单位到当地社会保险经办机构办理参加基本养老保险的有关手续,以保障晚年生活无忧。同时单位和个人必须足额按时缴纳基本养老保险费。个人账户储蓄额由三部分组成[②]:

(1) 参加基本养老保险社会统筹的职工个人按当地政府规定的缴费比例缴纳的基本养老保险费金额。

(2) 当地社会保险经办机构按规定从企业缴费中划转计入的基本养老保险费金额。(2006年前,企业缴费中部分进入个人账户)

(3) 上述两部分的利息金额。

三、"统账结合"模式

我国城镇职工基本养老保险制度采取社会统筹与个人账户相结合的模式,即"统账结合"。该制度起源于20世纪90年代,在统账结合的制度下,将现收现付制的公共养老金制度和积累制个人账户制度进行了糅合。[③]

1991年国务院全面实施社会保险制度,发布了《关于企业职工养老保险制度改革

[①] 《国务院关于印发"十四五"国家老龄事业发展和养老服务体系规划的通知》国发〔2021〕35号。
[②] 孙树志. 老有所养养老保险[M]. 北京:中国民主法制出版社,2016:76-77.
[③] 郭鹏. 基本养老保险"统账结合":制度变迁与改革建议[J]. 贵州社会科学,2017,331(7):93-98.

的决定》，首次提出"逐步建立起基本养老保险与企业补充养老保险和职工个人储蓄性养老保险相结合"的制度，其中基本养老保险采取"个人缴费、社会统筹"的管理模式，企业和职工个人缴纳的养老保险转到"养老保险基金专户"中，[1] 这时的个人账户只是记账工具。1993年党的十四届三中全会正式提出了将社会统筹和个人账户相结合，明确了个人账户的资金累计功能，紧接着国务院于1995年发布了《关于深化企业职工养老保险制度改革的通知》，开展统账结合模式的试点，并提出了两种个人账户实施办法供各地选择。[2] 经过两年试点工作，1997年国务院发布了《关于建立统一的企业职工基本养老保险制度的决定》，规定职工按本人缴费工资11%的数额为职工建立基本养老保险个人账户，个人缴费部分计入个人账户，明确个人账户储存额只用于职工养老，不得提前支取。[3] 2005年国务院针对统账结合制度实践中存在的个人账户"空账"和收益率较低的问题，发布了《关于完善企业职工基本养老保险制度的决定》，要求做实个人账户。[4] 2010年《社会保险法》颁布，"统账结合"模式在法律意义上最终被确立。[5]

我国养老保险基金由社会统筹和个人账户组成，统筹基金现收现付，用于互助互济，个人账户基金实行积累，用于职工未来养老。但在实际运行中，由于人口老龄化导致老年人越来越多，为了确保养老金按期发放，不得不动用存在于个人账户中的基金，最终导致个人账户出现有账没钱的空账状态。因此，在老龄化高峰到来之际，我国必须要做实基本养老保险个人账户，手中有钱才能养老不慌。做实养老保险个人账户有以下三点优势：①有利于应对人口老龄化高峰的到来，通过逐步做实个人账户，及早进行基金准备，以承受老龄化带来的养老金支付压力。②做实养老保险个人账户是实施"统账结合"制度的内在要求。如果统筹账户继续占用个人账户养老金，势必存在"空账"风险，不仅违背了"统账结合"养老保险制度的内在要求，也弱化了个人账户的养老功能，不利于养老保险制度稳健地运行。[6] ③经过东三省地区试点实验，发现在中央和地方政府财政的适当补助下，能够实现做实个人账户，为其他省份实现做实养老保险个人账户提供了经验借鉴。

当前，我国国民经济持续快速发展，养老保险基金征缴额不断增长，财政收入大幅增加，这些都为做实养老保险个人账户创造了良好条件。

---

[1] 《关于企业职工养老保险制度改革的决定》国发〔1991〕33号文。
[2] 《关于深化企业职工养老保险制度改革的通知》国发〔1995〕6号文。
[3] 《关于建立统一的企业职工基本养老保险制度的决定》国发〔1997〕26号文。
[4] 《关于完善企业职工基本养老保险制度的决定》国发〔2005〕38号文。
[5] 王天玉. 职工基本养老保险"统账结合"的法理困境与制度重构[J]. 中外法学, 2021, 33（4）：1065-1084.
[6] 褚福灵. 做实基本养老保险个人账户的若干理论问题[J]. 北京劳动保障职业学院学报, 2011, 5（2）：3-6.

第四节 中国的人口老龄化与延迟退休

一、中国人口老龄化的变动趋势

依照国际标准，某一地区 60 岁以上人口达到总人口的 10%，或者 65 岁以上人口占总人口的 7%，即该地区被视为进入老龄化地区。2010 年中国第六次人口普查数据显示，65 岁及以上人口占 8.87%，比第五次人口普查上升 1.91 个百分点；[①] 2020 年第七次全国人口普查公报显示，65 岁及以上人口占全国总人口的 13.5%，与 2020 年相比，65 岁及以上人口比重上升了 4.63 个百分点。[②] 中国人口基数大、增速快，这也导致老龄化规模大、程度深、速度快。《中国老龄化研究报告 2022》预计 2033 年我国将进入老年人口占比超过 20% 的超级老龄化社会，这个数字至 2060 年会持续快速升至 35%。[③]

由图 3-4 可以看出，中国人口数由 2018 年的 140541 万人增长至 2022 年的 141175 万人，总体呈缓慢增长状态。但这期间，老年人口呈快速增长的态势。

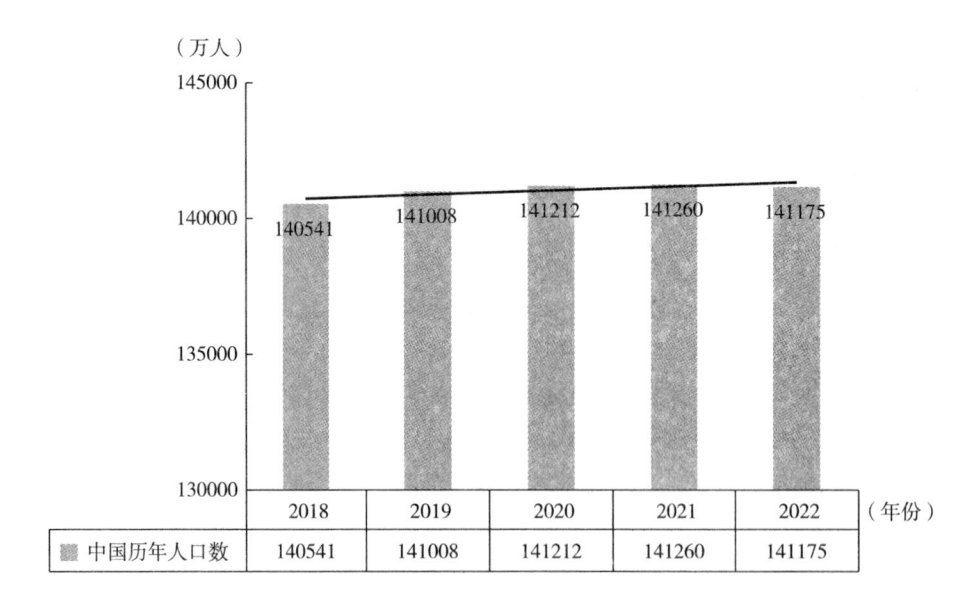

（万人）	2018	2019	2020	2021	2022
中国历年人口数	140541	141008	141212	141260	141175

图 3-4　2018~2022 年中国人口数

资料来源：《中国统计年鉴》（2018~2022 年）。

---

① 《第六次全国人口普查主要数据发布》。
② 《第七次全国人口普查公报（第五号）》。
③ 《中国老龄化研究报告 2022》。

我国的人口老龄化不仅指老年人口绝对数量的增多,更体现在人口年龄结构的老龄化。综观近五年的数据(见表3-6),我国0~15岁人口比重在2018~2020年呈缓慢上升趋势,到2021年开始下降;16~59岁人口比重不断下降,由2018年的占比64.3%下降到2022年的62%;但是60岁及以上老年人口的数量及老年抚养比的比重却在不断攀升,由2018年的16.8%上升到了2022年的21.8%。同时由于医疗水平和人民生活质量的不断提升,我国人口的平均寿命已经由2000年的71.4岁提升到了2020年的77.93岁。[①] 图3-5的折线图显示,中国近五年人口的出生率由2018年的10.86‰下降到2022年的6.77‰,死亡率由2018年的7.08‰上升至2022年的7.37‰,我国人口在2022年首次出现了负增长状态。

表3-6　2018~2022年中国各年龄段人口数量及所占比例　　单位:万人/%

年份	0~15岁 人口数	0~15岁 比重	16~59岁 人口数	16~59岁 比重	60岁及以上 人口数	60岁及以上 比重	老年抚养比
2018	24860	17.8	89729	64.3	24949	17.9	16.8
2019	24977	17.8	89640	64	25388	18.1	17.8
2020	26871	17.95	87905	63.35	26402	18.7	19.7
2021	26302	18.6	88222	62.5	26736	18.9	20.8
2022	25615	18.1	87556	62	28004	19.8	21.8

资料来源:《国民经济和社会发展统计公报》(2018~2022年)、《中华人民共和国国家发展和改革委员会(2022年人口相关数据)》。

年份	2018	2019	2020	2021	2022
出生率	10.86	10.41	8.52	7.52	6.77
死亡率	7.08	7.09	7.07	7.18	7.37
自然增长率	3.78	3.32	1.45	0.34	-0.6

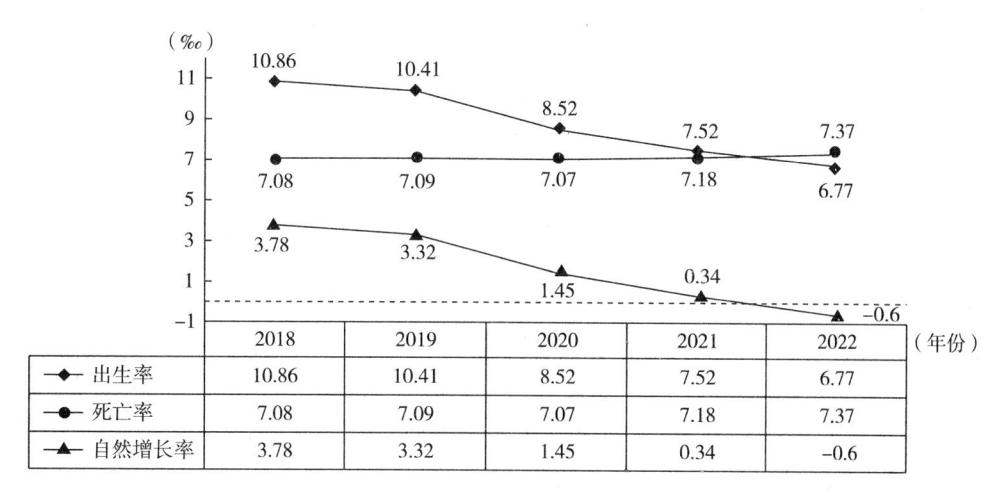

图3-5　2018~2022年中国近五年人口出生率、死亡率和自然增长率

资料来源:《中国统计年鉴》(2018~2022年)。

① 国家卫健委.2021年我国卫生健康事业发展统计公报[EB/OL].https://www.gov.cn/xinwen/2022-07/12/content_5700686.htm,2022-07-12.

二、中国退休年龄制度改革的探讨和实践

(一) 我国退休年龄制度改革的方向

鉴于我国退休制度中目前存在退休年龄过低的问题,在参考借鉴国外退休年龄制度改革经验的基础上,对于我国未来退休年龄制度的改革可以从以下两个方面入手:[①]

1. 延迟退休年龄是未来的必然趋势

随着社会经济的不断发展以及人们生活水平的不断提高,我国人口的平均寿命也在逐渐提高。据2000年统计数据显示,我国人口平均预期寿命为71.4岁,这一指标在2020年全国第七次人口普查时上升为77.93岁,其中女性预期寿命更是从73.33岁上升到80.88岁。[②] 人类寿命的不断延长使养老金的支付压力越来越大,但人口出生率的不断下降和劳动力人口数量的不断减少又使养老保险金的征缴数额越来越少。这二者间的矛盾,随着人口结构的不断变化会变得越来越尖锐。

解决的办法,一方面是鼓励生育,另一方面就是延迟退休年龄。西方很多国家在退休年龄已经很高的情况下,仍然在不断推迟退休年龄。

2019年,新加坡政府宣布将在未来10年内,将重新雇佣年龄和国民退休年龄分别都延长3年;到2030年,法定退休年龄将从现在的62岁延长到65岁,重新雇佣年龄从现在的67岁延长到70岁。[③]

日本政府2021年4月实施《改定高年龄者雇佣安定法》,将退休年龄从65岁提高到70岁。[④]

英国计划在2024年将领取退休金的年龄均提升到66岁,2034年提至67岁,2044年提至68岁。[⑤]

法国在2010年将退休年龄从60岁提至62岁,将可全额领取养老金的年龄从65岁提至67岁。尽管这一举措引起了全国抗议,但政府态度坚决,延迟退休改革势在必行。[⑥]

2. 实行弹性退休制度是最优选择

综观上述欧美国家,几乎对退休年龄都做了弹性的安排,规定了退休年龄的区间,员工可以根据自身情况在这个年龄段选择合适的时间办理退休,领取养老金。弹性退休制度不仅考虑了不同职业、不同工种的劳动者的职业巅峰期和衰减期,而且允许劳动者本人根据自身经济、家庭等不同情况做出自己的选择。不仅能够满足国家对劳动力的需求,而且可以解决人口快速老龄化带来的劳动力不足的问题。

---

① 胡永霞. 论我国社会保险制度改革 [M]. 武汉:武汉大学出版社,2020:61-63.
② 《中国统计年鉴》(2000~2020年)。
③ 代懋,张雅. 新加坡延迟退休政策的变迁及启示 [J]. 北京航空航天大学学报(社会科学版),2020,33(6):47-54.
④ 钟佳伶,杜玲莉. 日本退休制度改革举措对我国延迟退休改革的启示 [J]. 科学发展,2021,156(11):107-112.
⑤ 叶中华,田雨. 英国延迟退休政策对中国的启示 [J]. 科技促进发展,2018,14(5):426-430.
⑥ 张晓秋. 法国人退休年龄将延长 改革近期公布 [N]. 欧洲时报,2019-07-03.

(二) 我国退休年龄制度改革的实践情况

1951年2月，政务院颁布《中华人民共和国劳动保险条例》，规定男工人与男职工年满60岁，一般工龄满25年，本企业工龄满10年者，女工人与女职工年满50岁，一般工龄满20年，本企业工龄满10年者，由劳动保险基金付与养老补助费。① 这是我国最早的关于退休制度的立法。1953年规定我国法定退休年龄：女工人50岁，女干部55岁，男职工60岁。② 1978年《关于工人退休、退职的暂行办法》再次明确此规定。迄今为止，我国的法定退休年龄再没有调整。2013年11月，党的十八届三中全会通过《中共中央关于全面深化改革若干重大问题的决定》，明确了"研究制定渐进式延迟退休年龄政策""适时降低社会保险费率"的实施计划。③ 2015年10月党的十八届五中全会通过的《中共中央关于制定国民经济计划和社会发展第十三个五年规划的建议》进一步明确"要综合考虑我国人口结构、就业结构变化和社会保障可持续发展要求，出台渐进式延迟退休政策"。④

新中国成立至今，我国的人口结构、经济发展水平和预期寿命都发生了极大的变化。预期寿命的提高使需要养老金供养的时间延长，但是工作缴费期却相对不变，这将导致未来养老金收支失衡，人们退休后生活质量下降（高彦，2019）。⑤ 种种迹象表明，新中国成立初期制定的退休政策已经不适应当前经济社会的发展水平。但延迟退休涉及每位劳动者的切身利益，在我国当前就业形势仍然复杂、就业压力仍然较大的情况下，为了缓解养老金的收支压力，许多学者提出了延迟退休等诸多方案。

林义（2002）指出，延迟退休年龄是人口平均寿命延长和总体健康状况改善的必然要求；⑥ Helmuth Cremer和Pierre Pestieau提出，生育率下降和人类预期寿命延长的问题可以通过延长退休年龄来解决，并提出通过延迟退休年龄、增加养老金收益率和提高工资税，对养老保险参数进行改革；⑦ Estell James认为，中国现行退休年龄较低，当劳动力人口比重自2015年开始下降时，应通过延迟退休年龄减缓制度赡养负担；⑧ 郑功成认为随着我国人口受教育年限的增加，弹性退休制度有利于整个社会资源的高效运作。⑨ 但也有许多学者认为，延迟退休年龄将会挤占年轻人就业岗位，加剧本

---

① 《中华人民共和国保险条例》。
② 《中华人民共和国劳动保险条例》。
③ 《中共中央关于全面深化改革若干重大问题的决定》。
④ 《中共中央关于制定国民经济计划和社会发展第十三个五年规划的建议》。
⑤ 高彦. 延迟退休与中国城镇企业职工基本养老保险改革 [M]. 北京：对外经济贸易大学出版社，2019：2-3.
⑥ 林义. 我国退休制度改革的政策思路 [J]. 财经科学，2002（5）：66-71.
⑦ Helmuth Cremer and Pierre Pestieau. The Double Dividend of Postponing Retirement [J]. International Tax and Public Finance, 2003（10）：419-434.
⑧ Estell James，罗靖. 国有企业、金融市场改革与养老保险制度改革的互动效应——中国如何解决老年保障问题？[J]. 经济社会体制比较，2003（3）：45-58+128.
⑨ 郑功成. 对延迟退休年龄的基本认识 [N]. 光明日报，2012-09-12（14）.

就紧张的就业形势。①②

我国目前的退休年龄政策,已经背离了我国的基本国情,对经济社会的发展造成了阻碍,到了要进行改革的时间窗口。

三、中国延迟退休年龄的必要性

(一)延迟退休是应对人口老龄化的必然要求

国际上认为某一地区60岁以上人口达到总人口的10%或者65岁以上人口占总人口的7%,即认为该地区进入老龄化社会。2022年,我国60岁及以上人口和65岁及以上人口已经远远超出了国际老龄化水平,分别为19.8%和14.9%。③ 由于"婴儿潮"一代开始逐步步入老年,加上目前生育率水平的不断下降使劳动力人口比重越来越小,老年人比例越来越大。因此,为了减轻老龄化带来的负面影响、应对劳动力不足的问题,对目前实行的退休制度进行改革、适当渐进延迟退休年龄显得十分必要。

(二)延迟退休有利于减少人力资源的浪费

自改革开放以来,我国人均受教育年限不断增加,参加工作的年龄也相应提高,工作周期有所缩短,人力资本价值的释放也就相应向生命周期后移,如果不延迟退休年龄,必然会造成人力资本的浪费。我国目前主要实行的是"一刀切"退休制度,但是社会中不同职业、不同工种的劳动者的职业巅峰期和衰减期是有差别的,整齐划一的退休制度将导致本就稀缺的高质量人力资本浪费。④

(三)延迟退休有利于缓解养老金的不足

中国老龄化程度加深为经济社会的发展带来诸多挑战,其中一个突出的问题就是未来养老金支付的可持续性问题。当劳动力人口变少,老年人增多,老年人需要政府提供的养老金周期变长时,会直接对养老保险基金的平衡和养老保险制度的稳定运行产生影响。而延迟退休制度,可以增加缴费年限,减少养老金受领时间,缓解养老保险基金的财务压力。⑤

第五节 中国养老保险制度的发展趋势

尽管我国的养老保险制度在不断根据社会经济发展状况进行改革并取得了显著成就,但中国的现行制度体系在养老保险基金财务收支、基金投资运营和制度覆盖方面

---

① 陈李翔. 推迟退休是一把双刃剑 [J]. 浙江经济, 2010 (11): 54-57.
② 陈永怀, 张友鹏. 关于中国渐进式延迟退休年龄政策的思考 [A] //Information Engineering Research Institute, USA. Proceedings of 2014 4th International Conference on Applied Social Science (ICASS 2014) Volume 53 [C]. 2014: 6.
③ 《中华人民共和国2022年国民经济和社会发展统计公报》.
④ 管斌彬. 我国延迟退休改革中社会利益的分化与整合研究 [D]. 苏州大学博士学位论文, 2016.
⑤ 马昂. 我国城镇企业职工延迟退休年龄的弹性化方案设计研究 [D]. 华东师范大学硕士学位论文, 2015.

还存在众多问题。

因此,中国的社会养老保险制度还需要进一步深化改革并不断完善。根据中共中央、国务院关于全面建设小康社会、实现人人享有社会保障的总体要求,为了改善民生、维护社会公平、增进人民福祉,今后应当以"公平普惠"为基本价值理念,以确保老年人的生活质量为价值目标,构建覆盖全民、水平适度、可持续发展的多层次养老保险制度。

一、建立多层次、多元化养老保险制度,提高养老保险待遇水平

目前,中国多层次的养老保险体系尚不完善。其中,基本养老保险制度还没有实现目标人群的全覆盖。在城市,职工基本养老保险制度由于强制性不足,未能覆盖所有职工。由于过高的缴费率会影响到企业的成本及盈利水平,结果就是企业以各种方式逃避参保。即使政府采取了一定的行政法规措施,强制更多的企业加入养老保险计划和强制征缴保险费用,但收效甚微。[①] 在农村,新型农村养老保险制度于2009年开始试点,发展还需要一段时间,一些农村居民还游离于制度之外。同时,中国的养老保险待遇水平从总体来看仍然偏低。衡量养老保险待遇水平的指标通常是养老金替代率,养老金替代率是指退休者领取的养老金占其退休前工资收入的百分比,是衡量劳动者退休前后生活保障水平差异的基本指标之一。据郑功成等人估算,中国基本养老保险制度的实际替代率不足50%,[②] 加上补充养老保险发展滞后(中国建立企业年金的单位主要是央企、国企和部分效益好的企业,如中石油、中石化、各大电信公司、大部分国有银行及各大铁路局等,私人企业一般不考虑建立企业年金),第三支柱的个人商业养老保险目前还处于起步阶段,多层次的养老保险体系尚未发展成熟。

因此,要实现"人人老有所养"的目标,提高养老保险待遇水平,必须构建成熟的多层次养老保险制度体系,不断提高总体养老金的待遇水平。作为第一层次的基本养老保险制度,可以提供适度水平的基本养老经济保障,实现人人老有所养;第二层次的补充养老保险是激发员工积极性、提高员工退休待遇的重要措施,也需要大力发展;第三层次的个人储蓄性养老保险主要是通过商业人寿保险及其他通过市场获得的老年经济保障,政府应当鼓励商业保险公司的发展,引导其开发多种养老产品,维护商业养老保险试点的公平竞争,提升商业保险的福利色彩。

二、建立合理的待遇确定机制,控制不同群体养老金待遇差距

由于缺乏合理的养老金待遇确定机制,我国不同群体间的养老金待遇差距较大。在城市,企业退休人员的养老金与机关事业单位退休人员的养老金差距在持续拉大。长期以来,机关事业单位退休人员养老金与在职人员的工资增长直接挂钩,保持了较高的增长速度,而企业退休人员的养老金缺乏合理的增长机制,导致两者间的差距持

---

① 贾洪波. 社会保障概论 [M]. 天津:南开大学出版社,2014:207.
② 郑功成. 中国社会保障改革与发展战略(养老保险卷)[M]. 北京:人民出版社,2011:4-6.

续拉大。在农村，开始领取养老金的农村老年人，其养老金水平之低甚至只有象征意义。应在推动机关事业单位养老保险与企业职工养老保险并轨的同时，积极谋划养老保险的城乡统一以及职工居民保险的统筹发展。

要缩小不同群体间养老金待遇过大的差距，需要建立合理的养老金待遇确定及调整机制。养老金的待遇确定应当在充分考虑养老金替代率的基础上与个人缴费情况适当挂钩，并处理好与其他保障的关系。在多元制度框架下，还应当设计养老金待遇的分段计算与合并发放机制，保障劳动者在流动过程中的养老权益不受侵害。养老金待遇调整应当与物价指数挂钩，重在维护老年人的生活水准，避免物价上涨降低老年人生活质量。此外，国家还应当确保不同制度下不同人群养老金待遇的相对公平合理。

三、完善统账结合模式，做实个人账户

当前实行的养老保险统账结合的筹资模式是在没有任何资金积累的传统养老保险制度基础上建立起来的。养老保险新旧制度转轨中面临一个严峻的问题：如何在保障已退休人员应得养老待遇的同时，为在职职工建立起个人账户以积累日后给付所需的资金。依据制度设计，社会统筹基金除了需要支付基础养老金外，还要支付"老人"的全部养老金和"中人"的过渡性养老金。养老金的发放仅依靠社会统筹制度就可能出现亏损，此时就会不得已动用部分个人账户的积累基金，造成个人账户积累基金的"空账"情况，使当前投保人的个人账户成为"名义账户"，为养老保险基金未来的可持续运行埋下了隐患。

统账结合模式兼具现收现付型和完全积累型的双重优点，要充分发挥这一模式的优势，解决"空账"问题，关键在于实行分账管理，统筹账户和个人账户各行其道，互不侵犯。统筹账户由雇主缴费形成，这一部分实行现收现付制，各级财政对支付缺口进行补助，形成退休职工基础养老金。个人账户由个人缴费形成，实行完全积累制，形成退休职工的个人账户养老金。同时明确个人账户为参保个人所有，个人账户内的资金只能用于参保人个人账户养老金的发放和继承。

对于养老保险基金的"空账"问题，应当在不损害参保人利益的前提下，建立财政主导下的政府、企业、个人责任分担机制。尽快明确财政资金由现收现付制向统账结合制转变的转轨成本承担责任，使财政资金由暗补转变为明补，在清偿历史欠债的同时维持新制度的运行。同时，还应当通过划拨国有资产收益等方式，拓宽转轨成本化解渠道。

四、建立养老保险基金的多元投资机制，实现基金有效保值增值

受统账结合的养老保险基金运行模式以及因管理不规范导致的空账问题影响，个人账户资金积累规模过小。国外经验表明，通过市场化运作，走多元投资之路是养老保险基金实现保值增值的有效手段。而我国的养老保险基金的投资营运是受政府严格管控的。目前各省市的基本养老保险基金投资仍集中于存入银行和购买国债的方式上。实践表明，存款利率和国债收益率在很多时候都不能抵销当年的通货膨胀率，很难达

到保值的目的，更不用说增值。随着养老保险基金规模的持续扩大，投资问题正在成为影响这一制度健康发展的重大问题。[①]

要实现养老保险基金有效的保值增值，需要将养老保险基金投资运营的管理权集中到国家层面实行统一管理、统一运作，形成基金投资的规模效应。应改变将养老保险基金大量存入银行获得储蓄利息的状况，建立养老保险基金多元化投资机制，合理权衡投资风险及收益率，拓展养老保险基金在固定收益资产方面的投资品种，重视基金的长期战略投资，在严格监督下逐步参与股权类投资。应完善养老保险基金投资的风险管理和成本控制机制，实现养老保险基金的保值增值。

五、加快各种配套制度改革

要建立覆盖全民、水平适度、可持续发展的多层次养老保险体系，还需要各种配套制度的改革与完善。规范收入分配秩序，增加收入分配的透明度，缩小劳动者实际收入与名义收入的差距，提高参保者未来的缴费能力。明确公共财政体制框架下中央和地方财政责任分担比例和管理层级。同时在面对规模巨大的老年人口数量和迅速提高的老年人口比例以及人们生活方式、家庭结构和价值观念的转变时，我国必须确定基本养老保险的保障目标与财务机制和精算制度，注重发挥商业养老保险的补充作用，尽快构建适合我国国情的、具有中国特色的、全方位的、多层次的养老保险制度体系。

思考题

1. 从各国的实践来看，社会养老保险一般包括哪三个层次（支柱），具体内容是什么？
2. 为什么我国的养老保险必须实现全国统筹？谈谈具体的实施措施。
3. 试分析中国社会养老保险基金产生"空账"的原因，并提出解决对策。
4. 谈谈你对中国社会养老保险制度发展趋势的看法或建议。

---

① 贾洪波．社会保障概论［M］．天津：南开大学出版社，2014：208

第四章 医疗保险政策与实践

本章学习要点

在学理层面,系统介绍了医疗保险制度、医疗保险基金以及医疗保险费用支付方式和费用控制的相关概念及内涵。在实践层面,梳理了我国的医疗保险制度以及国外典型国家的医疗保险制度,并分析了各国医疗保险的整体发展趋势。

第一节 医疗保险制度概述

一、医疗保险的概念

医疗保险是社会保险制度中最重要的险种之一,它与养老保险、失业保险、工伤保险、生育保险、护理保险共同构成了我国社会保险六大险种。有关医疗保险的概念,学者们对其展开了不同的界定和解读。

郑功成(2005)认为,医疗保险制度是指对法定范围内的劳动者在患病或非因工伤受到伤害时提供保障的社会保险项目,它既包括医疗费用的给付,也包括各种医疗服务。[①]

仇雨临(2008)认为,医疗保险的建立形式是社会保险,当公民在因为疾病需要费用时,它予以资助。国家立法强制性建立医疗保险,国家、集体和个人共同出资。当参加医疗保险的某个人因病获得必要的医疗服务后,医疗保险机构支付他的医疗费用。[②]

李珍(2007)认为,社会医疗保险是政府强制征收医疗保险费用形成医疗保险基金,当被保人相关保险标的发生保险事故并引起经济损失时用以补偿的风险分散机制,它是社会保险制度的重要组成部分,也是制度设计最复杂和成本控制最困难的制度。[③]

---

① 郑功成.社会保障学[M].北京:中国劳动社会保障出版社,2005:162.
② 仇雨临.医疗保险[M].北京:中国劳动社会保障出版社,2008:11.
③ 李珍.社会保障理论[M].北京:中国劳动社会保障出版社,2007:179.

周绿林等（2013）认为，医疗保险又称健康保险，是由专门规定的机构或组织管理，基于自愿的契约模式或者强制的法律法规契约模式，为一定区域内专门的参保人群募集医保基金，在参保人身患疾病并因此造成经济损失时，给予相应资金补偿的一种制度设计。[①]

综合学者们对医疗保险定义的不同表述可以看出，医疗保险应该具备国家立法、政府行为、应对疾病风险、共同筹资、待遇偿付等关键要素。在此，将医疗保险的概念界定为：以政府为主体，通过国家立法建立，以全体公民为保障对象，由国家、单位和个人共同出资，当发生疾病风险时提供医疗服务和经济补偿的一种社会保险制度。

另外，如无特殊说明，本书中所使用的"医疗保险"或"医保"一词一般均指"社会医疗保险"。

二、医疗保险的原则

（一）强制参保原则

医疗保险必须坚持强制参保的原则，所有用人单位、全体劳动者以及所有的社会成员必须依法参加医疗保险，以规避自愿参保所带来的逆向选择。

（二）权利义务相对等的原则

获得医疗保险待遇必须履行参保缴费的义务。国家通过立法规定所有符合条件的用人单位和劳动者个人都要履行缴纳医疗保险费的义务，参保人在履行法定缴费义务的前提下，获得享受医疗保险待遇的权利。

（三）互助共济的原则

以互助共济为基本原则的医疗保险制度，在化解社会成员面对的不确定性的疾病风险方面具有明显优势。参保者缴纳医疗保险费形成医疗保险基金，医疗保险基金的社会统筹能够实现健康者与患病者之间的互助共济，确保基本医疗服务的获取，防止出现家庭灾难性卫生支出。

（四）保障基本医疗需求

医疗保险根据社会经济发展水平确定基本水平的保障，重点保障基本医疗需求，具体包括公共卫生服务和临床医疗服务项目。基本医疗需求的特征是低成本、效果好、现有医疗技术能提供、经济上能够承担得起的有限的医疗卫生服务。

三、医疗保险的类型

（一）国家医疗保障型

国家医疗保障型（National Health Service，NHS）又称全民健康保障服务，是政府主导型的医疗卫生服务系统。通过税收方式筹集医疗保险资金，由国家直接经办医疗服务机构，包括公立专科医院、全科医生和药店，医疗服务机构依靠财政支出维持正常运行，给全体公民提供免费或低费的医疗卫生服务及药品的保障体系。这种类型实

---

① 周绿林，李绍华. 医疗保险学（第3版）[M]. 北京：科学出版社，2013：6-7.

际上是一种医疗福利或全民免费医疗制度。国家医疗保障型由英国首创,目前英联邦以及受英国影响较大的国家都采取这种模式。

(1) 国家医疗保障型的特点有三个:①主要筹资方式是税收;②覆盖对象为全体国民,保证每个社会成员都可以平等地享受必要的医疗服务,最大限度地实现了社会公平;③医疗服务的提供具有国家直接经办性,医疗机构大部分是公立的,医务人员由政府雇佣,工资由国家支付。医疗服务的提供具有国家计划性和垄断性,市场机制对卫生资源的配置和医疗价格制定几乎起不到调节作用,政府可以很好地控制医疗总支出。

(2) 国家医疗保障型的优点主要有两个:①医疗保障的覆盖面广,全民普惠,较好地体现了社会公平,社会成员根据实际需要而不是经济支付能力平等地获得医疗服务;②成本较低,由于政府主导和直接经办,能够以比较低的成本达到比较高的健康产出。

(3) 国家医疗保障型的缺点有三个:①普遍主义的医疗福利也可能带来过度需求、医疗费用膨胀和排队等待医疗的问题,国家的财政负担重;②由于公立医疗机构缺乏激励机制,服务质量和服务态度差,服务效率低下;③由于政府宏观控制医疗总支出,为了节省开支,保障重点定位在基本医疗需求,实践中也会因此出现不利于最先进医疗技术的推广以及缺少提供多样化医疗服务的情况,难以满足公众多样化的医疗服务需求。

(二) 社会医疗保险型

社会医疗保险型是以社会医疗保险制度为主体向社会成员提供医疗保障的保障类型。在对疾病发生概率进行合理预测和精算的基础上,通过向被保险人收取一定的医疗保险费形成医疗保险基金,被保险人疾病治疗所需的医疗费用由医疗保险基金支付。代表国家有德国、法国、奥地利、日本、韩国等。社会医疗保险型是目前全球流行最广的一种模式。[①]

(1) 社会医疗保险型的主要特点有三个:①多渠道筹集医疗保险资金,除雇主和雇员分担缴费的义务外还有政府的财政补贴以及慈善捐赠资金。②追求公平与效率相对平衡,整个医疗保险体系在覆盖对象和筹资方面讲求公平原则,而在医疗保险经办以及医疗服务提供方面追求效率。此外,实行家庭连带保险,所有法定医疗保险参保人的家庭成员(包括未成年子女)可以自动成为被保险人,通常不需额外缴费,可以享受同等的医疗保险待遇。③政府和市场的分工明晰、责任明确。政府不直接开办医疗机构,政府的责任主要体现在制定相关法律和政策上,其他的更多交给市场机制调节。

(2) 社会医疗保险模式的优点有两个:①多渠道筹资、责任分担、权利义务相统一;②强调互助共济,具有正向的再分配效应;公平性强,兼顾效率。

(3) 社会医疗保险模式的缺点有两个:①在人口老龄化趋势下,现收现付的医疗

---

① 丁纯. 世界主要医疗保障制度模式绩效比较[M]. 上海:复旦大学出版社,2009:93.

保险基金筹集模式面临严峻的挑战；②随着收入的增加，人们对健康认识的深化，以及医疗技术的进步导致需求方和供给方都存在过度需求的情况，使医疗费用增长迅速。

（三）商业医疗保险型

商业医疗保险型也称私营医疗保险型，是按照市场机制由私营组织自由经营的医疗保障模式，覆盖面相对于国家医疗保障模式和社会医疗保险模式要低，通过私人购买商业保险获取保障，医疗也基本上都由私营医疗机构提供。该模式的代表国家是美国。

（1）商业医疗保险型的特点有三个：①没有建立起全国统一的社会医疗保险制度，大部分社会成员的医疗保障完全依赖市场获取，这种模式具有高度的市场化、分散性、多元化和复杂性；②商业保险模式的覆盖面窄，保障程度有限，保险公司对参保对象有一定的选择性；③医疗费用高且增长速度快。

（2）商业医疗保险型的优点有两个：①投保选择灵活自由，有多种商业保险方案可供选择，适应社会成员各层次的需要；②高度市场化，强调竞争和效率，服务质量和服务效率高。

（3）商业医疗保险型的缺点有四个：①部分社会成员因为经济支付能力低，没有购买任何商业保险，无法获得充分的医疗保障，人群内部实际医疗保障水平存在巨大的差异性；②社会共济性差，社会公平性差；③商业保险的逆向选择可能会导致高风险人群的医疗保障需求得不到满足；④医疗服务供求主要由市场调节，可能出现市场失灵和诱导需求，导致医疗费用的膨胀。

（四）强制个人储蓄型

强制个人储蓄型（Medical Saving Account，MSA）是国家通过立法强制雇员和雇主双方缴费，以雇员的名义建立医疗保险个人账户（保健储蓄账户），用于支付个人及家庭成员的医疗费用的医疗保险制度模式。医疗保险基金实行完全基金积累制，强调个人责任，基本上不体现社会互助互济的社会保险特征。新加坡是储蓄医疗保险模式的代表，此外还有印度尼西亚及改革前的马来西亚等东南亚国家。

（1）强制个人储蓄型的特点有两个：①具有典型的资金纵向积累特点，建立个人账户，实行完全积累制；②强调个人对健康承担的责任和家庭内部互助互济。

（2）强制个人储蓄型的优点有两个：①与现收现付制度相比，基金积累制能够更好地应对人口老龄化和代际矛盾；②强调个人责任，有利于避免不理性的过度消费和医疗资源的浪费。

（3）强制个人储蓄型的缺点有两个：①缺乏社会互助共济，完全依靠个人账户的积累，难以满足实际需要；②未就业者没有个人账户，社会成员内部的保障水平存在较大的差异。

四、医疗保险基金

（一）医疗保险基金的概念

医疗保险基金是国家为了实施医疗保险制度而建立的专项基金，是根据相关法律和规定,由参加医疗保险的企业、事业单位、机关团体及个人在事先确定的比例下,按规定缴纳一定数量的医疗保险费汇集而成的,为被保险人提供医疗保障的专项储备基金。

医疗保险基金和医疗保险资金,是参保人的缴费在不同时期的称谓。在筹资环节称为资金,筹资完成之后就形成基金。医疗保险基金是整个医疗保险制度运行的物质基础和资金保障。足够的基金是保证医疗保险制度正常运行的重要环节,也是参保人能够获取保障待遇的前提条件。医疗保险基金具有强制性、互助共济性和福利性等特征。

(二) 医疗保险基金的筹集渠道

世界上大部分国家医疗保险基金的筹集渠道都是多元的,主要由雇主、雇员缴费以及国家财政补贴为主。各国的医疗保险模式不同,缴费主体承担的具体责任也不同。

1. 雇主缴费

雇主缴费是参保人所在的企事业单位或其他社会组织按照参保人工资的一定比例为其缴纳医疗保险费。一般是由国家法律规定具体的缴费比例,并强制执行。

2. 雇员个人缴费

个人缴费是个人或家庭的健康投资,通常按照参保人工资的一定比例缴纳。在有些实行社会保险型医疗保险制度的国家,雇员个人缴费还可以实现对家庭成员中未就业者的连带保障。

3. 国家财政补贴

国家作为医疗保障体制中最重要的责任主体,必须对医疗保险基金给予一定的财政补贴,既有利于政府对医疗保险的宏观调整和微观引导,也有利于医疗保险政策有效的贯彻和落实。在不同的医疗保险模式下,政府财政补贴的数额和比例也不同。通常在国家保障型医疗保险模式下,政府财政几乎承担所有的筹资责任。

4. 基金的运营增值

包括储蓄增值和投资收益。不仅基金积累制下的医保基金需要投资运营、保值增值,即使是完全现收现付的医疗保险基金,在一个预算年度内也会存在一定的资金盈余,盈余资金会有一定的利息及收益。增值部分会滚存至医疗保险基金本金,充实基金池。

5. 慈善捐赠及其他

诸如社会团体或慈善个人对医疗保险基金的无偿捐赠,以及医疗保险管理机构罚没的滞纳金。对于没有按时缴纳医疗保险费的企业,按照国家有关的医疗保险基金征缴办法,管理机构有权对其进行处罚,所交罚款或滞纳金将归入医疗保险基金。

(三) 医疗保险基金筹集模式

1. 现收现付制

以横向收支平衡为依据,按照一个较短时期(通常为一年)的收支平衡原则确定缴费率,根据每年医疗费用支出的实际需要,从工资中提取相应比例的医疗保险费,本期征收,本期使用,不为以后使用提供储备,本期的医疗保险资金收入仅能满足本期的医疗支出需要。

（1）现收现付制的优点有两个：①以支定收，没有通货膨胀之忧，社会互济性强，具有较强的代际间再分配、代际内高低收入人群的再分配以及患病者与健康者之间的再分配功能，更能体现公平；②由于保险基金投资运营和管理的成本较低，保险人的责任风险也较少，从而对管理水平的要求较低，管理费用也较低。

（2）现收现付制也存在四个缺点：①代际间的收入再分配矛盾较突出。"以支定收"的弹性费率制导致在职人口与退休人口之间权利与义务的不对等，容易引发双方矛盾；②人口老龄化加重了在职人口的负担，人口老龄化使在职人口与退休人口的比例失衡，医疗保险的制度赡养比增大，引发收支失衡，从而出现严重的财务危机；③现收现付制中被保险人的收益与缴费额度不存在必然相关性，对被保险人的参保和缴费积极性缺乏激励作用；④由于资金积累能力差，难以抵御突发公共卫生危机的支付风险。

2. 基金积累制

这种方式以长期的纵向收支平衡为依据。通过对有关指标进行长期的宏观测算，将被保险人享受保险待遇期间的费用总和按一定比例分摊到整个投保期间，确定适当的缴费率，向雇主和雇员征收医疗保险费，并对已经积累的医疗保险基金进行有效的管理和运营，以实现保值增值。基金积累制通常以个人账户为基金管理方式。

（1）基金积累制的优点有四个：①医疗保险待遇取决于个人基金积累的额度，待遇与个人缴费相关联，增强了医疗保险的内在激励机制，有助于提高劳动者的参保积极性；②通过个人缴费积累医疗保险基金可以减轻基金的代际间矛盾问题，在出现老龄化高峰时个人持续积累的基金能够为其提供医疗保障，具有较强的抗老龄化风险的能力；③建立储备基金，增加储蓄，有利于资本的形成；④基金可以进入资本市场进行运营，可能在保值的基础上实现高收益。

（2）基金积累制的缺点有三个：①对于长期积累的基金，可能面临贬值的风险，基金保值增值压力大，管理成本高；②个人积累的医保基金主要用于个人或家庭在生命周期内的自我收入再分配，缺乏社会成员之间的互助共济；③对于多年实行现收现付制的国家而言，基金积累制的改革和转变具有一定的困难，可能面临高额的转制成本。

3. 部分积累制

部分积累制也称"混合制"或"部分基金制"，是现收现付制和完全积累制两种模式的结合。在部分积累制下，参保人的医疗保险待遇给付一部分来自于现收现付式的筹资方式，另一部分来自于完全积累式的筹资方式。"社会统筹与个人账户相结合"就是这种筹资方式下的基金管理模式。社会统筹与个人账户相结合，基金呈"T"形结构，一方面，保持一部分通过现收现付的筹资方式形成的社会统筹资金，进行社会互助共济；另一方面，还有一部分通过基金积累筹资方式形成的个人账户资金，进行个人纵向积累。

与完全积累制和现收现付制相比，部分积累制兼容了前两者的优点，既保持现收现付制下的代际间的收入再分配功能，又能通过部分资金积累，增强个人参保积极性，抵御人口老龄化的冲击，弱化代际矛盾。但是部分积累制在兼容优点的同时也包含缺点，操作难度大，如何对基金积累和现收现付部分进行比例的确定是一个难题，沉淀的个人账户资金如何保值增值也需要进一步的探讨。

五、医疗保险的费用支付

（一）医疗保险费用支付的概念

医疗保险费用支付，也称"医疗保险费用偿付"，是拥有医疗保险基金的主体将资金支付给医疗服务供给方以帮助参保患者获得一系列医疗卫生服务或药品，继而转化为健康产出的过程。

（二）费用支付方式的分类

1. 根据支付的时间划分

根据支付医疗费用的时间划分，可分为预付制（Prospective Payment）和后付制（Retrospective Payment）。其中后付制是指医疗费用发生之后，保险机构按某种标准对费用进行支付。如按服务项目付费、按服务单元付费等。预付制是指在医疗费用发生前，由医疗保险机构按某种标准（如诊断病种、服务的人数、医院年度预算总额等）与医疗机构协商确定支付给该医疗机构的医疗费用总额，如总额预付制、按人头预付、按诊断病种分类预付等。

（1）后付制。

1）按服务项目付费。按服务项目付费（Fee for Service，FFS）。首先在发生医疗行为、产生医疗费用之后，根据医疗服务过程中所涉及的每一服务项目的价格，逐一对服务项目进行计费；其次由保险机构向参保患者或者医疗机构支付，也称为事后报销制。优点是操作简单，医生提供的几乎所有的医疗服务都会得到费用偿付，有利于激励医生和促进医疗技术的进步；缺点是易产生医生诱导的过度需求，造成医疗资源的浪费，不利于控制医疗费用增长。按服务项目付费是最传统的、运用最广泛的一种支付方式，也是目前大多数国家使用的一种费用支付方式。

2）按服务单元付费。按服务单元付费（Payment by Service Unit）是指医疗保险机构按照向参保人员提供的医疗服务单元数量向医疗机构付费的方式。其中，服务单元的平均费用标准由医疗保险机构在综合考虑历史资料及其他影响因素的基础上科学测算得出，例如，次均门诊费用或每日住院费用，因此按服务单元付费也主要包括按门诊人次付费和按住院天数付费两大类。

按服务单元付费会促使医疗机构控制每个门诊人次和每个住院日的医疗成本，有效控制医疗费用，但是选择低成本的服务项目和药品，也有可能降低服务质量。此外，还会出现诱导患者延长住院天数或增加不必要的门诊次数等道德风险行为，总费用控制是否有效还难以确定。

（2）预付制。

1）按人头预付。按人头付费（Capitation）是以参保患者人数为依据的偿付方式。医疗保险机构按照有关规定和精算，事先确定单个病患的收费标准，然后按照医疗机构在一个年度或一段期限内服务的参保人数进行费用结算，费用超支则由医疗机构承担，是亏损；费用有余则归医疗机构所有，是利润。这种费用支付方式一般在门诊阶段中使用。优点是将全部经济风险转嫁到医疗机构，从而促进医疗机构通过采取开展健康教育、疾病预防等有效措施，以达到降低发病率，主动控制医疗费用的目的。缺点也是因控制成本而产生，即医生可能会减少服务数量，降低服务质量。

2）按总额预付。总额预付制（Global Budget）是指医疗保险经办机构根据医院的等级、规模、医疗设施与设备、医院服务人口数与人群健康状况、通货膨胀率等因素预先测算和确定医院的年度预算总额，然后在一个预算年度之初就将预算总额支付给医院，以购买一年的医疗服务，如果医院的实际医疗费用低于预算总额，医院会有盈余，倘若实际发生费用超过医疗保险机构预算总额，那么医院要自行承担超额部分，会有亏损。这种付费方式有利于费用控制，总额预算的限制能促使医疗机构采取措施控制医疗成本，杜绝供方诱导的过度需求，但现实中也存在这样的问题，即有些医院为防止超出预算总额，扩大盈利空间，一方面降低服务数量和服务质量，医疗技术的更新与发展也受到阻碍；另一方面甚至出现拒收大病、重病患者，或病情未愈便要其提前出院的现象。此外，总额预付制在事实上也存在一个难点，即如何科学合理地测算医疗机构的年度支出总额，如果事先确定的预算总额低于合理值，那么很有可能弱化医疗机构提供服务的积极性。

3）按诊断病种分类预付。按诊断病种分类预付（DRG$_s$）是以疾病种类为结算付费单位的一种医疗保险预付制模式。在遵循国际疾病诊断分类标准的基础上，依据诊断结论、患者基本情况、病情发展程度、合并症、并发症等诸多要素，将疾病细化到某一病种的某一级别，通过临床实践并结合询证医学计算出相应的费用标准，以预付费的方式向医疗机构提前支付医疗费用。最典型的按诊断病种分类预付制是20世纪70年代由美国发展起来的。它根据病人的年龄、性别、住院天数、临床诊断、病症、手术、疾病严重程度以及有无合并症与并发症等因素把病人分入500~600个诊断相关组，然后决定给医院偿付标准。

采用此法可以有效控制疾病诊治成本及医疗费用的不合理上涨，防止出现总额预付制下医院推诿重症患者的现象。按诊断病种分类预付制更加科学合理，但需要专业人员收集大量临床医学信息，对千差万别的疾病进行科学的分组，然后对每一组疾病治疗的平均费用进行测算，并且在费用计算时考虑到医疗技术因子的加权因素，因此疾病分组的标准和费用测算是难点，也是关键，管理成本高。此外，这种支付方式下医疗机构仍然存在一定的道德风险，即有可能利用自身信息和专业优势，对患者进行疾病诊断升级。

2. 根据支付的对象划分

根据支付的对象可以分为对医疗服务需求方（参保者）的费用支付方式和针对医疗服务提供方（医疗机构）的费用支付方式。

（1）针对需求方的费用支付方式。针对需求方的支付方式是指参保患者在发生医疗费用时，一部分费用由医疗保险经办机构给予报销，其余的费用则按照政策规定自己承担。对需求方的支付方式主要包括起付线、封顶线、共付比和自付比。其中，起付线是根据医疗保险的相关法规,设置医疗费用的最低限额,参保患者所发生的医疗费用中低于最低限额以下的部分由病人自付;封顶线也称最高保险限额,是设置医疗费用的最高限额,在我国医疗保险机构只针对参保患者实际发生医疗费用中低于最高限额以下的医疗支出进行保障,超出最高限额以上的部分完全由个人承担,或者由大病保险承担;共付比和自付比是指被保险人实际产生的医疗费用要与医疗保险机构各自按一定比例共同负担,其中个人承担的比例为自付比,医疗保险机构支付的比例为共付比。

(2)针对供给方的费用支付方式。针对供给方的费用支付方式是指医疗保险机构对医疗机构在为参保患者提供医疗服务时发生的医疗费用进行结算时所采用的途径或方法。如前文所述,通常根据付费时间的不同,分为后付制和预付制,具体内容见前文所述。近年来,各国把医疗费用控制的重心从强化需求方的费用控制转向强化对供给方的费用控制上来。

3. 按支付内容分类

按照支付内容可以分为两类:①对医生的劳动付出进行偿付,如工资制、以资源为基础的相对价值标准等形式;②对医疗服务的成本进行偿付,如前文所述的按服务项目付费、总额预付、按诊断病种预付等。

(1)工资制。工资制是指医疗保险机构根据医疗机构医务人员提供的服务情况,向他们支付工资,工资发放标准事先在合同中规定好。"工资制"目的是阻断医生收入与医院盈利之间的直接关系,以防止医生为了自己的收入向患者提供过度医疗服务。

(2)以资源为基础的相对价值标准。这种支付方式是指以资源消耗为基础,以相对价值为尺度,根据医疗服务中医生投入的各类资源要素如医疗服务的数量和质量、提供医疗服务的时间、医疗技术的成本等,计算出医生服务和医疗技术等的相对价值,据此确定医生的劳务费用。其本质是在工资制的基础上进一步科学测算医生应该获得的真正报酬。

4. 按支付水平分类

按支付水平可以分为全额支付和部分支付两大类。全额支付是指医疗费用全部由保险机构支付,被保险人享受免费医疗。部分支付是指保险机构仅承担部分医疗费用,包括设置起付线、封顶线、确定支付比等。部分支付比全额支付更具有对被保险人的费用制约作用,有利于控制医疗开支。

六、医疗保险的费用控制

(一)对医疗服务需求方的费用控制

1. 建立需求方费用分担机制

为防止被保险人由于缺乏成本意识出现过度需求造成医疗费用上涨,医疗保险制度要通过设计合理的费用分担机制实现对个人的约束。包括扣除保险、共付保险、限额保险和混合式。通过提高个人自付比例增加对医疗服务价格的敏感性,进而实现合理消费。具体措施应采取以下四项:

（1）扣除保险，也称起付线法。先设定一个"门槛"，也就是医疗费用开始启用医保报销的底线额度。被保险人在接受医疗服务时必须先自付起付线额度以下的医疗费，当自付额超过这条起付线时，超过的金额才可以由医疗保险机构统筹支付。

（2）共付保险，医疗费用由被保险人和医疗保险机构按一定比例共同负担，双方各自承担的比例由自付比和共付比决定。首先，不同群体在不同的医疗机构获取不同的医疗服务时，分担的比例应有所不同。通常老年人和婴幼儿群体的自付比例最低，其他群体次之。其次，在社区全科医院、全科医生处获取的医疗服务自付比例最低，专科医院或三级（甲等）医院的自付比例次之。最后，获取初级医疗卫生服务或预防保健等，受保人自付比最低，专科医疗次之。

（3）限额保险，也称封顶线法。对被保险人的医疗费用支付设置一个最高限额，超出最高限额的部分由患者自付，即通常所说的封顶线。封顶线将大额医疗费用的支付排除在基本医疗保险的补偿范畴之外。

（4）混合式，由于上述三种费用分担方式各有利弊，实践中通常是上述三种方法的综合。

2. 确定合理的医疗保险报销范围

医疗保险报销范围是指医疗保险基金支付的范围和内容，由于医疗保险基金的有限性和医疗需求的无限性之间的矛盾，医疗保险不可能将所有医疗服务的支出都纳入保障范围，必须对其范围进行界定。例如，我国的医疗保险制度坚持保障基本医疗需求的定位，在实施中分别设置了医疗保险可报销基本药品目录、可报销基本服务设施和基本诊疗项目的目录。对于在目录范围内的医疗支出予以报销，目录之外的则是由被保险人自费承担。

（二）对医疗服务提供方的费用控制

1. 医疗保险费用支付方式改革

研究表明，供给方的诱导需求是导致医疗费用膨胀的主要因素。医疗保险费用支付方式在约束医疗机构的道德风险、防止供方诱导的过度需求方面发挥着重要的作用。因此各国控制医疗费用的焦点更多地集中于医疗保险费用支付方式的选择上。如前文所述，医疗保险费用支付方式包括后付制和预付制，不同的医疗保险费用支付方式都有其固有的优势和缺陷，没有一种支付方式是完美的。世界各国的改革实践表明单一的费用支付方式无法解决所有问题。国内外学者的研究都一致认为：混合支付优于单一支付，预付制优于后付制。

2. 第三方购买机制

医患之间存在严重的信息不对称，患者对医疗服务的需求弹性呈刚性，因此极易发生供给方诱导的过度需求。基于制度经济学中的委托代理理论，医疗保险制度打破了医患之间的直接交易。作为参保人的代理人，医保经办机构首要职责是成为第三方购买者，应利用其强大的信息优势和集团购买力，在医疗服务的供需双方之间建立起经济桥梁，保护参保人的权益。第三方购买机制主要通过支付机制、谈判机制、价格机制和监管机制发挥系统性作用。

第二节 我国的医疗保险制度

一、城镇职工基本医疗保险制度

（一）覆盖范围

城镇职工基本医疗保险覆盖城镇各种类型的企业及组织雇员，包括国家机关、社会团体、企业事业单位、民办非企业单位的职工、个体工商户及其从业人员。此外，无雇工的个体工商户、未在用人单位参加职工基本医疗保险的非全日制从业人员以及其他灵活就业人员（以下简称灵活就业人员）可以个人身份自愿选择参加职工基本医疗保险。

（二）资金筹集

资金来源主要是单位和个人共同缴费。单位缴费率为职工工资总额的6%左右，职工个人缴费率为本人工资收入的2%。其中，单位缴费的70%左右划入"统筹账户"，另外，30%左右和个人缴费一起划入个人账户。目前，职工医保个人账户可以家庭共济使用。

（三）资格条件

享受医疗保险待遇，首先必须参保缴费，其次必须符合两定点三目录的规定，转诊和转院必须符合相关转诊制度规定。

（四）支付范围

职工基本医疗保险基金由统筹基金和个人账户组成。统筹基金主要用于参保人员的住院、门诊紧急抢救、门诊特殊慢性病等医疗支出。个人账户用于支付参保人员门诊就医、住院费用的自付部分或者定点零售药店购药等费用。凡是符合医保三大目录（《基本医疗保险药品目录》《基本医疗保险服务设施目录》《基本医疗保险诊疗项目目录》）的医药支出，都可以纳入医保基金的支出范围。参保人员在基本医疗保险定点医疗机构发生的符合基本医疗保险三大目录的医疗费用，由基本医疗保险统筹基金和参保人员共同负担。

（五）给付水平

"统筹账户"设立起付线和封顶线。起付线为当地职工年平均工资的10%左右，封顶线为当地职工年平均工资的6倍左右。起付线以下的医疗费用从个人账户支付或由个人自付。起付线以上、封顶线以下的医疗费用主要从统筹基金中支付，个人也要负担一定比例。制度支付比根据就医的医院等级以及参保人的年龄段而有差别，通常在85%~92%。

（六）费用支付方式

经过多年的努力，在按服务项目付费之外，还探索了总额预付、DRG_s、按服务单元付费等多种方式。费用支付方式的政策格局更加明晰，即以预付制取代后付制；以多种支付方式取代单一方式。近年来，还探索了 DIP 支付方式，即按病种分值付费（Diagnosis-Intervention Packet，DIP）。

二、整合后的城乡居民基本医疗保险制度

（一）整合历程

2003 年，我国建立面向农村居民的新型农村合作医疗制度（以下简称新农合），2007 年建立面向城镇非职工群体的城镇居民基本医疗保险制度。这两大制度在缴费水平和待遇水平上一直存在差异，实务界和理论界围绕如何整合两大制度一直展开探讨。

2008 年，国家卫健委（原卫生部）在全国新农合工作会议上提出进行新农合与城镇居民基本医疗保险相衔接（时称两制并轨）试点，首次参与试点的有 10 个县市及地区。2016 年 1 月，《国务院关于整合城乡居民基本医疗保险制度的意见》，就整合城镇居民基本医疗保险和新农合两项制度，建立统一的城乡居民基本医疗保险制度提出明确要求。在整合政策上提出了"六统一"，即统一覆盖范围；统一筹资政策；统一保障待遇；统一医保目录；统一定点管理；统一基金管理。要求各统筹地区于 2016 年 12 月底前出台具体实施方案。至此，城乡医保整合进入全面实施阶段。

2018 年国家医疗保障局组建成立，新农合与城镇居民基本医疗保险的管理经办由分立转变为统一交由新组建的国家医疗保障局，两大制度的管理体制之争画上了句号。目前两大制度的整合工作已经全面完成。

（二）制度现状

1. 覆盖对象

城乡居民基本医疗保险是整合城镇居民基本医疗保险和新农合两项制度之后建立的，覆盖除城镇职工之外的所有城乡居民的一项基本医疗保险制度，如城镇未就业居民、灵活就业者、大中小院校在校学生以及广大农村居民等。

2. 资金筹集

通过定额缴费的方式筹集资金，以参保人缴费为主，政府给予一定补助，同时鼓励集体、单位或其他社会经济组织给予扶持或资助。具体缴费标准由统筹地区人民政府根据当地经济社会发展水平和居民家庭个人经济负担能力确定和调整。财政补贴向低收入群体倾斜。对于享受城乡最低生活保障的人员、农村五保供养的对象、丧失劳动能力的残疾人、低收入家庭 60 周岁以上的老年人和未成年人等所需个人缴费部分，由政府给予补贴。

3. 待遇给付

参保人员在城乡居民基本医疗保险定点医疗机构发生的符合基本医疗保险"三个目录"范围内的医疗费用，由基本医疗保险统筹基金和参保人员共同负担。待遇给付的范围涵盖住院、普通门诊以及门诊慢特病的药品及服务支出。具体的起付标准、最高支付限额以及支付比例，由统筹地区人民政府确定。

4. 统筹层次

目前，全国大部分省已经实现省级统筹，基金统收统支，提高运行效率和抗风险

能力。按照"制度政策统一、基金统收统支、管理服务一体"要求,以省级为统筹范围,统一覆盖范围、缴费政策、待遇水平、基金管理、定点管理、支付管理、经办服务以及信息系统。

5. 管理经办

2018年,组建国家医疗保障局,城乡居民基本医疗保险由医疗保障局负责管理经办。2020年,国家医疗保障局发布《全国医疗保障经办政务服务事项清单》,对医疗保障经办政务服务事项的一次全面、系统的梳理和规范。

第三节 国外典型国家的医疗保险制度

一、日本的"国民皆保险"

(一)日本医疗保险制度体系概况

日本是世界上较早建立医疗保险的国家之一,[1] 也是继英国、挪威之后较早实现医疗保险全民覆盖的国家。[2] 日本1961年就实现了"国民皆保险"制度。所谓"国民皆保险"即日本政府提出的全民医保,要求全体国民按照资格条件必须强制参加一项公共医疗保险。日本的医疗保险体系由健康保险(以下简称健保)和国民健康保险(以下简称国保)组成。两大医保制度均是由政府运作的公共保险计划。健康保险的覆盖对象为企业雇员及其家属,所以也被称为职域保险;而国民健康保险的参保人主要是非雇员及其家属并按属地参保,所以又被称为地域保险(见图4-1)。

(二)日本全民医疗保险的制度设计

1. 筹资机制

日本医疗保险的筹资办法并没有实现统一,视参保人群和制度的不同而有所区分。差别之中也有共性:不论地域保险还是职域保险,日本采取的是将制度适用人员强制加入的原则;保险费以个人收入为基础按比例缴纳;对于不同人群财政给予不同程度的补贴。

健康保险的资金主要来源于雇主和雇员的缴费,其中雇员和雇主各自负担一半。根据最新的政策规定,缴费基数为包含奖金收入的月平均标准工资。费率在组合掌管健康保险(组合健保)和政府掌管健康保险(政府健保)之间存在差别。企业组合健保的保险费率在得到政府厚生劳动大臣认可的前提下由各个组合自主决定,一般从3%~9.5%不等。而政府健保的费率则由政府统一制定,法定费率为7.2%,但厚生大臣可在6.6%~9.1%调整,2008年为8.2%。参加组合健保的一般是大型企业雇员,通

---

[1] 吕学静. 改革与借鉴——从日本医疗保险制度改革谈起[C]. 社会主义和谐社会构建与社会保障国际论坛论文集,2007:261-269.

[2] 崔万有. 日本社会保障研究[D]. 东北财经大学博士学位论文,2007.

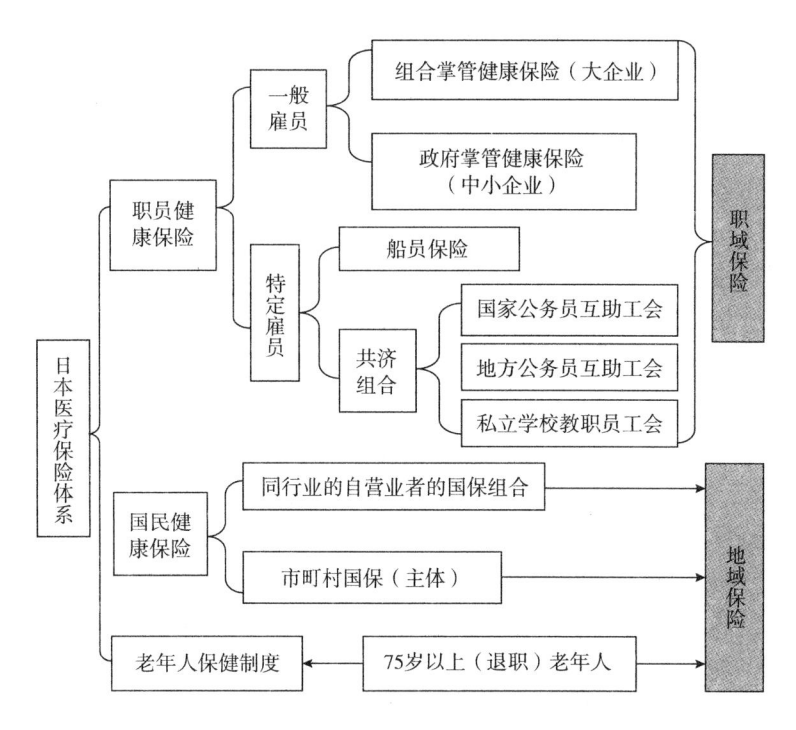

图 4-1 日本社会医疗保险体系结构

常国库没有补贴，而政府健保面向收入水平相对较低的中小企业雇员，作为资助由国库负担其保费的 13%。国家或地方政府公务员以及私立学校教师①的健康保险又被称为共济组合，因其雇主主要是政府，所以缴费由个人和财政预算拨款共同承担，各负担 50%，无国库拨款资助。共济组合是公务员医疗保险和年金（养老保险）的合二为一的保险，所以费率较高，2006 年为月工资的 10.2%~14.6%。费率通常由各共济组合根据基金的财务收支情况加以确定，各组合有区别。2004 年，国家公务员共济组合的保险费率最低和最高的分别是会计检查院共济组合和林业局共济组合，保险费率分别为 5.32% 和 10.5%。②

国民健康保险的参保人以个人缴费为主，国库对其提供资助。财政承担市町村国保医疗费用支付的 50%，对于自营业者行业工会的国保组合，财政负责医疗费用支付的 32%。而在经济条件较好的大城市，财政补贴的比例降为 20%。政府会特别加大对经济落后地区的财政支持。在缴费方式上，市町村国保可以自由选择是征税，还是征费。事实上大部分市町村（90%）选择纳税的方式，2012 年的税率为 9.7%。③ 国民健康保险税以受保者的收入和家庭资产为基数。由于以家庭为单位参保，家属作为被抚养者加入，所以纳税过程中还要考虑受保者的家庭情况。根据规定，40% 的税额以各家庭收入总额为基础征收，10% 的税额以各家庭资产为基础征收，35% 的税款按入保者人数平均

---

① 公立学校教师属于地方公务员，随同地方公务员参保。
② 崔万有. 日本社会保障研究 [D]. 东北财经大学博士学位论文，2007.
③ 吕学静. 日本医疗保险筹资与费用控制措施 [J]. 中国医疗保险，2014（5）：68-70.

征收。① 只要户主加入国保,全家均可享受平等的医疗保险待遇。此外,为保护弱势群体的参保权益,防止缴费中断,实行个人缴费减免政策。低于某一特定收入的家庭的保费最高可减免60%~70%。② 这些人群可以免交保险费,直接获得同样的保障待遇。

2. 统一的待遇给付

首先,统一支付比。不论是职员健康保险,还是国民健康保险,日本对所有参加公共医疗保险计划的人实行统一的待遇给付。自2003年开始,各制度的支付比例普通人群统一定为70%,6岁以下儿童个人负担为80%,75岁以上老年人为90%,③ 体现对幼年和老年人的照顾和优待。为了进一步体现再分配效果,对70岁以上的老人群体还要以收入水平进一步细分。70~74岁年龄段的低收入老人支付比达到80%,而高收入老人仍然是70%。75岁以上者,只有低收入老人才能享受90%的高支付比,高收入老人的支付比没有变化,依旧保持70%,医保待遇随收入的增加而降低。

其次,两大医疗保险实行统一的支付范围,涵盖药品、医疗卫生服务费用(诊断费用、治疗材料费用、处置费、手术费、住院费、护理费以及转院费用等)、住院饮食疗养费、生育补贴以及生育一次性补贴金、伤病补贴等。

再次,日本两大医疗保险制度均实行家属连带参保的做法。通常男性作为一家之主,不论参加健康保险还是国民健康保险,一旦缴费参保,其抚养或赡养的家属便自动成为受保人,获得与参保人一样的医疗待遇。2004年,政府掌管健康保险参保人数约为1881.5万人,被扶养人数为1670.7万人,平均每名参保者需负担0.88名被扶养家属;健康保险组合参保者人数为1471.5万人,被扶养人数为1527.4万,人均扶养率为1.04。家属连带参保使日本不需要设置独立的制度就将受保者的家庭成员纳入保障范围,促进了全民医保的实现。

最后,医疗保险设置个人最高支付封顶线,超过最高限额以上的部分全部由医疗保险承担。无收入者每月医疗费负担超过4万多日元(相当于3000元人民币)以上的部分,全额由医保负担。有收入的人员负担上限实际达7万多日元(相当于5000多元人民币)。④ 个人支付封顶线的设置有效地防止了因病致贫和因贫放弃医治等状况的发生。

3. 管理经办

700人以上的大企业雇员健康保险由企业保险组合管理,通常设置在工会。保险组合作为一种民间的管理组织,通常由来自雇主和雇员的代表组成。这种管理模式直接效仿的是德国的经验;中小规模的企业健康保险由厚生省社会保险厅负责;国家以及地方公务员和私立学校教职员工则由共济组合管理;国民健康保险多由地方市町村实

---

① 贾嘉. 日本医疗保险制度的建设及对我国的启示[J]. 山西大同大学学报(社会科学版), 2008(2): 72-75.
② 王国辉. 英日韩三国社会保险个人缴费减免政策及启示[J]. 北京航空航天大学学报(社会科学版), 2014(7): 1-7.
③ 张再生, 陈军. 医疗保险制度改革的国际比较[J]. 天津大学学报(社会科学版), 2007(1): 40-44.
④ 刘晓梅, 楚廷勇. 日本社会医疗保险全覆盖的经验——兼评我国的医改方案[J]. 探索与争鸣, 2010(7): 63-67.

行属地管理或由自营业者的国保组合管理,同一职业,超过300人的可以成立国保组合。老人保健制度是由厚生省老人保健福利局通过都道府县老人保健主管部和市町村国民健康保险组合进行管理。

2005年日本共有3245个市町村国保,166个自营业者国保组合,1780个企业健保组合,24个国家公务员共济组合,54个地方公务员共济组合和1个私立学校教职工组合。[①] 其管理的分散程度可见一斑。日本医疗保险显然没有实现统一的管理经办,运营主体分立、多元化。既有民间组织,又有政府部门;既有企业范围的统筹,也有市町村统筹。2003年起,日本政府开始有计划地推进市町村国民健康保险的整合,近年来更决定由47个都道府县进行管理。

4. 财政扶持

目前,国库对各类健康保险制度的补贴额已占国民医疗保险资金总额的25%以上,其主要补贴对象为政管健康保险和市町村国民健康保险。日本虽然采取了社会保险模式,资金来源以保险缴费为主,但是日本的国库和地方财政在其中发挥了重要的作用。

5. 老年人医疗保险

1973年,日本建立老年人保健制度,实行70岁以上老人免费医疗,为老年人设置独立制度的做法延续下来。之后制度几经调整,基本上都围绕着给付率展开,从最初的免费医疗转变为老人需要自付一部分费用。目前,日本已经进入深度老龄化社会。2011年,75周岁以上高龄者医疗费用约占国家总医疗费的30%。[②] 医疗保险各项制度所覆盖的老年人口数量不等,给各制度形成了高低不同的支付压力。据统计,2004年高龄者所占比例在政管健康保险制度中为5.0%,在健康保险组合中为2.3%,而在国民健康保险中则高达23.9%。[③] 除了少部分退职者仍以雇员家属的身份继续参加健康保险之外,大部分的退职者都以非雇佣者的身份参加市町村国民健康保险。老年人在各制度之间分配的比例严重失调。为了平衡制度间的老龄压力,合理分担老年人医疗赡养的成本,同时也为了更好地保障老年人群的医疗需求,日本早在1983年就决定由各制度共同运作老年人保健制度。2008年老年人保健制度调整为后期高龄者医疗制度,受益年龄提高到75岁。资金由高龄者个人负担10%,各医疗保险基金支援40%,政府负担50%[④]。管理经办也从原有的市町村转变为都道府县的"广域联合"。希望在为老人提供更多优越医疗待遇的同时保证制度的持续运行。

二、韩国国民健康保险制度

(一) 韩国国民健康保险制度概况

1989年,韩国实现了全民医保覆盖(见图4-2)。之后的韩国医疗保险体系始终遵循着三个基本原则:一是普惠全民;二是实行以收入为基数的差别缴费;三是统一给

---

① 崔万有. 日本社会保障研究 [D]. 东北财经大学博士学位论文, 2007.
② 周绿林, 师文, 和田康纪. 日本高龄者医疗保险制度的改革及借鉴 [J]. 中国卫生经济, 2015 (7): 93-96.
③ 宋健敏. 稳妥的日本健康保险制度 [J]. 中国医院院长, 2014 (6): 84.
④ 吕学静, 刘育志. 日本社会保障改革状况及发展趋势 [J]. 社会保障研究, 2016 (1): 37-46.

付。2003年韩国医疗保险实现了整合，这一年也成为韩国全民医保和全民健保的分界点。2003年前，韩国的医疗保险制度分为雇员医疗保险计划和地区医疗保险计划。前者主要面向工薪阶层，后者主要面向非工薪人员。2003年，经过两个阶段的整合，制度最终蜕变为统一的国民健康保险。医保基金全国统筹，制度筹资标准和待遇给付全国统一。

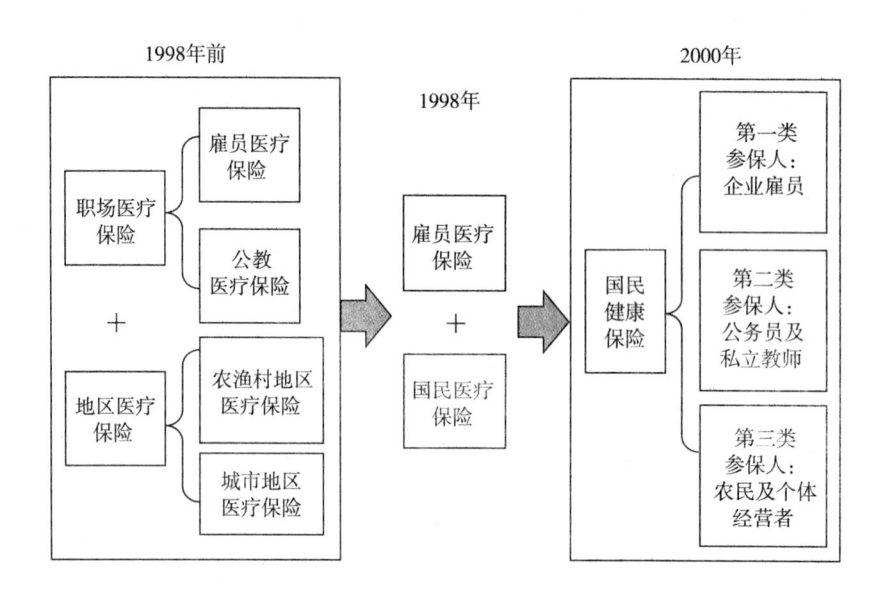

图4-2 不同阶段的韩国社会医疗保险体系

（二）韩国国民健康保险的制度设计

1. 覆盖范围

所有在韩居住国民均是国民健康保险的覆盖对象。具体包括"参保者"和"被抚养者"。其中，参保者包括三类：第一类为企业职工；第二类主要面向政府雇员和私立学校职员；第三类参加者主要是农民、个体经营者及其他城市居民。"被抚养者"主要是指生活依赖企业（单位）参保者的没有报酬或收入的家属。关于家属的范围，最初仅为被保险者的配偶、子女和父母，1985年扩大到兄弟、姐妹，1988年又扩大到岳父母。[①] 2010年国民健康保险的覆盖率为96.7%。第一类和第二类参保者占总人口的64%；第三类参保人占总人口的32.7%；其余3.3%的未覆盖人口大部分为社会救助的对象，共167.4万人。[②] 政府将这部分群体以医疗给付权益人的身份免费纳入医疗保障体系，可以与缴费参保人获得一样的待遇给付。

2. 筹资机制

韩国以社会保险模式实现全民医保，制度按照社会保险原则筹集资金。医保基金

---

① Youngsoo Shin. 韩国的健康保险制度 [J]. 中华医院管理杂志，1994（5）：315-318.
② 孙菊. 全民覆盖视角下的韩国医疗保险制度研究 [J]. 武汉大学学报（哲学社会科学版），2013（11）：83-89.

主要来自保险费收入以及一定程度的财政援助。其中,保险费包括雇主、雇员的缴费以及自营业者缴费;而财政援助主要来自一般税收、对烟草收取的额外费用以及政府补贴。韩国整合国民健康保险之后,实行全国统一的缴费标准,视参保对象不同而有所区别。以2008年的数据为准,根据收入五等分法划分参保者,其中最低收入组的保费支出大约相当于最高收入组的1/5。目前由政府的健康与福祉部确定保险费率,按照雇员和非雇员区分为两种缴费办法(见表4-1)。总体上根据能力原则和连带原理进行征收。

表4-1 2005~2012年韩国国民健康保险缴费标准

年份	2005	2006	2007	2008	2009	2010	2011	2012
雇员(费率:%)	4.31	4.48	4.77	5.08	5.08	5.33	5.64	5.80
非雇员(每点金额:韩元)	126.5	131.4	139.9	148.9	148.9	156.2	165.4	170

资料来源:2012年韩国NHIC官方网站。

(1)关于雇员缴费。由雇主和雇员分别负担50%,2012年费率为5.80%。目前,费率被政府控制在8%以下。与同期的其他国家相比,韩国的医保费率比较低。

(2)公务员的医保缴费由个人和政府各承担50%。私立学校教师的参保缴费由雇员、学校、政府分别负担50%、30%、20%。

(3)地区参保者的缴费按家庭征收。首先以收入、资产以及家庭人口的性别、年龄等因素为依据,综合核算和测定每个参保家庭的收入等级,再折算为相应的标准收入点数。然后,政府每年会调整点数对应金额。最终每户保险费=标准收入点数×金额/点(2010年为每点156.2韩元)。除家庭缴费外,政府会对地区参保者进行财政支援。2002年根据《健康保险财政健全化特别法》,政府资助额度总计达到保费的50%。意味着自雇人员和政府各自承担50%的缴费责任。2006年改为政府资助国民健康保险缴费的20%。

此外,韩国还对医保缴费机制进行了结构性的调整。

(1)2001年,非正规就业者和5人以下小企业的雇员转变传统的地区参保的方式,改为按照企业雇员参保,并参照雇员的办法缴费。

(2)对家庭联保中的家属重新进行身份筛选。"2000~2005年,对金融收入超过4000万韩元者;具有事业或租赁收入的企业(单位)参保者的配偶、老人;收入超过500万韩元的自由职业从事者;具有收入的19岁以下的未成年人等,从被抚养者系列中排除。"[1] 对于家庭中有收入且收入超过一定水平的,不再按照联保的方式获得待遇,而是转换为地区医保的参保人,需要课赋保险费。改革使"制度抚养率从2000年的2.08降低为2008年的1.63"。[2]

---

[1] 金钟范. 韩国医疗保障制度演进[J]. 中国医院院长, 2014(11): 78-79.
[2] 黄罗一, 金珍沫, 金镜河. 韩国健康保险的现状与发展课题[J]. 社会保障研究, 2009(2): 79-95.

（3）实行针对低收入者的个人缴费减免政策。根据《国民健康保险法》，低收入者能够免除10%~30%的缴费；家庭成员中有65岁以上的参保者可免除30%的保费；偏远地区的雇员参保者可减免50%的保费；而偏远地区或农渔村的地区参保者可分别减免50%和22%的保费。

3. 待遇给付机制

韩国以低费率、低给付迅速实现了全民医保。但低水平的医保待遇却饱受诟病。据测算，1997年医疗费用的自付率，住院为39.9%，门诊为61.1%，1998年的自付总水平是58%。2000年以后，虽然伴随着医保整合，制度待遇不断提高，但是韩国医保的报销比例仍然偏低。统计显示2009年，韩国个人自付费用约占卫生总费用的34.2%，而同期OECD国家的平均水平是18.6%。[1] 韩国的全民健保还远没有达到理想的标准。目前，参保人在住院阶段的自付比为20%，而门诊阶段则相对多元。根据就医的医疗机构级别的不同有着不同的门诊自付比（见表4-2）。

表4-2 韩国国民健康保险受保人自付比例[2][3]

保障范围		自付比例
住院		5%~20%（对部分危重疾病减少为5%~10%）
门诊	三级医院	60%
	二级医院	50%
	一级医院	40%
	诊所	30%（每次自付总费用不超过15000韩元，65岁以上老人为1200韩元）
	药店	30%（每次自付总费用不超过10000韩元，65岁以上老人为1200韩元）

资料来源：笔者根据文献资料自行编制。

通过增加病人选择三级医疗机构门诊就医的自付比例，实现患者的合理分流，避免三级医院的拥挤现象。既有利于节省医疗开支，又可以提高医疗资源的利用效率。此外，给付机制对不同年龄段的人口做出了不同的设定。65岁以上的老人在基层医疗机构就医的可以享受更大的优惠。2006年起，6岁以下的儿童住院医疗费用全部免除，门诊治疗仅需要支付成人费用的70%。

除国民健康保险外，对于那些生活在贫困线以下的人群，韩国还有医疗给付制度提供保障。出于对贫困个人及家庭的特别保护，其待遇水平整体上高于国民健康保险给付（见表4-3）。体现制度的福利性，也体现对弱势群体的优待。

---

[1] 孙菊. 全民覆盖视角下的韩国医疗保险制度研究 [J]. 武汉大学学报（哲学社会科学版），2013 (11)：83-89.
[2] 丁雯，张录法. 韩国医疗保险制度借鉴 [J]. 经济视角，2010 (9)：57-59.
[3] 金钟范. 韩国国民健康保险 [J]. 中国医院院长，2014 (11)：80-81.

表 4-3　2007 年韩国医疗给付制度个人自付比例[①]

		第一种权益人 (无工作能力)	第二种权益人 (有工作能力)
门诊	保健所	免费	免费
	一级医院	1000 韩元封顶	1000 韩元封顶
	二级医院	1500 韩元封顶	15% (特殊慢性病自付 1000 韩元封顶)
	三级医院	2000 韩元封顶	15%
	MRI、CT 等	5%	15%
住院		免费(餐费除外)	15% (危重病 10%)、(餐费除外)
药店		每处方 500 韩元封顶	每处方 500 韩元封顶

资料来源:笔者根据文献资料自行编制。

关于封顶线的设置,韩国在 2004 年前实行保险给付的上限设定。与我国的医疗保险封顶线设置相似,即当受保人的医疗费用达到一定限额时,将停止医疗保险的偿付,全部由患者个人承担。当低收入人群面临危病、大病时,设置这样的封顶线可能会影响他们获得必要的检查和医治。保险给付封顶线主要影响三类人群:生活在贫困线以下的人群、农村居民和老年人,而高收入人群受到的影响相对较小。既不利于健康,也不利于公平。

2004 年 7 月,韩国开始将其改为共同支付最高上限,即于适用健康保险的诊疗费中,当个人支付部分超过最高上限时将停止自付,后续所需医疗费用全部由国民健康保险负担。2004 年的封顶线标准为个人负担额在 6 个月内超过 300 万韩元,2007 年进一步下调为 200 万韩元。明显地减轻了患者及家庭面临灾难性医疗支出时的过渡负担和因病致贫的风险。政策运行不久后,研究发现,虽然降低了高额医疗支出中的个人负担,受保人的保险获益水平整体上升,但是仍然存在阶层差距。2008 年,政府总计支出 2436 亿韩元的上限援助资金,如果将参保国民按照收入从低到高分为 1~10 个等级,其中 1~5 等级的低收入阶层总计只获得 38% 的援助(927 亿韩元),而 5~10 级收入阶层总共拿到近 62% 的援助金。[②] 为了平衡阶层差距,2009 年 12 月开始,改变一概性封顶线,改为差别制(见表 4-4)。根据受保人收入的从低到高,50% 处于收入中下位的国民,封顶线为 200 万韩元,30% 处于收入中位的国民为 300 万韩元,收入高位 20% 的国民为 400 万韩元。更加体现了制度对低收入者的保护和倾斜。

[①] 金钟范. 韩国国民健康保险 [J]. 中国医院院长,2014 (11):80-81.
[②] 黄罗一等. 韩国健康保险的现状与发展课题 [J]. 社会保障研究,2009 (2):79-95.

表 4-4 各收入阶层的个人负担上限额标准[1]

收入水平	个人负担上限额标准
上限额标准保险费在下位 50% 以下的参保人	200 万韩元/人/年
上限额标准保险费在中位 50%~80% 以下的参保人	300 万韩元/人/年
上限额标准保险费在上位 80%~100% 以下的参保人	400 万韩元/人/年

资料来源：韩国国民健康保险法试行令部分修正令（2009 年 4 月 6 日公布）。

4. 财政扶持

韩国在 1989 年实现全民医保时，由财政承担了地区保险缴费的 50%。适用者们的参保积极性被极大地调动起来，全民覆盖很快实现。2007 年，医保整合之后的财政补贴标准改为整个国民健康保险保费预计总收入的 20%，其中"14% 来源于国库，6% 来源于以烟草税为主要收入的健康促进基金"。[2]

除国民健康保险之外，韩国还有针对社会救助对象的医疗给付制度。医疗给付以国家财政为依托向贫困群体提供高水平的医疗保障待遇，甚至优于国民健康保险受保人（见表 4-3）。医疗给付费用主要来自国库补助金，对于大部分的城市，国库补贴金占全部医疗给付基金的 80%。[3]

5. 管理经办

1998 年韩国开始了医保整合的重大举措。除了整合制度、整合基金之外，整合管理经办也是改革的重要部分。2003 年，取缔了 300 多个保险公团，由国民健康保险公司统一负责全国的管理经办。实行统一的费率、统一的待遇以及统一的管理。

目前，韩国医疗保险的管理部门包括健康与福利部、国家健康保险公司（NHIS）和医疗保险审核与评估机构（HIRA）。健康与福利部属于政府部门，负责制定和调整政策、法规和监督调控，但不直接参与运营管理。国家健康保险公司和医疗保险审核与评估机构性质上属于非营利组织。其中 NHIS 主管全国的健康保险计划，是所有国民的唯一保险人。负责资金筹集、待遇发放、基金管理、医疗机构监管等。而 HIRA 负责监督国家健康保险公司的管理，并对医疗机构所提供的服务如药品的数量、治疗方案的适宜性等进行专业审查。三大管理主体各有分工，彼此之间存在着相互制衡的关系，使管理经办有序进行。

---

[1] 黄罗一等. 韩国健康保险的现状与发展课题 [J]. 社会保障研究, 2009 (2): 79-95.
[2] 李莲花. 医疗保障制度发展的"东亚道路"：中日韩全民医保政策比较 [J]. 河南师范大学学报（哲学社会科学版），2010 (1): 1-7.
[3] 金钟范. 韩国医疗给付兜底 [J]. 中国医院院长, 2014 (11): 82-83.

第四节 医疗保险制度的发展趋势

一、从医疗保险到健康保险

从医疗保险到健康保险的制度转变，是世界各国医疗保障制度发展的必然趋势和最终目标。[①] 自 20 世纪 80 年代开始，各国展开了福利国家的改革，一时在各种思潮下的影响各国展开了各具特色的福利改革。但针对福利国家的财政负担过重的问题，各国都采取了相似的策略，一方面，削减福利支出，降低待遇给付；另一方面，在以往提供"事后保障"的消极福利理念的基础上都在探索一种积极的福利，在医疗保险领域也是如此。医疗保险的定位从原有的针对疾病风险和医疗支出进行事后补偿，转变为如何在事前防范疾病风险，减少疾病的发生，以从根本上达到降低医疗支出和促进健康的目的。在待遇给付方面，除了保障疾病治疗医疗支出之外，更加重视预防保健、健康管理、慢性病防治、康复护理以及健康生活方式的养成、疾病的早期诊断、早期防治等方面的保障。医疗保险逐渐转变为健康保险，以促进健康为导向，以预防优先、质量至上为制度设计理念。目前，德国、韩国、日本等实行社会医疗保险模式的国家，都将预防保健等内容纳入偿付范围，逐步向健康保障模式转型。[②]

二、构建多层次的医疗保障体系

为了应对福利危机以及人口老龄化背景下的医保基金短缺，各国的改革趋势之一是构建多层次的医疗保障体系，实现多元筹资和多元责任分担。世界上大多数国家的医疗保障体系呈现多层次或"多支柱"的特点。它以社会基本医疗保险为核心、辅以"补充"医保以及医疗救助等。例如，从多层次的视角来看，英国多层次医疗保障体系主要由国家健康服务（NHS）、社会医疗救助制度和商业健康保险构成。针对 NHS 体系存在的医疗费用上涨、医疗服务质量堪忧，排队等待就诊的问题愈加严重，英国在 2000 年以后对这种政府全包的体制做出了改进，允许私立医院进入医疗服务市场和吸引私人资本投资医疗项目。又如德国的全民医疗保险制度包括法定医疗保险和私人医疗保险。法律规定，凡月收入低于 4050 欧元的就业人员必须投保法定医疗保险，而高于此收入线的，或是公务员、自由职业者可选择参加有商业保险公司运作的私人医疗保险。

从多层次的视角来看，世界主流发达国家的医疗保障体系呈现多样化特征，多层次医疗保障体系，一方面源于其费用筹资的多元化，另一方面为了引入竞争，适应社

[①] 翟绍果. 从医疗保险到健康保障的偿付机制研究 [J]. 社会保障研究（北京），2011（2）：101.
[②] 王虎峰. 我国社会医疗保险的功能使命定位与未来发展 [N]. 中国劳动保障报，2007-05-18（3）.

会成员多层次的医疗保障需求，鼓励发展补充医疗保险和商业医疗保险。

三、积极应对人口老龄化

全球人口寿命延长是社会进步和医疗卫生事业发展的一大成就，然而伴随人口结构变化，出生率降低，老龄化程度加深，也为人类社会带来一系列的隐患。人口老龄化不仅增加了劳动年龄人口的负担，还给社会公共福利、医疗卫生等方面带来影响，也会对医疗保险形成冲击，导致制度老龄化程度过高，基金负担过重。有限的医疗卫生资源和医疗基金与不断增长的医疗需求之间的矛盾越来越尖锐。世界各国特别是人口老龄化程度严重的国家，针对这一挑战纷纷采取了积极应对人口老龄化的策略。首先，建立单独的老年人医疗保险，如日本在2008年将老年人保健制度调整为后期高龄者医疗制度，受益年龄提高到75岁。资金由高龄者个人负担10%，各医疗保险基金支援40%，政府负担50%。其次，建立老年人护理保险制度。根据老年人慢性病发病率高，患病后需要长期护理的特征，德国、日本推出了老年护理保险。德国于1995年建立独立的法定护理保险，日本的老年护理保险建立于2000年。护理保险的建立，减少了老年人因护理需求而形成的社会性住院的情况，节省了医疗开支，更好地满足了护理保健需求。

思考题

1. 如何完善医疗保险的费用控制机制？
2. 为什么要将城镇居民基本医疗保险制度与新型农村合作医疗制度进行整合？
3. 医疗保险费用支付方式主要有哪些？比较各种方式的优缺点，并思考我国的社会医疗保险制度应采取什么样的费用支付方式？

第五章　失业保险政策与实践

本章学习要点

失业是一种社会经济现象，而失业保险制度就是伴随着这种社会现象产生的，目的是为非因个人原因中断就业而失去工资收入的劳动者提供一定时限内的资金援助和再就业支持，是社会保障体系中一个不可或缺的重要组成部分。通过学习本章，要求学生掌握失业和失业保险制度的概念、构成要素、特征以及其功能作用；理解我国失业保险制度的发展历程；并了解国外典型国家失业保险制度的发展；了解内蒙古自治区的失业保险的发展历程和政策实践，思考如何进一步完善适合我国国情的失业保险制度。

第一节　失业保险制度概述

一、失业的相关概念

（一）失业

失业是一种社会经济现象，它是指在国家规定的劳动年龄内，劳动者具有工作能力、可以工作且在寻找工作的情况下，不能得到适宜职业而失去收入的状况。

（二）失业人员

失业人员是指在国家规定的劳动年龄内有劳动能力，目前无工作并以某种方式正在寻找工作的人员。失业人员分为两大类：一是就业转失业的人员；二是新生劳动力中未实现就业的人员。劳动年龄，不同国家有不同的规定。我国目前规定的劳动年龄下限是16周岁，但国家有特殊规定的职业除外，如体育、文艺和特种工艺单位等。对企业中男年满60周岁、女年满50周岁（女干部满55周岁）的职工和机关事业单位中男年满60周岁、女年满55周岁的职工实行退休制度；对从事有毒、有害工种和符合条件的患病、因工致残职工，可以适当降低退休年龄。所说的有劳动能力，是指失业人员具有从事正常社会劳动的行为能力。在劳动年龄内，但不具备相应的劳动能力，不能视为失业人员,如完全伤残不能从事任何社会劳动的人员等。目前无工作并以某种方式寻找工作的人员,是指失业人员有工作要求,但受客观因素的制约尚未实现就业。虽然对那些目前无工作,但没有工作要求的人,不能视为失业人员,因这部分人自愿放弃就业权利。这里所说的劳动力,是指在劳动年龄内,具有劳动能力,可能或实际参加社会劳动的人员。但不包括在押犯人、在劳动年龄内丧失劳动能力的人员以及低于劳动年龄下限且实际参加社会劳动的人员。

（三）失业率

失业率是评价一个国家或地区就业和失业状况的主要指标。目前,国际上通用的失业率概念,是指失业人数同从业人数与失业人数之和的比。

二、失业保险制度

（一）失业保险制度的概念和特征

从多数建立失业保险制度的国家来看,失业保险制度是通过立法强制实行,由社会集中建立基金,对非因本人意愿中断就业而失去工资收入的劳动者提供一定时期资金帮助及再就业服务的制度,是社会保障体系的重要组成部分。至20世纪末,世界上有69个国家和地区建有失业保险制度。各国失业保险制度都有不同的特点,但通常具有七个方面共同的基本特征：①普遍性。它是为保障工资收入的劳动者失业后的基本生活而建立的,其覆盖范围应十分广泛。②强制性。制度范围内的用人单位及其劳动者必须按照法律、法规规定参加失业保险,并履行缴费义务。③互济性。收缴的失业保险费在统筹地区内统一安排使用,不计入个人账户,不需要偿还。④社会化。基金来源要多渠道,由用人单位、劳动者和国家分担。⑤水平适度。失业保险待遇必须与经济发展水平相适应,并保障失业人员的基本生活,同时尽可能减轻用人单位和政府的负担。⑥适度积累。在采取现收现付办法的同时,保留一定数量的基金以备应急之用。⑦专款专用。基金只能用于法律法规规定的与失业保险有关的支出项目,不得用于平衡财政收支和其他不相关支出。失业保险同其他社会保险项目一样都是政府行为,侧重于保障基本生活需求,并以货币为主要形式提供帮助,不同之处在于失业保险除保障失业人员基本生活外,还具有预防失业和促进就业的功能作用,与劳动力市场相互关联的程度十分密切。

（二）建立失业保险制度的必要性

失业保险制度是随着失业现象的出现而相应产生的。劳动力资源是经济资源的重要组成部分,就业岗位的竞争是劳动力资源实现优化配置的必要前提。在市场竞争过程中,必然会有一部分劳动力因各种原因失去现有工作岗位且暂时不能就业。市场经济的最基本特征是竞争,优胜劣汰的竞争机制是现实社会保持活力、不断进步的推动力。劳动力是社会生产要素中最活跃、最有价值的要素,开发劳动力资源,充分调动劳动者的潜力,是一个企业、一个国家走向成熟的关键之一。在市场经济条件下,开发劳动力资源的有效手段是培育劳动力市场,通过市场引导劳动力实现最合理的配置；调动劳动者潜力的最有效办法是在就业领域引入竞争机制,实现利益分配的最优化。

这一点已被历史和现实充分证明。改革开放前，我国实行"统包统配"的就业政策，政府通过计划分配就业岗位，确定收入标准，从表面上来看，不存在失业问题，"人人有活干，有饭吃"。实际上，冗员过多，人浮于事，影响人们工作积极性的发挥和劳动生产率的提高。经济体制改革的目标之一就是实现企业自主用工，按照效益原则配置劳动力，实现劳动生产率的最大化。就业市场化，可以为经济发展提供人力资源支持；而经济发展，又可以创造更多的就业岗位，逐步实现充分就业的社会发展目标。从这一点上说，存在一定规模的失业人员队伍也是正常的，保持适度规模的失业适应了市场经济的客观要求。为暂时无法就业的人员提供帮助，既是政府的责任，也是社会的责任。失业涉及劳动者的家庭甚至更广泛的社会关系，不仅中断了他们的正常收入，使其本人或家庭基本生活难以维持，而且减少了其参与社会活动、实现个人价值的机会。因此，妥善解决好失业人员的基本生活，并帮助他们尽快实现再就业，是促进社会公平正义的重要内容。从历史发展来看，在资本主义发展初期，劳动者失业后的基本生活保障，主要是通过个人积蓄或家庭其他成员供养的方式实现的，这种方式的弊端在于保障能力有限，风险过于集中，造成个人或家庭贫困化，成为社会不稳定和阻碍经济发展的因素。这也是19世纪资本主义国家工人运动兴起的社会原因之一。19世纪末至20世纪初，一些企业或工会组织开始建立互济性的失业保护制度，以在职人员缴费方式筹集一笔专项资金，专门用于其成员失业后的基本生活救济。此后，一些国家先后通过立法形式建立了以社会筹集资金，对失业人员给予定期定额基本生活补贴为主要特征的失业保险制度。

（三）失业保险制度的构成要素

（1）制度的覆盖范围。确定覆盖范围通常考虑两个因素：一是必要性；二是可操作性。如多数国家未将公务员纳入覆盖范围，主要考虑到公务员这一职业稳定性强，可以采取其他办法保障少数失业者的基本生活，没有必要将其纳入其中。再如，多数国家未将临时工、季节工等工作不稳定人员纳入范围，主要考虑到这部分人员在就业和失业之间频繁转换，纳入范围难以操作。

（2）失业保险基金的筹集。失业保险基金的筹集一般有三个来源：企业按劳动者工资总额的一定比例缴费，劳动者按自己工资的一定比例缴费，政府财政提供补贴。具体采取哪种方式，需由本国的情况决定。通常是企业和劳动者双方缴费，政府补贴差额。另外，还要明确缴费的具体办法和相应的法律责任。

（3）领取失业保险金的条件。领取失业保险金的条件，一般来说，主要包括非自愿失业、进行失业登记、有求职要求，且在一定时间内履行了参保缴费义务等。

（4）失业保险金的给付水平。确定失业保险金的给付水平通常考虑四个因素：①本人失业前收入水平或社会平均收入水平；②基本生活消费水平；③资金支付能力；④对再就业是否产生消极影响等。一些国家以本人失业前收入水平为确定依据，作为其收入损失的补偿，也有的是根据社会消费水平支付等额的失业保险金，通常以最低工资为上限。

（5）失业保险金的给付时间。领取失业保险金人员一般仍具有劳动能力，也有就业的可能，给付失业保险金必须确定期限。对超过期限仍未就业的，可以通过其他措施给予帮助。确定给付时间，通常考虑三个因素：①就业的总体状况和失业率的高低；②基金支付能力；③失业人员年龄或参保时间等。多数国家在半年左右，少数国家更长一些。失业状况恶化时期，一些国家规定可以延长。另外，对一些本人有过失的失业人员，一些国家规定可以扣减一定期限。

（6）失业保险基金的管理。以缴费为主要资金来源的国家，通常对基金实行封闭式管理，除用于法定项目外，不能用于其他支出，专款专用。另外，对基金结余部分也一般采取谨慎的态度，通常不能用于股票等资本市场的运营。

（7）失业保险的组织管理。失业保险涉及缴费、资格认定、待遇支付和基金管理等多方面事务，必须明确管理机构和管理办法。一般是由政府行政部门负责政策制定和业务监督，另设立经办机构负责具体操作。经办机构通常与就业服务机构是一体或紧密联系的。

第二节　我国的失业保险制度

一、我国失业保险制度的发展历程

（一）制度建立期（1951~1998年）

新中国成立初期我国存在较严重的失业情况，当时对这些失业者的保障主要依靠政府提供失业救济，失业保险制度仍是一片空白。百废待兴的严峻失业局面引起了党和政府的高度重视，开始走上探索失业保险制度的建设之路。1951年原政务院颁布实施我国第一部社会保险法规《劳动保险条例》，对因工负伤、疾病、残废、养老、生育等方面制定了保障性条例，但并未单独设定失业保障相关条例。

20世纪80年代中后期改革开放初见成效，社会经济水平有所提高，劳动力市场的活跃提高了劳动力的流动性。1986年，国务院发布了《国营企业职工待业保险暂行规定》，规定中明确指出了职工待业保险的适用人群、筹备与管理、使用方法、管理机构，由此拉开了我国失业保险制度建设的序幕。该规定明确了失业保险基金由"企业按全部职工标准工资总额1%缴纳的待业保险基金、基金利息、地方财政补贴"三部分组成，将失业保险待遇定义为"待业救济金"，明确了失业保险的七类开支项目，包括待业期间的救济金、医疗费、丧葬抚恤费转业培训费生产自救费管理费以及破产企业已离退人员的离退休金。此规定确保了失业职工在失去工作后能够获得一定的经济保障，并与国际惯例保持一致。根据规定，失业人员在最长24个月的待遇领取期内，前12个月将获得60%~75%的待业救济金，而接下来的12个月将获得50%的待遇。这种待遇的递减方式能够根据失业人员的实际情况提供相应的支持，帮助他们渡过就业困难期。此外，该规定还规范了待遇领取退出机制、管理机构及其职责。这意味着失业人员享受待业救济金的资格和期限是有明确规定的,确保了资金的公平分配和合理使用。同时,规定的退出机制能够及时取消失业人员的待遇资格,以防止滥用和不当领取。

1993年4月,国务院发布《国有企业职工待业保险规定》(以下简称《规定》)以适应经济体制改革的深入发展。与以往相比,该《规定》做出了一系列变化。首先,保障对象的范围从原有的"四类人"扩大到包括撤销、解散企业的职工,停产整顿被精简的职工,以及被企业除名或开除的职工。其次,企业缴费率降低至0.6%,并允许各地根据实际情况灵活调整缴费标准,但费率上限不得超过1%。此外,规定中不再列入破产企业离退休人员的离退休费用。待遇领取期限仍为最长24个月,但工龄要求由"不少于5年"修改为"连续工作不少于5年"。待遇标准也由按个人标准工资的一定比例发放,改为按当地社会救济金的120%~150%发放。此外,待遇保险基金的管理方式由"省级统筹"改为"市级统筹、省级调剂"等。

该《规定》还将"国营企业"改为"国有企业",以适应政企分离和现代企业制度建设的趋势。然而,《规定》中仍然沿用"待业"一词,这体现关于失业的说法在理论上尚未达成一致。直到1993年11月,党的十四届三中全会通过的《中共中央关于建立社会主义市场经济体制若干问题的决定》首次提出了"失业保险制度"的概念,也才使"失业""失业保险"开始在我国的法律法规和政府文件中广泛使用。

为了适应国有企业改革的需要,促进下岗职工尽快再就业,妥善安置和分流富余职工,中共中央、国务院于1998年发布《关于切实做好国有企业下岗职工基本生活保障和再就业工作的通知》。根据通知的要求,需要建立"再就业服务中心",负责为企业下岗职工发放各项社会保障待遇,并提供再就业指导。下岗职工在再就业中心的时间不得超过3年,如果在3年内仍未能再就业,就应与企业解除劳动关系,并接受失业救济或社会救济的支持。为了解决用于保障下岗职工基本生活和缴纳社会保险费用的资金问题,再就业中心采用了"三三制"的解决方案,即财政预算安排、企业为了适应国有企业改革,推动失业职工尽快再就业,并妥善安置和分流富余职工。此外,通知还要求完善失业保险机制,提高失业保险基金的支付能力。从1998年开始,失业保险基金的缴费比例由企业工资总额的1%提高到3%,并由企业和职工个人共同负担,其中个人缴纳1%,企业缴纳2%。这一通知的发布,进一步促进了国有企业下岗职工的再就业工作,为其提供了基本生活保障,提高了失业保险基金的支付能力,进一步完善了社会保障体系。

(二)制度完善期(1999~2010年)

1999年国务院颁布《失业保险条例》,《失业保险条例》(以下简称《条例》)推动失业保险进入发展新阶段。标志着我国的失业保险制度建设取得了突破性进展。[1]该条例明确了保障生活和促进就业的双重目标,实质性地扩大了失业保险制度的覆盖范

---

[1] 张盈华,张占力,郑秉文. 新中国失业保险70年:历史变迁、问题分析与完善建议[J]. 社会保障研究,2019(6):3-15.

围，将所有城镇企业事业单位纳入保障范围，这是我国失业保险制度建设取得的重大突破。《条例》中继续沿用企业缴费2%、个人缴费1%的筹资比例和市级统筹、省级调剂的基金管理方式。规定领取失业待遇的人员必须满足三个条件：至少缴纳失业保险费1年、非自愿失业、办理失业登记并有求职要求。在待遇支出项目方面，将待业期间的医疗费改为失业期间的医疗补助金，将待遇期间的转业培训费和生产自救费改为职业培训补贴和职业介绍补贴。此外，将领取失业待遇的要求从24个月改为累计缴费10年以上。这是我国首次在行政法规中使用"失业保险"一词，标志着我国基本建成了现代失业保险制度，也意味着我国失业人员的社会保障在法制化轨道上迈出了重要的一步。《条例》的颁布进一步加强了失业保险的制度建设，为失业人员提供了更为全面的保障，促进了就业稳定和社会和谐发展。

2000年底，国务院发布《关于完善城镇社会保障体系的试点方案》，提出将国有企业下岗职工的基本生活保障逐步纳入失业保险范畴。从2001年开始，不再新设再就业中心，新增或减员的企业按规定享受失业保险待遇。这一举措的推行使国有企业下岗职工的基本生活保障逐渐过渡到失业保险制度当中。2007年，在中共十届全国人大五次会议上，时任总理温家宝在作《政府工作报告》时强调，经过多年的努力，国有企业下岗职工的基本生活保障向失业保险并轨的目标基本完成。这意味着失业人员的生活保障完全由失业保险制度承担，我国的失业保险制度进入了一个全新的发展阶段。这一过渡的完成，进一步强化了我国的失业保险制度，使其成为国内失业人员生活保障的主要来源。失业人员不再依赖再就业中心，而是通过失业保险制度获得相应的支持和保障，为失业人员提供了更加全面和可持续的保障，推动了就业稳定与社会和谐的发展。

随着失业保险制度的不断改进，其功能也在不断扩大。除了保障失业人员的基本生活之外，失业保险制度还在预防失业、促进就业和稳定就业方面发挥作用。具体表现在以下四个方面：首先，从2006年开始，在东七省（市）开展了失业保险基金扩大支出范围的试点工作，积极探索并规范使用失业保险基金来促进就业。其次，探索建立失业动态监测和预警机制，以更好地了解经济形势变化对就业和失业的影响，有针对性地采取预防和调控失业的政策措施。再次，失业保险逐步成为经济发展中应对"经济周期"的重要手段和工具。在2008~2009年的全球金融危机期间，通过削减企业社保缴费和利用失业保险基金向困难企业提供稳岗津贴，鼓励企业保持稳定的就业岗位。最后，开展了重大自然灾害下的失业保险应急机制建设。在2008年汶川地震发生后，人社部和四川省启动了应急措施，降低灾区企业的失业保险费率，为因灾停业或歇业的企业提供困难职工的生活保障，并利用失业保险基金为灾区创业提供补助金，及时解决灾区企业的困难，有效地支持了汶川地震后的重建工作，也为失业保险制度的创新做出了贡献。

（三）制度发展期（2011年至今）

随着2011年我国《社会保险法》的正式实施，失业保险制度作为五大社保项目之一，不断扩展自身功能，全面参与社会治理，并进入深化发展阶段。2015年我国开始实施"稳岗补贴"政策。该政策面向那些不裁员、少裁员、保持稳定就业岗位的企业，特别是那些正在进行兼并重组、化解产能过剩、淘汰落后产能的企业，按照不低于企业上年失业保险缴费总额的 50% 给予稳岗补贴。2018 年，人社部启动了两项行动。首先是失业保险援企稳岗的"护航行动"，该行动扩大了援企稳岗政策的覆盖范围，对符合条件的统筹地区实施政策全覆盖，对符合申领条件的企业实施主体全覆盖。仅 2018 年 1~9 月，失业保险援企稳岗项目已向 32 万户企业发放 96 亿元的稳岗补贴，惠及 2997 万名职工。其次是失业保险支持技能提升的"展翅行动"，该行动针对参保企业员工提供技能提升补贴，帮助劳动者适应经济转型升级和产业结构调整对就业技能的需求，进一步发挥失业保险的预防失业和促进就业功能。此外，2018 年 6 月，人力资源和社会保障部、财政部联合发出《关于使用失业保险基金支持脱贫攻坚的通知》，通过提高深度贫困地区失业保险金标准、提高深度贫困地区企业稳岗补贴标准以及放宽深度贫困地区参保职工技能提升补贴申领条件等方式，将失业保险制度纳入扶贫攻坚工作。

2020 年新冠肺炎疫情期间，为更好地保障失业人群的正常生活，人力资源社会保障部、财政部发布了《关于扩大失业保险保障范围的通知》（人社部发〔2020〕40号）。根据通知规定，对于不符合领取失业保险金条件的失业人员，暂时实施失业补助金政策。对于参保未满 1 年或因个人意愿中断就业的人员，可以申领 6 个月的失业补助金，补助标准低于失业保险金。而对于缴费未满 1 年的失业农民工，可以获得不超过 3 个月的临时生活补助，补助标准不低于城市低保标准。通过扩大失业保险的保障范围，缩小了领取待遇人数与失业人数之间的差距，也大大拓宽了制度保障的覆盖面。这一举措帮助了更多暂时无法满足领取失业保险金条件的失业人员，给予了必要的经济支持，以确保其基本生活需求。这也体现了失业保险制度的灵活性和创新性，能够根据特殊情况和需求进行相应调整，更好地满足失业人员的需求。

二、我国失业保险制度的作用

失业保险是针对失业人群所建立的一种社会保障制度，旨在为暂时中断生活来源的劳动者提供基本生活保障，维护社会稳定。失业保险属于强制性保险，通过社会集中建立基金，为失业人员提供一定的物质帮助，是社会保障体系的重要组成部分。当劳动者暂时失去工作、工资收入中断时，失业保险能够提供国家和社会的支持，帮助其重新寻找就业机会。失业保险同其他社会保险项目一样都是政府行为，侧重于保障基本生活需求，并以货币为主要形式提供帮助，不同之处在于失业保险除保障失业人员基本生活外，还具有促进就业和失业预警的作用。

（一）保障失业人员基本生活

我国失业保险制度的主要功能是保障失业者的基本生活。符合条件的失业者可以获得定期发放的失业保险金和医疗补助。此外，对于符合条件的失业者的直系亲属，还可以提供相应的抚恤费用。随着失业保险制度的发展，我们可以看到失业保险将为失业人员及其家庭提供更多的保障，鼓励他们继续参加社会保险，获得更多的社会保障。同时，随着社会生活水平的提高，失业保险金的标准也将持续提升。通过多种渠道对失业者进行保障,有助于他们早日找到合适的工作,更好地融入社会生活中。

(二) 促进失业人员就业

我国失业保险制度的重要功能之一是促进就业。借助于社会化的就业服务体系,失业保险为失业者提供更多的就业方面的服务,如就业培训、职业介绍等,以提高失业者的综合技能,帮助他们更快地找到新工作并实现就业。在计划经济时代,社会的就业服务工作主要由政府和企业承担。然而,在市场经济模式下,就业服务体系实现了社会化和市场化,政府部门只能提供就业咨询、培训等支持,为就业者创造就业机会。与此同时,就业者需要主动在人力资源市场上寻求就业机会,并主动努力实现就业。失业保险制度通过提供就业服务,为失业者提供必要的支持和资源,以增加他们重新就业的机会。政府部门通过就业培训等方式,帮助失业者提高技能水平,增加竞争力。同时,通过职业介绍和就业信息的提供,帮助失业者更好地了解就业市场,寻找合适的工作机会。

(三) 失业预警功能

许多国家通过立法对失业保险制度进行了规定,这表明世界各国对失业保险的重视程度较高,但在失业预警功能方面的发展相对较慢。对于国家的稳定和发展来说,宏观就业形势和失业总体情况是两个至关重要的指标。建立失业保险预警体系能够全面了解和预测国家的失业情况和形势,同时也能够充分了解一个国家的失业保障能力。该体系能够从宏观环境中对经济增长、失业和就业进行综合性分析,对劳动力市场整体变化进行有效预测。通过稳定就业的整体局势,推动社会和谐发展,并制定应急预案,随时应对就业和失业等突发事件,从而实现社会经济的可持续发展。

第三节 国外典型国家的失业保险制度

一、美国失业保险制度

(一) 美国失业保险基金筹集

在失业保险基金筹集方面,美国的失业保险制度有两个特点:一是以税收形式筹集;二是实行浮动税率。失业保险税除几个州对雇主、雇员同时征收外,多数州只对雇主征收。主要分为两个部分:联邦税和州税。其中,后者比前者税率要高。按照美国的法律规定,失业保险税由各州负责征收,具体税率是由各州自己定的,0.8%~10.8%不等。各州的失业保险税率不同,同一个州、不同雇主的税率也有区别。联邦失业保险税率在全国是统一的,即每个雇主需逐月按雇员工资总额的0.8%缴纳联邦失业保险税。这部分税收由各州征收,然后向联邦缴纳,形成联邦失业保险基金。联邦失业保险基金主要用于三个方面:一是支付各州和联邦的失业保险管理费,也就是为全国失业保险工作者支付工资,购买办公设备,保证日常工作经费等;二是在经济不景气时期，支付紧急状态下延长期的失业保险金；三是用于某些州失业保险基金入不敷出时的借款（联邦借款的利息一般较高，目的是让各州把失业保险税收足）。各州在向联邦上缴失业保险税后，余留的失业保险基金只能用于支付失业保险金。

（二）美国失业保险的覆盖范围

1935年《社会保障法》中明确表述，失业保险的保障对象仅限私营工商企业的雇员，但在此后相关的联邦立法中，失业保险的保障对象也在此基础上进一步增加了，其覆盖范围也随之扩大。例如，1970年颁布的《雇佣保障修订案》就将农业工人列入失业保险保障对象当中；同样，在1976年颁布的《事业补偿修订案》中，将失业保险覆盖范围扩大至州政府与地方政府，把非营利组织的雇员以及家政人员归至事业保险保障体系当中；甚至在2000年的《联邦失业税收法案》中，还将为印第安部落提供服务的工人囊括在失业保险保护人群中。

美国失业保险制度属于强制性的，投保责任主要是在雇主而非雇员。属于雇主资格的认定，一般是指雇主雇用劳工在20周以上或是任一季中支付劳工薪水达1500美元以上的雇主均属于强制投保的对象。绝大多数工厂的劳工均在其失业保险的涵盖范围之下，对于农业方面的雇主，各州的法律对于投保资格的认定标准不一，根据各自地区的具体情况设定标准，有些州规定雇主雇用人数在10人以上，且时间在20周以上，或是上一年任何一季度中所支付的现金工资达到2万美元以上的雇主，应为其劳工投保失业保险。

（三）美国失业保险的申领资格与给付标准

申领失业金，必须要同时满足下列四项要求：①失业前的就业经历（工资和时间）符合州规定。②必须有能力去胜任工作，并且有工作机会出现的时候愿意接受，此外还需要向当地失业保险机构进行信息注册。有能力胜任工作主要是指个人具备一定的职业技能，身体状况良好。个人处于不可就业状态只包括以下情况：受伤、生病、正在参加岗位培训。[①] ③大部分的州会在失业者领取失业金之前设置一定的审核期，一般为1~2周，当地的失业保险机构会对有需求的失业者提供的信息（过去的就业期限、收入标准、是否非凡当地就业离职规定等）进行审查，一旦认定该失业者不满足条件可以对此次的申请予以驳回，同时为了保护失业者的个人权益，对于驳回请求可以再次申请或者向当地法院提交仲裁。④在失业者领取失业补贴时，需要按照档期规定的时间段向当地就业服务中心提交近期的工作搜寻情况，如果证明材料不足以表明个人正在积极求职，或者无其他符合规定的情形，那么可以取消该失业者的剩余失业金享受期限。另外补充一点，如果劳动者是由于自身的原因，例如，个人意愿主动辞职、违反公司制度、对于当地就业服务机构提供的合适就业岗位拒不到岗等行为而一直未就业，那么就无法享受相关的失业福利。

由于各州失业保险具体操作事项由当地决定，其给付标准根据实际需要划定，给

---

① 李元春. 国外失业保险的历史与改革路径：政治经济学视角[M]. 北京：中国财政经济出版社，2011（1）：201-205.

付范围从最低 260 一周到最高 480 一周。此外还有部分州建立了相关补助金计划用于补贴失业者的家庭抚养。各项失业金计划的补贴加上基础的失业金，失业者最多每周享受 700 美元的福利待遇。从美国整体的标准来看，基本的失业保险金可以替代其原本工资的 30%。大多数州在计发保险金时的依据为失业者在过去一年中的最高季度工资收入，其计发公式为：每周津贴额 = 50% × 本人最高季度工资收入 × 1/13 = 1/26 × 本人最高季度工资收入。有些州认为，本人最高季度工资收入仍不是理想的充分就业收入，所以其计发公式中采用 1/25 或更大的乘数。另外，对于不同收入水平的失业者，有些州不是采取统一比例的计发公式，而是照顾低收入者。例如，低收入者的计发比例为 1/20，高收入者是 1/25。

二、英国失业保险制度

（一）英国失业保险发展历程

自 1990 年开始，英国政府致力于对失业保险机制的变革工作，主要是为了完善其功能。英国是世界上第一个进行工业化、生产社会化的国家，而在此过程中遇到了大规模的失业、贫困等社会性问题。1911 年，英国产生了《国民保险法》，这是世界上第一部失业保险法律，其中对失业保险做出规定，开创了世界强制性失业保险制度的先河，后来被许多国家效法，成为当今失业保险制度的主流。英国失业保险机制前期属于是一种消极型的制度，它主要是对失业者的基本生活进行保障，失业保险金给付水平较高，这种高福利容易导致失业者对其产生依赖，从此之后，英国政府便开始严格规定失业保险的给付条件，并适当降低给付水平，防止"养懒汉"的现象出现。1998 年，英国失业保险开始走向促进就业的关键阶段，这是因为布莱尔政府推出了促进工作福利的方案。此方案的根本目标是在给没有工作能力的人群给予基本生活保障的基础上要给那些有工作能力的人群提供大量的就业机会。英国政府在 1998~2000 年颁布了一系列的以不同人群为对象的很多新政策，主要有"长期失业者就业新方案""单亲父母就业新方案""残疾人就业新方案""青少年就业新方案"等。2001 年 6 月，英国成立就业和退休金部，该部由原社会保障部和原教育就业部的部门合成，该部门一共有员工 12.5 万名，这是一个庞大的机构体系，其工作人员总量占英国公务员总数的 1/4，它负责 1000 亿英镑的开支，在英国政治经济及社会生活中具有举足轻重的影响。次年 4 月，英国创建了新型的就业服务中心，归属就业和退休金部门管理，全面整合了传统的就业服务中心以及社会福利中心两大部门的工作任务，是目前政府最大的服务机构，该机构一共有工作人员 3.5 万名，而且在全国各地设立了 1300 多个办事处。[①]

（二）英国失业保险资格条件

在英国，失业保险享受的条件还是比较严格的，具体条件包括以下五个：①要求是处于劳动年龄段的劳动者，即年满 18 岁的失业者或每周工作时间低于 16 小时的人；

---

① 杨斌，丁建定. 国外就业保障的发展及对中国的启示——以美国、英国和德国为例 [J]. 理论月刊，2016 (5)：177-181.

②失业者在失业前必须缴纳一定期限的社会保险费,例如,失业前的纳税年如果是两年需要有 1 年是缴纳了全部的社会保险费,而且缴费收入标准值应该等于或者高于应该纳税收入最低限额的 25 倍,也可以是这两年每年的社会保险费缴费收入标准值等于或高于应纳税周收入最低限额的 50 倍;③失业后需登记备案,同时还要在规定的区间内到对应的职业介绍所进行失业登记;④失业人员自身有能力工作而且自发地想要工作;⑤当存在以下情况时:失业者以不正当的理由辞职、失业而不参加相关课程培训或者不接受职介所提供的工作情况的,都不能给予失业保险待遇。

(三) 英国失业保险给付标准与期限

根据英国《失业保险法》的规定,失业人员领取失业保险金的待遇标准有以下三个:①对于年龄在 25 岁以上的失业者,每周可以领取 49.15 英镑的失业保险金;②对于年龄在 18~24 岁的失业者,每周可以领取 38.90 英镑的失业保险金;③对于 18 岁以下的失业人员,每周领取的失业保险金是 29.60 英镑。领取最长周期是半年,同时领取上述失业保险待遇需要 3 天的等待期。针对那些不符合缴费型失业保险金领取的人员,可以从收入调查型方向进行失业保险金的领取,符合领取失业保险津贴要求的,能够获得的补贴最高值是年度每周获得收入的 85%,支付最长周期是 52 周,如果是超过了一年还未实现再就业,那么可以申请领取相关的失业救济金。

(四) 英国失业保险基金的使用与管理

英国政府主要是通过教育就业部和社会保障部这两个部门来一起负责失业保险基金的使用与管理,如此安排主要是想促进教育与就业工作之间更好的配合,一起改善失业问题。社会保障部是确定失业政策并对其进行管理的组织,具体工作任务是,针对就业部创建的失业保障机制进行审核,将失业津贴发放给失业人员等,另外,这个部门还需要完成登记失业情况的工作以及促进失业人员尽快再就业设置特定的课程培训工作,社会保障部也有一部分工作内容是和就业服务有关联的,不过这部分内容是由其下属于组织就业服务局来完成。因此,英国在完善社会保险管理组织的前提下,把以社会保险以及社会救济为代表的社会保障机制的管理也进行了结合统一,归属于社会保障部管理系统。管理组织的完善,使失业保险基金的筹集更加规范化,使用更加高效化,这也正是英国失业保险制度的优势所在。

三、德国失业保险制度

(一) 德国失业保险制度的模式设计

德国失业保险制度的模式采取的是复合模式——社会保险体系与社会救助体系相结合。在社会保险体系下,德国失业保险涉及的主要内容是失业津贴、短时工作津贴、破产津贴、恶劣天气津贴、工作转换津贴等。失业津贴是针对常规性的失业而设置的一种失业保险,短时工作津贴、恶劣天气津贴等是针对特殊情况或者特殊行业而设置的失业保险福利。与社会救助体系相关的部分主要是失业救助,失业救助在社会保险体系上进一步扩大了失业保险的受益人群,丰富了失业保险支出范围。在社会保险与社会救助体系外辅之以就业促进体系,这更有利于保基本、防失业和促就业。

（二）德国失业保险制度覆盖人群

从总体上来看，社会保险体系下失业保险的受益人群主要是失业的雇员。这部分人员由两部分构成：一部分是失业保险的强制参保人员，即与用人单位建立了劳动关系的雇员，包括家庭工作者、学徒、农业工人、参与培训的人员等；另一部分是自愿参保失业保险的人员，例如，自雇雇员、外来工作者等。由于与社会保险体系相关的失业保险福利种类较多，综合考虑经济环境因素、季节因素以及失业人员的状况，使每一种失业保险福利的具体受益人群存在着不同。

（三）德国失业保险受益期限

根据缴费期限以及失业人员在申请失业津贴时的年龄，失业人员的受益期限在6~24个月不等。通常情况下，失业津贴的最长受益期限为12个月。但是年龄达到50岁以上的失业人员，由于他们失业后再次就业的困难程度进一步加大，所以德国充分考虑到了这部分人失业后对于收入补贴的紧迫需求，对这部分人给予了优待，只要他们的缴费期限达到48个月以上就可以获得多达24个月的失业津贴。同时，德国失业保险制度允许前一次失业时未使用的失业津贴受益期限在下一次失业时进行累积，但是每次失业的最长受益期限不超过24个月，与过去失业津贴的最长受益期限3年相比，目前的受益期限有了大幅缩短，这体现了德国失业保险制度促进就业的制度导向。[1]

（四）德国失业保险管理制度设计

德国失业保险主要由两个机构管理——联邦劳动与社会事务部和联邦劳动局，这两个部门之间的职责和工作内容是分开的。联邦劳动与社会事务部的主要职能是起草就业和失业等法案并参与制定劳动与社会保障方面的各种政策，以便更好地在全德国实行统一的失业保险；而联邦劳动局的职能是直接贯彻失业、就业法律和政策，直接参与失业保险的承办并实施就业促进相关措施。联邦劳动局由四部分构成，分别是联邦劳动局总局、区域性劳动局、地方劳动机构和分支办公室。德国失业保险由德国联邦劳动局统一承办，联邦劳动局统一管理由雇主、雇员和其他渠道上缴的所有失业保险金。一方面，联邦劳动局负责收取和发放失业保险金，同时联邦劳动局会为失业者提供职业介绍和职业培训等促进就业的服务；另一方面，为了更好地了解就业市场和贯彻实施劳动与社会保障方面的政策，联邦劳动局还负责调查劳动市场情况。在具体分工上，区域性劳动局由联邦劳动局总局管理，它的主要工作是根据劳动力市场状况和经济结构状况来实施地区性劳动力市场政策。区域性劳动局还对地方劳动机构进行管理，地方劳动机构和分支办公室负责执行和落实联邦劳动局具体政策。

四、日本失业保险制度

日本的失业保险制度属于雇用保险模式，自20世纪90年代以来，囿于日本雇佣保险财政负担沉重以及高失业率等问题，失业保险通过提高失业保险领取资格条件以及降低失业金水平等方式开始逐步转向以预防失业和促进就业两点并重的方向转变。

---

[1] 郝君富，李心愉. 失业保险制度机制设计的国际比较与启示 [J]. 兰州学刊，2018（8）：173-185.

日本雇佣保险制度由失业保障和失业预防两大系统构成。失业保障是从善后的角度对失业劳动者进行补助，包括登记失业、统计失业、调查失业、给付失业四大环节。目的在于对劳动者遭遇失业风险后损失的工资收入给予一定程度的补偿，确保其基本的生活水平。失业预防含有安定雇佣和能力开发两项事业，是从雇主和雇员两方面来开发就业机会，扩大雇主吸纳能力的同时，提高雇员职业技能，防止失业和重新就业后的再失业。这一点也正是日本失业保险制度区别于其他国家的独到之处及成功秘诀。[①]

（一）失业保障系统

失业者给付是日本失业保障系统中最主要的内容，是制度运行中的第一大支柱。包括一般失业给付、高龄失业者给付、短期就业失业者给付和日工失业者给付。失业保障系统中的失业给付虽说以失业期间的生活保障为主要目的，但也包含为重新就业做准备的部分内容。

1. 待遇给付来源

日本失业保险基金在使用上因被分成两大系统，因而资金筹集也按两部分分开进行。失业保障系统的资金主要来自于政府、雇主和雇员三方。其中，政府负担25%，雇主和雇员对半负担。

2. 待遇给付条件与标准

（1）给付条件。最近1年内（疾病、伤害、生育等延长2年）投保半年，短期工需在失业前两年至少投保1年，日工需在失业前2个月内至少投保28天；在公共职业安定所进行失业登记；有能力并愿意工作；每月汇报一次寻找就业情况。自动离职或犯有严重错误的失业者以及拒绝接收工作或培训者，取消1~3个月保险金申领资格。

（2）给付程序。求职者取得由原就职企业、企业管制安定所和居住地职业安定所开具并认定的离职证明书和失业保险给付资格证后便可获得由地方公共职业安定所负责办理的保险待遇。

（3）给付天数与标准。一般求职者（有生理障碍和非因破产和解雇而离职的自愿失业者），依据投保期限最长为180天，而因破产或解雇离职的人员则依据投保期限和年龄，最长为330天，其中对45~60岁的离职者给付最长。失业给付标准约为被保险者离职前6个月平均工资的60%~80%。

（二）失业预防系统

失业预防系统包括安定雇佣事业和能力开发事业。由于政府实施的各项预防措施的主要受益人为雇主，因而资金来自于雇主单方面缴纳。按照规定，建筑业雇主缴纳4‰，其余雇主为3‰。

1. 安定雇佣事业

安定雇佣事业，是指对伴随经济波动、产业结构调整等形式而不得不缩小经营活动或者停业，对能够进行教育培训或者产业转型的企业主实行的雇佣调整辅助金的支付，为预防被保险人失业问题的出现，政府积极采取应对措施，扩大就业机会、保障

[①] 李文琦. 日本失业保险制度的运行及对中国的借鉴［J］. 陕西行政学院学报，2010，24（1）：32-34.

劳动力市场稳定运行的各项政策的总称。① 安定雇佣事业作为日本失业保险制度的第二大支柱，主要包括以下三个：①对不景气或因产业结构变化而不得不缩小生产规模的企业给予补助，使其有能力对暂时闲置的劳动力进行职业培训、转业培训或发放工资；②对雇佣应退休职工、残疾人、大龄青年的雇主给予补助。这样既能够发挥老年人的余热，减轻养老金压力，又能够防止社会边缘群体的形成，推动经济发展；③对身处就业条件差的地区的雇主给予补助，鼓励其开创新事业，为当地居民提供更多的就业机会，缩减地区差异。

2. 能力开发事业

能力开发事业是日本失业保险制度的第三大支柱，是指为了保证工人在职期间能够不断通过参加各种教育训练，提高专业技能，挖掘自身潜力，政府制定的所有完善职业训练设施的政策总称。其内容主要包括以下三个：①设置、管理各种能力训练设施，供劳动者使用，开发他们的能力；②建立公共职业培训机构，加强失业人员的劳动技能培训；③资助经常举办现场讲座与技术训练的雇主，积极参加听讲和实训、并取得相关资格的雇员。

第四节 失业保险制度的发展趋势

作为社会稳定器和减压阀，失业保险制度是社会主义市场经济的重要组成部分。自从1999年《失业保险条例》颁布实施以来，失业保险制度在保障失业人员基本生活、促进就业、维护社会稳定等方面做出了突出贡献。但是经济社会的发展和有关法律、法规的调整，为我们构建具有中国特色的积极的失业保险制度提出了新要求、新期盼。未来我国失业保险制度建设会向着建立全覆盖多层次、积极的就业导向、差异性制度设计以及创新保险基金使用方式等趋势不断发展。

一、新就业形态下建立实现全覆盖的多层次失业保障制度

在就业人数从第一、二产业向第三产业转移的过程中，就业形式也发生了根本性变化。在传统的制造业中，雇主和雇员之间的雇佣关系比较明确，劳动合同期限相对固定，劳动关系也相对稳定，这种就业模式被称为标准就业或者正规就业；而在第三产业中，部分行业和企业的雇佣关系模糊化，去单位去雇主的就业模式较为常见，就业稳定性较差，这种就业模式被称为非标准就业、非正规就业或者灵活就业。因此，在就业人数从第一、二产业向第三产业迁移的过程中，新就业形态、非标准就业不断涌现，它出现于新兴的平台经济、共享经济等领域。面对不断涌现的新就业形态，新业态下非标准就业者如何参加失业保险，如何受益于失业保险制度是未来失业保险制

---

① 杜选，高和荣. 典型国家失业保险制度功能完善对中国的启示 [J]. 金融与经济，2015 (9)：76-81.

度建设完善需要解决的问题之一。失业结构变化由就业结构变化所导致，失业保险制度的改革发展必须与此变化相适应。

扩大失业保险覆盖面，提高失业保险待遇标准水平，构建全覆盖的失业保险制度。当前我国失业保险覆盖面仍然有限，尤其是突发事件之下失业群体更需要关注支持和兜底保障，因此，未来失业保险制度的建设应降低失业保险门槛，尽可能将更多群体纳入失业保险覆盖范围。应采取以下两项措施：一是将灵活就业群体纳入保障范围。灵活就业也是一种积极有效的就业方式，对于稳定就业同样起着积极作用，应当将其纳入保险范围，建立与灵活就业方式相配套的失业保险制度，通过明确规定灵活就业人员自行缴纳失业保险费并享受失业保险待遇，从而促进灵活就业群体享受失业保障；二是将农民工纳入保障范围。农民工有参保并享受社保待遇的资格，但农民工群体的参保率较低，农民工进城务工，有权依法与城镇职工同等参加失业保险，未来为建设更加公平的社会保障体系，打破城乡二元化，我国有必要进一步完善失业保险专门立法，保障农民工与城镇就业员工平等享受失业保障权益。因此，要尽可能保证农民工与城镇劳动者享受同等的保障，要引导和规范用人单位对其参保。

新就业形态的不断发展与深入也要求未来应构建失业保险、失业补助和失业救助三位一体的多层次失业保障制度。构建多层次失业保障体系的核心是实现多层次失业保障制度与多样性就业形态相匹配，通过不同类型的失业保障项目分别覆盖不同就业形态的劳动者，向全体劳动者提供失业保障，让所有失业者都受益。[①] 具体而言，构建多层次失业保障制度就是建立失业保险、失业补助和失业救助三位一体的保障体系。缴费型失业保险主要面向传统的参加失业保险并且符合领取条件的标准就业者，在应对常规失业风险中发挥主要作用；失业补助主要面向传统的或者新就业形态下的参加失业保险但不符合领取条件的标准就业者和非标准就业者，在应对周期性极端失业风险中发挥关键作用；失业救助主要面向新就业形态下未参加失业保险的非标准就业者，在应对常规风险和周期性极端失业风险中发挥关键作用。此外，失业保险、失业补助和失业救助的领取条件将逐步放宽，受益面逐步扩大，待遇标准梯度下降，领取期限各不相同、富有弹性，最终能够实现让所有的失业者都受益的制度目标。

二、建立积极就业导向的失业保障制度

我国失业保险发展的实践表明，必须探索构建更加积极的失业保险机制，只有充分发挥其稳定就业、抑制和预防失业的能动作用，才能更好地应对和解决日益严峻的失业问题。失业保险金能够对失业人群实施及时的有效保护，通过资金扶持使失业人员积极主动寻找工作，为防止"失业陷阱"问题，如何既能达到保障失业者基本需求，又不造成过度依赖便成为政府政策制定的基本准则。但当下的政策太过于偏向预防工作，反而使失业保险金利用率低。因此，处理好保生活与促进就业支出之间的比例关

---

① 孙守纪，方黎明．新就业形态下构建多层次失业保障制度研究［J］．中国特色社会主义研究，2020（Z1）：53-61．

系问题，实现两者之间的良性互动。在适当提高待遇标准的基础上将更多的资金用于促就业，在完善促就业机制的基础上为提高待遇标准创造条件，构建中国特色积极的就业导向的失业保障制度将成为未来失业保险制度建设的发展趋势之一。

失业尤其是长期失业者容易对制度产生福利依赖，因此，增强制度激励性、促进失业人员早日实现再就业是提高制度有效性的保障。由福利依赖产生的道德风险包括两方面：一是失业保险待遇过度慷慨削弱了劳动者的再就业意愿，提高了失业率；二是失业保险制度的保护降低了雇主裁员的成本，间接导致雇主增加裁员。[①] 提高失业保险金标准与实施积极的就业导向的失业保险政策之间是相互促进的，提高待遇标准的同时增加对失业人员的义务要求，能够最大限度地减少平滑消费效应和道德风险效应之间的矛盾。因此，保生活和促就业支出比例不是简单此消彼长的关系，而是相互依存、相互促进的关系。如果促就业的力度适当、机制完善、效果良好，那么可以提高失业者的就业水平和就业质量，加强对失业者的管理和监督，避免失业者陷入长期失业的陷阱和形成福利依赖，由此减少失业保险的道德风险效应，从而创造条件支持适当提高失业保险金待遇标准。而提高待遇标准，特别是在经济危机期间提高标准、扩大覆盖面，从微观角度有助于平滑个人消费、保障基本生活，从宏观角度有助于扩大总需求、稳定宏观经济、促进经济增长，为增加促就业支出奠定经济基础。可见，积极的就业导向的失业保险制度有助于实现提高失业保险金标准和增强促就业力度之间的良性循环，实现高水平均衡。[②] 积极的就业导向制度的构建需要从以下几方面进行：

（1）调整失业保险的制度目标，将"保障失业人员基本生活"修改为"稳定失业人员基本收入"，明确失业保险的收入扶持功能和消费平滑功能；深入评估失业保险经济效应，建立失业保险经济效应定期评估机制，综合考虑失业保险的消费平滑效应和对劳动力供给的扭曲效应，计算最优的失业保险金标准，为确定失业保险金待遇标准占缴费工资的比例奠定基础。

（2）就业导向包括预防失业和促进就业两个方面。就业导向的失业保险制度一方面要提供就业补贴、技能提升补贴、提供各项再就业服务和便利；另一方面要增加失业人员领取失业保险金的义务。遵循权利和义务相一致的原则，失业人员在获得领取失业保险金权利的同时，也必须履行积极寻找工作的义务。失业人员除了参加人力资源和社会保障部门组织的培训外，还需要定时汇报其求职活动，包括简历准备情况、获取职位信息情况、面试情况等。在汇报过程中，相关部门和机构要及时提供帮助和指导，提高其面试成功率。

（3）增加失业人员的汇报义务，一方面有利于督促其积极寻找工作，在就职过程中及时获得求职指导和培训；另一方面也有利于防止福利欺诈和严重的道德风险行为。同时，在技能培训和再就业服务中应该注重实效，发挥政府和市场、中央和地方两个

[①] 张盈华，张占力，郑秉文. 新中国失业保险70年：历史变迁、问题分析与完善建议［J］. 社会保障研究，2019（6）：3-15.

[②] 孙守纪. 构建新时代中国特色失业保障制度——坚持以人民为中心的发展思想修订《失业保险条例》的关键路径研究［J］. 中国劳动，2022（2）：48-63.

积极性，做好评估工作。为了提高效率、降低成本，提供再就业服务过程中应该充分发挥政府和市场两个积极性，在条件允许的情况下，适当将再就业服务外包，实现政府内部提供和外包服务相结合，建立具有竞争性的再就业服务市场机制，创新再就业服务递送机制。

（4）提供再就业服务过程中要充分发挥中央政府和地方政府两个积极性，中央政府在全国层面提供宏观指导，地方政府在具体落实中因地制宜，发挥地方政府信息优势和创新机制，提高再就业服务实效。与现金待遇发放相比，再就业服务更加复杂，涉及的环节更多，因此应该建立定期评估机制，邀请第三方独立评估机构，全面深入评估再就业服务实施效果，让每一位失业者都受益于再就业服务。

三、建构差异性制度设计，充分体现个性化

当前我国失业保险制度存在受益水平"一刀切"，无视失业者个性化、差异化因素。各国失业保险金的受益水平确定通常综合考虑失业者的以往收入水平、家庭收支状况、年龄、所处失业期限等多方面个性化的因素，以切实满足失业者的实际生活支出需要，避免失业贫困问题。而我国失业保险金受益水平的确定无视每位失业者的个人及家庭特征，通常同一地区受益水平完全"一刀切"，难以保障失业者及其家庭个性化的支出需求。而且失业保险金以本人失业前的工资水平作为缴费基数，失业保险金的给付标准却以当地最低工资标准统一设定，与个人工资水平无相关性，缴费义务与待遇给付权利的不对等，不利于激励就业者的参保积极性。因而未来失业保险制度完善可以借鉴国际经验，在确定失业保险的受益金额时，综合考虑失业者个人及家庭多方面个性化的因素，并体现与个人工资挂钩的效率原则，使失业保险金更好地发挥生活保障和消费平滑的作用。

（1）实行失业保险浮动费率。针对不同的行业设计差异性的失业保险缴费费率，失业风险高的行业失业保险缴费费率高，失业风险低的行业失业保险缴费费率低，实现劳动者和用人单位在失业保险缴费方面的权责对等。

（2）实行失业保险递减发放模式。借鉴国外失业保险促进就业的具体实践，进一步采用递减的失业保险发放模式，提高劳动者再就业的积极性，而不是选择领取失业保险金期满，从而提高失业保险金的使用效率。

（3）失业保险发放标准要综合考虑家庭生活因素。当前失业保险发放标准实行"一刀切"，所有人员均按统一标准享受失业保险待遇，应当灵活性的综合考虑失业人员的个人、家庭情况。[①] 针对家庭生活水平尚可、经济负担较轻的失业人员采取职业培训的方式，从而提供再就业的机会；针对家庭条件较差、个人劳动能力不足的失业人员适当提高失业保险待遇，在满足其基本生活的前提下提供职业介绍服务。为实现在职人员与失业人员收入公平以防逆向选择，激励失业者积极求职，可依据失业期长短拉开保险待遇间差距，实行差别给付期限。即建立与再就业挂钩的激励机制，通过待

---

① 岳宗福. 新业态劳动者失业保险：改革思路与政策优化 [J]. 中州学刊, 2023 (6): 90-96.

遇标准与再就业速度成反向变动的制度建构，对积极就业、自愿终止领取失业金的再就业者提供额外物质奖励。此外，关于失业保险调控力不足，主要与失业保险不同功能的政策适应性相对较弱及缺乏针对性相关联。结合不同行业失业风险、不同失业群体保障需求、不同统筹地区失业保险基金运用等因素进行差异性制度设计，更可体现具体矛盾特殊性。对此则需要提高失业保险统筹层次，方可落实宏观层面的差异性统筹。提高统筹层次利于劳动力配置平衡和解决结构性失业问题，也是建立失业保险预防失业、促进就业长效机制的现实需要，可增强失业风险抵御能力和社会保险调控力。

四、创新失业保险金使用方式，提升其使用效率

一些国家的经验表明，注重失业保险基金使用效率能够强化其就业促进功能。如德国将一半失业保险金用于强化职业培训和职业介绍的扶持力度；日本则对经营困难企业提供薪酬补助以减少裁员，对失业保险到期之前再就业人群提供现金鼓励。因此，改善失业保险基金使用效率、降低闲置率是失业保险制度促进就业功能有效的递进路径，也是未来我国失业保险制度建设完善的趋势之一。

将失业保险金作为再就业奖励，增进失业者的求职积极性。现阶段我国失业保险金基本用于生活保障，且时限较长，对失业者形成了负向激励，在没有满意工作之前，安心按月领取失业保险保证基本生活就成为许多失业者的选择。未来应建立与再就业挂钩的激励机制，包括对积极寻求就业、自愿终止领取失业金的再就业者提供物质奖励，奖励标准与再就业速度成反比等，提高失业者的求职积极性。将失业保险金作为创业资助资金，扶持创业企业带动就业。对有意愿有能力自主创业的人群，可审核后，从失业保险金中拨付一定比例用作其创业启动资金，如一次性发放数月失业保险金。特别是对富有创新活力的大学生而言，多元化的就业创业扶持措施很重要。整合实施失业金支出和土地支持、孵化器、税收减免优惠、小额贷款等政策，不仅可以鼓励大学生创业，还可促进创业带动就业。针对企业和困难群众发放再就业补贴促进就业。对市场下行期间的经营困难企业，提供工资性补贴，运用减少工作时间、降低薪酬水平而不是裁员方式来渡过难关，减少失业率；对企业提供职业培训补贴，支持企业开展员工强化技能培训，提高生产效率等活动；对经济困难的失业者，提供求职补贴，与精准扶贫工作联动，推动其再就业。对家庭经济条件较好的失业者，其失业保险金发放不能仅以参保年限为基准，还应当考虑其房租收入、经营性收入、资产性收入等情况，使失业保险金使用更有价值和效果。①

思考题

1. 我国失业保险制度在促进就业方面有哪些特点及优势？
2. 与典型西方国家失业保险制度相比，我国失业保险制度有何不同？
3. 我国失业保险制度现状及未来的发展趋势是怎样的？

---

① 程惠霞. 失业保险制度促进就业功能的发挥及递进研究 [J]. 社会保障评论, 2018, 2 (4): 85-98.

第六章 工伤保险政策与实践

本章学习要点

工伤保险是社会保险制度体系的重要组成部分,也是覆盖国家最多的一项社会保障制度。本章主要研究和阐述工伤保险的含义、产生与发展、我国工伤保险的制度规定、国外典型国家的工伤保险制度比较及其发展趋势等。

第一节 工伤保险制度概述

一、工伤保险的含义

工伤保险是指国家和社会为生产经营活动中遭受事故伤害和患职业性疾病的劳动者及其亲属提供医疗救治、生活保障、经济补偿、医疗和职业康复等物质帮助的一种社会保障制度。工伤保险的核心要素共有两项:法定保护(statutory protection)和集体责任(collective liability)。法定保护是指按照法定的工伤赔偿标准向劳动者支付赔偿,这一赔偿标准是确定的,不再受到劳动者的谈判能力、法官自由裁量等因素的影响,对劳动者而言更有保障;集体责任是指将单个雇主的工伤风险进行整合、转移至工伤保险基金,将工伤风险视为全体雇主的风险,由雇主的代表即工伤保险基金概括承受,这意味着赔偿的来源、偿付能力更有保障。这两项核心要素相互支撑、不可或缺,共同实现对劳动者的较高水平的保护。

工伤保险作为人类历史上第一种社会保险项目,享有"福利国家的前奏"的美誉,旨在为劳动者遭遇特定的"社会风险"(即在工作过程中遭受伤害而收入中断)时提供物质帮助。德国于1884年颁布全面的工伤事故保险法案,成为世界上第一个建立起工伤保险制度的国家,对世界各国产生了广泛而深远的影响,成为各工业化国家竞相效仿和学习的对象。工伤保险制度划分为三种模式:①以德国为代表的工伤社会保险模式,这种模式下公立机构或同业公会负责管理工伤保险事务,工伤赔偿只适用于工伤事故伤害和职业病,加拿大等多数国家的工伤保险制度都是建立在这一模式基础之上的;②以美国为代表的公私混合型的工伤保险模式,通过公立机构、私营保险公司以及雇主自我保险的方式经办工伤保险事务、支付工伤保险待遇的模式;③以新西兰、荷兰和瑞士为代表的综合性事故保险模式,不区分工伤事故伤害与非工伤事故伤害一体进行赔偿的模式。[①]

现代意义的工伤保险通常被视为一个"三位一体"的保障体系,包括工伤预防、工伤救治与补偿、工伤康复。通过安全生产管理、提升职业健康意识、加强培训和教育等措施降低工伤事故的发生率;工伤事故发生后,通过向受伤劳动者及其家属提供合理的赔偿和补偿,帮助受伤劳动者恢复健康、缓解经济困难并维持其基本生活需求;通过必要的医疗和心理支持,帮助受伤劳动者恢复工作能力和生活功能,重新融入生产与社会。总之,现代意义的工伤保险在预防、赔偿和康复三个方面建立了一个统一的保障体系,旨在保障劳动者的安全与健康,减少工伤事故的发生,提供合理的赔偿和补偿,并提供全面的康复服务,以实现人的全面发展和社会的可持续进步。

二、工伤保险的产生与发展

在工业革命之前,普遍实行的是家庭手工作坊式的生产,劳动灾害虽亦有之,但多属于个案,"劳工食宿于雇主或视同雇主之家人,通常均能获得必要之照顾"。[②] 当发生伤害时,往往是由雇主和劳动者私下协商处理。但工业革命的到来,使大机器生产代替手工作坊,工厂将生产场所与家庭领域分离,主仆关系变成雇主与劳动者之间的关系,不再共同承担事故风险。此种背景下,亚当·斯密的"风险承担理论"应运而生,《国富论》中有这样一段论述:"虽然铁匠是技工,但是他工作12小时很少会赚到煤矿工人(一个普通劳工)8小时那么多,因为他的工作没有那么脏,也没有那么危险,而且是在白天、在地面上进行的。"该理论认为,劳动者个人既然自愿接受了具有危险因素的工作岗位,那么其工资收入中就已经包含了对工作风险的补偿。这一理论把工伤事故成本完全归责于工伤劳动者,为雇主免责提供了理论支持。

到了19世纪末,西方世界工业引发的事故极为严重,如何预防工业伤害以及事后如何妥善补救成为各国亟须研究解决的问题。为此,各国为促进安全生产建立了各种严格的安全法规,企业也配置安全设施,但工业伤害只能减少而无法根除。人们逐渐认识到,现代工伤事故并不能简单地将过失归咎于雇主或劳动者任何一方。在此背景之下,"职业风险"理论被提出。该理论认为:"凡是利用机器或劳动者体力从事经济活动的雇主或机构就可能造成劳动者受到职业方面的伤害,意外事故无论是由于雇主的疏忽,还是由于受害人同事的粗心大意,甚至根本不存在什么过失,雇主也应进行赔偿。雇主支付职业伤害赔偿金是一笔日常开支,就像是修理和维修设备的保养费和给职工工资一样。"这一理论得到许多国家的认同,影响深远。由此形成了雇主补偿原则,也就是社会法上的无过失责任原则。按照雇主补偿原则,即使雇主没有过失,劳

---

① C. Arthur Williams. An International Comparison of Workers' Compensation [M]. USA: Kluwer Academic Publishers, 1991.

② 王泽鉴. 民法学说与判例研究(第三册)[M]. 北京:中国政法大学出版社,2005:237.

动者一旦在工厂发生事故，雇主就必须承担赔偿责任，这就是无过失责任原则。基于社会法上的无过失责任原则引进雇主的补偿责任（employer's liability），对过错责任的突破是艰难的。从中经历的最大困难是雇主，理由是：按照雇主补偿原则，当发生工伤事故时，雇主集团自身的利益会受损，需要负担更多的费用，因而千方百计地阻挠侵权责任归责原则的修改。

为了分散雇主补偿责任带来的风险，雇主从一种自助的任意保险开始发展到责任保险方式的社会保险。一次性支付对工伤劳动者的生活保障没有太大帮助，而后将一次性支付改为年金的形态，工伤劳动者的生活可以得到实质性的保障。雇主补偿保险的最终目的是让遭受工伤的劳动者生活得到保障，但根据法律的规定，支付工伤补偿金带来的财务风险由雇主来承担。因此，雇主之间为了分散所面对的这种风险，产生了工伤保险。工伤保险要保障的一次性风险其实就是雇主补偿责任引起的风险，劳动者是通过这种方式得到实惠。由于工伤保险能分散雇主遇到的一次性风险，和其他社会保险相比，雇主并不反对工伤保险的引进。大部分国家在社会保险中最先引进的是工伤保险这一事实就是例证。

1880 年，英国通过《雇主责任法》（Employers' Liability Act），规定雇主要对意外事故负责，并为工人提供相应的赔偿，这可以说是工伤保险制度的雏形。德国于 1884 年以特别立法的形式颁布了《劳工灾害保险法》，强制成立具有公法性质的经办机构，确立了雇主缴费责任，补偿不追究过失和工伤社会保险基金赔付的原则。英国于 1897 年通过《工伤赔偿法》，新西兰于 1900 年通过《工伤事故赔偿法》，挪威于 1895 年，法国与意大利于 1898 年，丹麦于 1899 年，荷兰于 1901 年，瑞典于 1903 年，比利时于 1905 年先后在借鉴德国模式的基础上建立了自己的工伤保险体系。德国模式的影响并没有局限于欧洲与大洋洲，对世界其他地方也产生了重大的影响。新西兰于 1900 年，加拿大于 1910 年，美国于 1911 年开始建立工伤保险体系。

从工伤保险制度的产生及其发展来看，工伤保险制度的发展与国际劳工组织的积极推进密不可分，从 1919 年第一届国际劳工大会以来，国际劳工组织通过制定大量的公约和建议书，保护劳工权益，促进工伤保险制度的发展。根据国际劳工组织（ILO）的数据，截至 2021 年，大约 163 个国家实施了工伤保险制度，占全球国家总数的大部分。在 19 世纪末以前居于主导地位的是以"私"的方法即民法的过错责任原则追究雇主责任，虽然这种救济方式可以提供完全的补偿，但是需要有严格的条件，工伤劳动者的权利及其今后的生活将无法预期。当私法无能为力之时，公法自然介入。工伤保险虽然是在政府主导下诞生的，但其实质是劳动者阶层与雇主阶层长期对抗达成的妥协，遵循的是一种自下而上的制度变迁路径。在这一路径中，工伤的最佳解决方式是关注整个现代工业的普遍性，着眼于一种符合所有当事方最大利益的损失分配原则，而不是站在某个单独事件的立场。"私"的救济相比较，"公"的救济不需要严格的条件，但补偿水平较低。

三、工伤保险制度的特点

虽然工伤保险同一些商业保险如财产保险、人身安全保险都具有互助共济、分担风险、保障生产、安定生活的功能；但由于工伤社会保险具有福利性、强制性等特点，又与商业保险有着明显的区别。

（1）风险分担、互助互济。工伤保险一般通过社会统筹的基金来分散职业风险，按照社会共担风险、共济互助原则统一筹资标准、伤残鉴定标准和待遇计发标准，在雇主分散工伤赔付风险的同时，也使劳动者的合法权益得到保护。

（2）国家立法、强制实施。工伤保险制度是由国家通过立法手段强制实现的，强制性的核心内容是强制参保的要求。《社会保险法》适用范围内的用人单位及其职工应当依照法律的规定参加社会保险，依法缴纳社会保险费，职工个人则依法享受社会保险待遇。

（3）及时救助、多重保障。工伤保险给付条件最宽，享受工伤待遇不受年龄、工龄条件的限制；工伤保险允许劳动者在多次受伤或多种职业病发生时累计享受保障和赔偿；工伤保险提供了多种形式的保障和补偿，包括医疗救助、生活保障、经济补偿以及医疗和职业康复等，能够为劳动者提供可靠、稳定的保障，降低了个体和家庭面对意外伤害带来的经济风险。

四、工伤保险的基本原则

（1）补偿不究过错原则。工伤保险制度下无论工伤事故责任的发生，不论是雇主还是雇员，或是双方共同的过失，只要劳动者因工作而遭受伤害或患职业病，都能得到相应的补偿。这种补偿责任由国家的社会保险机构来协调承担，以保障劳动者的基本生活。

（2）工伤保险补偿与事故和职业病预防、职业康复相结合的原则。工伤保险着重于工伤补偿，同时强调事故预防和康复服务的提供，全面保障劳动者的健康和福祉。通过行业差别费率和浮动费率等机制，鼓励用人单位采取必要的安全措施和健康管理，从源头上预防工伤事故的发生；通过职业康复评估、康复训练和职业转换指导等服务，帮助工伤者尽快恢复工作能力，重新融入工作和社会。这不仅体现了社会的人文关怀，也有利于减少人力资源的浪费。

（3）一次性补偿和长期补偿相结合原则。各国在制定工伤保险制度时，都是根据伤残和职业病等级而给予不同标准的工伤保险待遇。对部分或完全永久性丧失劳动能力的劳动者或死亡的职工的遗属，工伤保险机构一次性支付补偿金。对受伤害者所供养的遗属，支付长期抚恤金，直到其失去供养条件为止。

第二节 我国的工伤保险制度

我国的工伤保险制度初创于1951年的《劳动保险条例》，一直坚持其社会保险的定位。现行的工伤保险制度以医疗救治和生活保障为主要内容，同时注重工伤预防和工伤康复，已初步构建起工伤预防、待遇补偿和工伤康复三位一体的制度体系，全面保障了职工的工伤权益，有效分散了用人单位的工伤风险，发挥了社会"稳定器"和经济"助推器"的作用。

一、我国工伤保险制度的发展历程

（一）第一阶段：工伤待遇由企业和劳动保险基金共同承担阶段（1951~1968年）

中国工伤保险最早的发展可以追溯到中华人民共和国成立初期。1951年2月25日，政务院颁布《劳动保险条例》，这是新中国第一部包括养老、医疗、生育等保险项目在内的综合性法规，也是我国有关工伤保险内容最早的行政法规，其中第十二条涉及的是工伤待遇内容。该条款明确规定工伤保险的保障对象主要为国营企业职工，工伤待遇保障责任由企业和劳动保险基金共同承担。同时规定工伤职工的诊疗费、药费、住院费、住院时的膳费与就医路费由企业负担。因工造成伤残的工伤职工由残废审查委员会审定确定伤残等级后，根据伤残等级程度，由劳动保险基金支付相应津贴待遇。只是由于"小范围的""低标准的""基金完全由企业负担"，时任全国总工会第一副主席、中央人民政府劳动部部长李立三认为该项制度定名为劳动保险为宜。《劳动保险条例》于1951年2月26日公布实施，并于1953年被修订，为配合修订后的《劳动保险条例》，《中华人民共和国劳动保险条例实施规则修改草案》于同年1月26日公布实施，再加上随后颁发的一系列政策规定，标志着以苏联模式为基本特征的"国家保险"制度最终得以确立。而工伤保险作为其"子制度"之一，也随之得以确定。在管理体制上，由中华全国总工会作为劳动保险事业的最高机关，负责对全国范围内的劳动保险事业进行统筹安排，而各个工会基层委员会则负责执行具体的劳动保险业务；中央政府劳动部作为劳动保险业务的最高监督机关，负责监督劳动保险事业的运营，各级地方政府劳动行政部门则对劳动保险金的缴纳负监督之责。也就是说，劳动行政部门与工会系统共同对劳动保险承担管理职责。在劳动保险基金问题上。《劳动保险条例》明确规定了劳动保险基金的资金来源，即由企业行政方面或者资方承担劳动保险所需费用，由其按照工人与职员工资总额的3%缴纳劳动保险费，并明令禁止在工人与职员工资内扣除或者向工人与职员另行征收劳动保险费用；规定了劳动保险基金的用途；规定了劳动保险基金的保管方式，即中华全国总工会委托中国人民银行代理保管。

（二）第二阶段：工伤待遇由企业保障阶段（1969~1993年）

自1966年开始的"文化大革命"，使已经平稳运行15年的社会保险体制受到了政治的冲击而崩溃，工伤保险也进入了非正常的时期。1969年2月，财政部发布《关于国营企业财务工作几项制度改革意见（草稿）》（以下简称《意见》），规定国营企业一律停止提取工会经费和劳动保险金，企业的退休职工、长期病号工资和其他劳保开支，改在企业"营业外列支"。该《意见》同时取消了由国家统筹管理用于企业间调剂使用的保险基金（调剂金）的做法，工伤待遇所需的费用全部由企业负担，工伤风险由社会和企业共同承担转为完全由企业承担。而曾经作为全国劳动保险事业的最高领导机关的中华全国总工会以及负责经办劳动保险业务的各基层委员会的相关职能也被废除，相关的机构和人员被解散，使劳动保险制度的执行陷入了无人管理的混乱局面。不过值得庆幸的是，"文革"过后，党和政府迅速着手恢复劳动保险制度，并将该制度的适用范围从国营企业扩大到非国营企业,在工伤保险问题上重新回复到了社会保险的状态。1977年12月,轻工业部、财政部、国家劳动总局发布《关于手工业合作工厂劳动保险福利待遇标准和劳保费用列支问题的通知》,依然强调不得提取劳动保险基金,按照企业成本直接从营业外列支。1984年以来,经济体制改革进入以企业改革为重点的阶段,这也对工伤保险体系的改革与完善提出了要求。在这一背景下,劳动部于1988年部署研究工伤保险改革问题,公布了包括改革要点和改革实施步骤规划等内容在内的改革方案。其中,改革的内容包括建立工伤保险基金,逐步实现基金的社会化管理;进行支付标准的合理调整如引入物价变动系数和提高丧葬费标准等内容。根据劳动部于1988年底召开的全国劳动厅局长会议的精神,从1989年开始,工伤保险制度改革试点正式在海南省、辽宁省、广东省、福建省、河南省、江西省、湖北省、广西壮族自治区等的一些市、县铺开。改革措施有两点值得关注:①打破了《劳动保险条例》以来的"诸险合一"的安排,试图探索建立独立的工伤保险制度;②政府积极组织工伤保险事业,试点在各地设立专门的工伤保险经办机构,实行工伤保险基金的社会化管理,坚持了社会保险的性质。

(三)第三阶段:工伤社会保险阶段(1994~2015年)

1994年7月5日,全国人大常委会通过了《中华人民共和国劳动法》(1995年1月1日起施行)(以下简称《劳动法》),规定和确认了我国在劳动与社会保障领域的基本制度。该法的第九章为"社会保险和福利",明确规定国家建立社会保险制度,为劳动者在年老、患病、工伤、失业、生育等情况下提供物质帮助和救济。该法明确应当按照不同的保险类型确定社会保险基金的来源,逐步实行社会统筹。《劳动法》明确了工伤保险应当作为一种独立的保险类型,工伤保险在资金筹措和使用上实行社会统筹,并再次重申了工伤保险作为一种社会保险的地位和性质,这些规定也是对前述工伤保险改革试点的肯定。1996年,劳动部根据经济改革的需要,在总结各地实践经验和借鉴国际做法的基础上,制定颁布《企业职工工伤保险试行办法》(劳部发〔1996〕266号),提出建立工伤社会保险制度,建立社会统筹基金,实行工伤职工社会化管理。作为配套政策,劳动部、卫生部、全国总工会研究制定了《职工工伤与职业病致残程度鉴定标准》(GB/T 16180—1996),由国家技术监督局发布,同年10月1日起正式实施。2003年,国务院颁布《工伤保险条例》,首次以单项行政法规的形式明确工伤社会保险的制度模式和内容,为制度运行提供了法律保障。为了推动工伤社会保险制度的实施,原劳动和社会保障部先后制定《工伤认定办法》《因工死亡职工供养亲属范围规定》《非法用工单位伤亡人员一次性赔偿办法》《职工工伤与职业病致残程度鉴定标准》(GB/T 16180—2006)等一系列配套文件和标准,形成了工伤保险的政策体系。2010年10月28日,第十一届全国人民代表大会常务委员会第十七次会议通过了《社会保险法》,该法第四章共有11个条款对工伤保险进行了规范,构建了我国工伤保险法律制度的基本框架。依据《社会保险法》规定,2010年12月20日国务院公布《关于修改〈工伤保险条例〉的决定》,2011年1月1日新修订的《工伤保险条例》实施。《工伤保险条例》修订后,人力资源和社会保障部陆续制定或修订了一系列配套政策,例如，修订《工伤认定办法》《部分行业企业工伤保险费缴纳办法》《非法用工单位伤亡人员一次性赔偿办法》，制定《实施〈中华人民共和国社会保险法〉若干规定》《社会保险基金先行支付暂行办法》等，工伤保险的法律体系不断完善。2011年4月22日，第十一届全国人民代表大会常务委员会第二十次会议修正了《中华人民共和国建筑法》《中华人民共和国煤炭法》，解决了这两部法律与《工伤保险条例》在实施中存在的冲突和相互掣肘的问题。2011年12月31日，第十一届全国人民代表大会常务委员会第二十四次会议又通过了《关于修改〈中华人民共和国职业病防治法〉的决定》，修正了《中华人民共和国职业病防治法》的相关内容。这一系列的立法和修法行为，为建立具有中国特色的工伤保险制度奠定了坚实的基础。此后，各地相继建立了工伤保险基金和机构，逐步实现了从区域性到全国性的工伤保险覆盖。

（四）第四阶段：工伤保险全面深化改革阶段（2016年至今）

当前，中国工伤保险正处于深化改革的阶段。2016年，国务院印发了《关于全面推进社会保险费征收管理体制改革的意见》，明确提出要推动工伤保险费率进行差别化调整，鼓励企业建立和完善内部风险管理制度，并引入市场化的竞争机制。此外，政府还加大了对工伤保险基金的监管和风险防范力度，以确保基金的安全和可持续发展。在这一阶段中，工伤保险面临的主要挑战包括不同地区之间的差异性；基金收支平衡的问题；对高风险行业和企业的监管和保护；信息化和智能化的应用等。为了解决这些问题，政府采取一系列的政策和措施，如建立差别化的费率调整机制，加强工伤保险基金的投资运营管理，推动工伤保险与其他社会保障制度的融合等。

总的来说，中国工伤保险经历了从计划经济时期到市场经济时期，再到全面建设小康社会和全面深化改革的不同阶段。在这个历程中，工伤保险制度逐步完善，覆盖范围扩大，补偿标准提高，且增加了康复服务和预防措施。未来，随着经济的发展和社会的进步，工伤保险制度将继续面临新的挑战和问题，需要针对性地加以优化和改进，为劳动者提供更加全面、公平、可持续的保障。总的来说，工伤保险制度的发展呈现出以下三个特点：①覆盖范围扩大：工伤保险在全国范围内得到了广泛推广和普及，从最初的国有企业扩大到涵盖了各类企事业单位、个体工商户和农民工等各类劳动群体。此外，一些地方还试点建立了适应地方特点的工伤保险制度，如农民工工伤保险试点等。②补偿标准提高：随着经济的发展和人们对劳动者权益的重视，工伤保险的补偿标准逐步提高。政府根据不同地区和行业的实际情况，适时调整了工伤保险金的数额，并加大了对高危行业和企业的监督和保护力度。③各项待遇逐步完善：工伤保险制度不仅提供了医疗费和丧葬费等经济补偿，还为工伤职工提供了一系列的康复服务和援助措施，如职业康复、残疾辅助器具、职业转换等。此外，为了加强工伤预防和管理，政府也出台了一系列政策和措施，提高企业和单位的安全生产意识和责任感。

二、我国工伤保险制度的发展规律

总结我国工伤保险制度的演变及发展历程，呈现出以下三条规律：

(一) 我国社会经济改革的步伐直接影响了工伤保险制度的发展

中华人民共和国成立之初至 20 世纪 80 年代是我国计划经济时期,生产单位主要是国有企业,辅以少量的集体企业。工伤保险制度在这个时期的覆盖范围主要是国有企业,而集体企业则参照国有企业的工伤保险政策实行。然而,20 世纪 80 年代,我国进入了社会经济改革时期,开始尝试多种经济形式共存的实践,除了国有企业和集体企业外,还出现了合资、外资、私营、个体等企业形式。为了适应企业形式多样化的趋势,各地区开始进行工伤保险改革的探索。

1996 年,劳动部在总结各地实践经验的基础上,发布《企业职工工伤保险试行办法》,将我国境内的所有企业纳入工伤保险范围,不论企业类型,只要存在劳动关系,其职工都享受到了制度的保障。进一步扩大覆盖范围的工伤保险改革在 2010 年得到国务院的支持,颁布了《工伤保险条例》,将事业单位、社会团体、民办非企业单位、基金会、律师事务所、会计师事务所等组织的职工也纳入了工伤保险制度的保障范围。

自《企业职工工伤保险试行办法》实施以来,我国工伤保险制度受到劳动法的指导和影响,劳动关系成为劳动者获得工伤保险保障的基本前提。工伤保险将事业单位和社会团体的劳动者作为保障对象,这意味着我国工伤保险的覆盖范围已从以劳动关系为主调整模式转变为以劳动关系为核心、以人事关系为辅助的调整模式。这一变化有助于更加全面地保障劳动者的权益。

(二) 保障范围根据发展需要而不断扩大

工伤保险制度是以待遇保障为基础建立的,在起初的发展阶段主要侧重于医疗救治和经济补偿。然而,随着社会经济的进一步发展以及劳动者对生命权和健康权的重视,单纯以待遇补偿为主的工伤保险制度已经难以满足广大劳动者的需求。德国率先建立工伤预防、待遇补偿和工伤康复相结合的工伤保险制度,这种三结合的模式得到了广泛认可,并被我国所借鉴。

20 世纪 90 年代,我国开始借鉴德国的模式,试图将工伤预防、待遇补偿和工伤康复相结合。尽管由于我国的行政体制设置原因,这种三结合的模式没有被坚持下去。但令人欣慰的是,在"十一五"时期,我国明确提出了工伤保险制度发展目标,即要实现工伤预防、待遇补偿和工伤康复的三结合。修订后的《工伤保险条例》以法律的形式再次明确了这一发展道路。这一变化使工伤保险的保障范围得到了扩展,不再局限于单一的待遇补偿,而扩展到了预防和康复领域。

这种转变不仅意味着保障范围的扩大,也是对工伤保险制度理念的重要提升。它标志着工伤保险保障范围已从职业伤害为界限转变为以保障劳动者职业安全健康为出发点和目标。这是对认识和理念的转变,也是"以人民为中心"思想的具体体现。新型工伤保险制度以劳动者为核心,以保护劳动者免受职业伤害为首要目标,以有效康复、恢复身体功能和重返社会为第二目标,以为工伤职工提供医疗救治和基本生活保障为基础保障。

(三) 保障水平随着经济发展水平的提高而适时调整

工伤保险在设立之初的目的和主要功能是为遭受职业伤害的人员提供及时的医疗

救治和基本的生活保障。因此，工伤保险待遇分为两大类：医疗救治和经济补偿。根据1951年《劳动保险条例》的规定，工伤保险待遇包括企业行政或资方承担的治疗费、药费、住院期间的膳费和就医路费。此外，规定在医疗救治期间，职工工资照常发放。当医疗期满或伤情相对稳定后，需要安装假肢、义手、假眼的工伤职工所需费用将由企业承担。对于完全或部分丧失劳动能力的职工，劳动保险基金支付相关的伤残待遇。这一规定奠定了我国工伤保险待遇内容和水平的基本思路，即涉及工伤医疗救治的费用基本全额支付，而涉及生活保障的费用则与工伤职工的伤残程度及伤前工资收入相关。

1996年，《企业职工工伤保险试行办法》规定工伤医疗费、护理费、伤残抚恤金、一次性伤残补助金、残疾辅助器具费、丧葬补助金、供养亲属抚恤金、一次性工亡补助金均由工伤保险基金支付。2003年颁布的《工伤保险条例》提高了工伤保险待遇的标准，增加了一次性医疗补助金和一次性就业补助金。同时，将之前的"因工残废抚恤费""因工残废补助费""伤残抚恤金"等术语改为"伤残津贴"，这表示工伤保险理念的变化。工伤保险待遇不再被视为国家给予劳动者的福利，而是劳动者的权益。2010年修订的《工伤保险条例》增加一次性伤残补助金的计发月数，并大幅度提高了一次性工亡补助金的水平，进一步增强了制度的补偿功能。

总结历年工伤保险待遇的调整，基本上都是在提高待遇水平而没有降低待遇水平。工伤待遇的提高主要从以下三个方面进行：①通过增加待遇项目来提高整体待遇水平，例如，增加一次性伤残补偿金、一次性医疗补助金、一次性就业补助金等；②针对单项待遇进行提高，如提高各伤残等级的一次性伤残补助金的计发月数，大幅度提高一次性工亡补助金的水平；③建立了长期待遇的定期调整机制。根据我国经济发展水平、物价水平等指标的变化，大多数省市每年或每两年对伤残津贴、供养亲属抚恤金、生活护理费等待遇进行调整，以确保长期领取待遇的伤残员工及其供养亲属能够及时分享社会经济发展的成果，增强他们的获得感和幸福感。

三、我国现行工伤保险制度的主要内容

（一）工伤保险的范围和意义

《工伤保险条例》规定："为了保障因工作遭受事故伤害或者患职业病的职工获得医疗救治和经济补偿，促进工伤预防和职业康复，分散用人单位的工伤风险。中华人民共和国境内的企业、事业单位、社会团体、民办非企业单位、基金会、律师事务所、会计师事务所等组织和有雇工的个体工商户（以下简称用人单位）应当依照本条例规定参加工伤保险，为本单位全部职工或者雇工（以下简称职工）缴纳工伤保险费。中华人民共和国境内的企业、事业单位、社会团体、民办非企业单位、基金会、律师事务所、会计师事务所等组织的职工和个体工商户的雇工，均有依照本条例的规定享受工伤保险待遇的权利。"

（二）工伤保险基金

《工伤保险条例》规定："工伤保险基金由用人单位缴纳的工伤保险费、工伤保险

基金的利息和依法纳入工伤保险基金的其他资金构成。"《社会保险法》第三十四条规定:"国家根据不同行业的工伤风险程度确定行业的差别费率,并根据使用工伤保险基金、工伤发生率等情况在每个行业内确定费率档次。行业差别费率和行业内费率档次由国务院社会保险行政部门制定,报国务院批准后公布施行。社会保险经办机构根据用人单位使用工伤保险基金、工伤发生率和所属行业费率档次等情况,确定用人单位缴费费率。"

工伤保险基金主要来源于用人单位,用人单位按照本单位职工工资总额,根据社会保险经办机构确定的费率缴纳工伤保险费。工伤保险费根据以支定收、收支平衡的原则,确定费率。工伤保险缴费费率实现行业差别费率及用人单位浮动费率结合的缴费费率。国家根据不同行业的工伤风险程度确定行业的差别费率,并根据工伤保险费使用、工伤发生率等情况在每个行业内确定若干费率档次,目前实行八类行业差别费率制,基准费率分别为 0.2%、0.4%、0.7%、0.9%、1.1%、1.3%、1.6%、1.9%。在行业费率的基础上,统筹地区经办机构根据用人单位工伤保险费使用、工伤发生率等情况,适用所属行业内相应的费率档次确定单位缴费费率,其中一类行业可上浮至120%、150%,二至八类行业可分别上浮至120%、150%或下浮至80%、50%。

(三) 工伤认定

《社会保险法》第三十六条规定:"职工因工作原因受到事故伤害或者患职业病,且经工伤认定的,享受工伤保险待遇;其中,经劳动能力鉴定丧失劳动能力的,享受伤残待遇。"《工伤保险条例》第十四条规定:"职工有下列情形之一的,应当认定为工伤:在工作时间和工作场所内,因工作原因受到事故伤害的;工作时间前后在工作场所内,从事与工作有关的预备性或者收尾性工作受到事故伤害的;在工作时间和工作场所内,因履行工作职责受到暴力等意外伤害的;患职业病的;因工外出期间,由于工作原因受到伤害或者发生事故下落不明的;在上下班途中,受到非本人主要责任的交通事故或者城市轨道交通、客运轮渡、火车事故伤害的;法律、行政法规规定应当认定为工伤的其他情形。"《工伤保险条例》第十五条规定:"职工有下列情形之一的,视同工伤:在工作时间和工作岗位,突发疾病死亡或者在 48 小时之内经抢救无效死亡的,享受工伤保险待遇;在抢险救灾等维护国家利益、公共利益活动中受到伤害的,享受工伤保险待遇;职工原在军队服役,因战、因公负伤致残,已取得革命伤残军人证,到用人单位后旧伤复发的,享受除一次性伤残补助金以外的工伤保险待遇。"

职工发生事故伤害或者按照职业病防治法规定被诊断、鉴定为职业病,所在单位应当自事故伤害发生之日或者被诊断、鉴定为职业病之日起 30 日内,向统筹地区社会保险行政部门提出工伤认定申请。遇有特殊情况,经报社会保险行政部门同意,申请时限可以适当延长。用人单位未按前款规定提出工伤认定申请的,工伤职工或者其近亲属、工会组织在事故伤害发生之日或者被诊断、鉴定为职业病之日起 1 年内,可以直接向用人单位所在地统筹地区社会保险行政部门提出工伤认定申请。社会保险行政部门应当自受理工伤认定申请之日起 60 日内作出工伤认定的决定,并书面通知申请工伤认定的职工或者其近亲属和该职工所在单位。社会保险行政部门对受理的事实清楚、权利义务明确的工伤认定申请，应当在15日内作出工伤认定的决定。

（四）劳动能力鉴定

《工伤保险条例》第十四条规定："职工发生工伤，经治疗伤情相对稳定后存在残疾、影响劳动能力的，应当进行劳动能力鉴定；劳动能力鉴定是指劳动功能障碍程度和生活自理障碍程度的等级鉴定；劳动功能障碍分为十个伤残等级，最重的为一级，最轻的为十级；生活自理障碍分为三个等级：生活完全不能自理、生活大部分不能自理和生活部分不能自理。劳动能力鉴定标准由国务院社会保险行政部门会同国务院卫生行政部门等部门制定。"

省、自治区、直辖市劳动能力鉴定委员会和设区的市级劳动能力鉴定委员会分别由省、自治区、直辖市和设区的市级社会保险行政部门、卫生行政部门、工会组织、经办机构代表以及用人单位代表组成。设区的市级劳动能力鉴定委员会收到劳动能力鉴定申请后，应当从其建立的医疗卫生专家库中随机抽取3名或者5名相关专家组成专家组，由专家组提出鉴定意见。设区的市级劳动能力鉴定委员会根据专家组的鉴定意见作出工伤职工劳动能力鉴定结论；必要时，可以委托具备资格的医疗机构协助进行有关的诊断。设区的市级劳动能力鉴定委员会应当自收到劳动能力鉴定申请之日起60日内作出劳动能力鉴定结论，必要时，作出劳动能力鉴定结论的期限可以延长30日。劳动能力鉴定结论应当及时送达申请鉴定的单位和个人。申请鉴定的单位或者个人对设区的市级劳动能力鉴定委员会作出的鉴定结论不服的，可以在收到该鉴定结论之日起15日内向省、自治区、直辖市劳动能力鉴定委员会提出再次鉴定申请。省、自治区、直辖市劳动能力鉴定委员会作出的劳动能力鉴定结论为最终结论。

（五）工伤保险待遇

1. 医疗待遇

职工因工作遭受事故伤害或者患职业病进行治疗，享受工伤医疗待遇；职工治疗工伤应当在签订服务协议的医疗机构就医，情况紧急时可以先到就近的医疗机构急救；治疗工伤所需费用符合工伤保险诊疗项目目录、工伤保险药品目录、工伤保险住院服务标准的，从工伤保险基金支付。工伤保险诊疗项目目录、工伤保险药品目录、工伤保险住院服务标准，由国务院社会保险行政部门会同国务院卫生行政部门、食品药品监督管理部门等部门规定；职工住院治疗工伤的伙食补助费以及经医疗机构出具证明，报经办机构同意，工伤职工到统筹地区以外就医所需的交通、食宿费用从工伤保险基金支付，基金支付的具体标准由统筹地区人民政府规定；工伤职工治疗非工伤引发的疾病，不享受工伤医疗待遇，按照基本医疗保险办法处理；工伤职工到签订服务协议的医疗机构进行工伤康复的费用，符合规定的，从工伤保险基金支付。

2. 护理待遇

职工因工作遭受事故伤害或者患职业病需要暂停工作接受工伤医疗的，在停工留薪期内，原工资福利待遇不变，由所在单位按月支付。停工留薪期一般不超过12个月。伤情严重或者情况特殊，经设区的市级劳动能力鉴定委员会确认，可以适当延长，但延长不得超过 12 个月。工伤职工评定伤残等级后，停发原待遇，按照本章的有关规定享受伤残待遇。工伤职工在停工留薪期满后仍需治疗的，继续享受工伤医疗待遇。生活不能自理的工伤职工在停工留薪期需要护理的，由所在单位负责。

3. 伤残抚恤

工伤职工已经评定伤残等级并经劳动能力鉴定委员会确认需要生活护理的，从工伤保险基金按月支付生活护理费。生活护理费按照生活完全不能自理、生活大部分不能自理或者生活部分不能自理三个不同等级支付，其标准分别为统筹地区上年度职工月平均工资的 50%、40% 或者 30%。职工因工致残被鉴定为一级至四级伤残的，保留劳动关系，退出工作岗位，享受以下待遇：从工伤保险基金按伤残等级支付一次性伤残补助金，标准为：一级伤残为 27 个月的本人工资，二级伤残为 25 个月的本人工资，三级伤残为 23 个月的本人工资，四级伤残为 21 个月的本人工资；从工伤保险基金按月支付伤残津贴，标准为：一级伤残为本人工资的 90%，二级伤残为本人工资的 85%，三级伤残为本人工资的 80%，四级伤残为本人工资的 75%。伤残津贴实际金额低于当地最低工资标准的，由工伤保险基金补足差额；工伤职工达到退休年龄并办理退休手续后，停发伤残津贴，按照国家有关规定享受基本养老保险待遇。基本养老保险待遇低于伤残津贴的，由工伤保险基金补足差额。职工因工致残被鉴定为一级至四级伤残的，由用人单位和职工个人以伤残津贴为基数，缴纳基本医疗保险费。职工因工致残被鉴定为五级、六级伤残的，享受以下待遇：从工伤保险基金按伤残等级支付一次性伤残补助金，标准为：五级伤残为 18 个月的本人工资，六级伤残为 16 个月的本人工资；保留与用人单位的劳动关系，由用人单位安排适当工作。难以安排工作的，由用人单位按月发给伤残津贴，标准为：五级伤残为本人工资的 70%，六级伤残为本人工资的 60%，并由用人单位按照规定为其缴纳应缴纳的各项社会保险费。伤残津贴实际金额低于当地最低工资标准的，由用人单位补足差额。经工伤职工本人提出，该职工可以与用人单位解除或者终止劳动关系，由工伤保险基金支付一次性工伤医疗补助金，由用人单位支付一次性伤残就业补助金。一次性工伤医疗补助金和一次性伤残就业补助金的具体标准由省、自治区、直辖市人民政府规定。职工因工致残被鉴定为七级至十级伤残的，享受以下待遇从工伤保险基金按伤残等级支付一次性伤残补助金，标准为：七级伤残为 13 个月的本人工资，八级伤残为 11 个月的本人工资，九级伤残为 9 个月的本人工资，十级伤残为 7 个月的本人工资；劳动、聘用合同期满终止，或者职工本人提出解除劳动、聘用合同的，由工伤保险基金支付一次性工伤医疗补助金，由用人单位支付一次性伤残就业补助金。一次性工伤医疗补助金和一次性伤残就业补助金的具体标准由省、自治区、直辖市人民政府规定。

4. 工亡抚恤

职工因工死亡，其近亲属按照下列规定从工伤保险基金领取丧葬补助金、供养亲属抚恤金和一次性工亡补助金：丧葬补助金为 6 个月的统筹地区上年度职工月平均工资；供养亲属抚恤金按照职工本人工资的一定比例发给由因工死亡职工生前提供主要生活来源、无劳动能力的亲属。标准为：配偶每月 40%，其他亲属每人每月 30%，孤寡老人或者孤儿每人每月在上述标准的基础上增加10%。核定的各供养亲属的抚恤金之和不应高于因工死亡职工生前的工资。供养亲属的具体范围由国务院社会保险行政部门规定；一次性工亡补助金标准为上一年度全国城镇居民人均可支配收入的20倍。

（六）监督管理与法律责任

国家设立工伤保险经办机构，履行下列职责：根据省、自治区、直辖市人民政府规定，征收工伤保险费；核查用人单位的工资总额和职工人数，办理工伤保险登记，并负责保存用人单位缴费和职工享受工伤保险待遇情况的记录进行工伤保险的调查、统计；按照规定管理工伤保险基金的支出；按照规定核定工伤保险待遇；为工伤职工或者其近亲属免费提供咨询服务。经办机构与医疗机构、辅助器具配置机构在平等协商的基础上签订服务协议，并公布签订服务协议的医疗机构、辅助器具配置机构的名单。具体办法由国务院社会保险行政部门分别会同国务院卫生行政部门、民政部门等部门制定。经办机构按照协议和国家有关目录、标准对工伤职工医疗费用、康复费用、辅助器具费用的使用情况进行核查，并按时足额结算费用。

社会保险行政部门依法对工伤保险费的征缴和工伤保险基金的支付情况进行监督检查。财政部门和审计机关依法对工伤保险基金的收支、管理情况进行监督。任何组织和个人对有关工伤保险的违法行为，有权举报。社会保险行政部门对举报应当及时调查，按照规定处理，并为举报人保密。工会组织依法维护工伤职工的合法权益，对用人单位的工伤保险工作实行监督。

单位或者个人挪用工伤保险基金，构成犯罪的，依法追究刑事责任；尚不构成犯罪的，依法给予处分或者纪律处分。被挪用的基金由社会保险行政部门追回，并入工伤保险基金；没收的违法所得依法上缴国库。

社会保险行政部门工作人员有下列情形之一的，依法给予处分；情节严重，构成犯罪的，依法追究刑事责任：无正当理由不受理工伤认定申请，或者弄虚作假将不符合工伤条件的人员认定为工伤职工的；未妥善保管申请工伤认定的证据材料，致使有关证据灭失的；收受当事人财物的。

从事劳动能力鉴定的组织或者个人有下列情形之一的，由社会保险行政部门责令改正，处2000元以上1万元以下的罚款；情节严重，构成犯罪的，依法追究刑事责任：提供虚假鉴定意见的；提供虚假诊断证明的；收受当事人财物的。

用人单位应当参加工伤保险而未参加的，由社会保险行政部门责令限期参加，补缴应当缴纳的工伤保险费，并自欠缴之日起，按日加收5‰的滞纳金；逾期仍不缴纳的，处欠缴数额1倍以上3倍以下的罚款。依照本条例规定应当参加工伤保险而未参加工伤保险的用人单位职工发生工伤的，由该用人单位按照本条例规定的工伤保险待遇项目和标准支付费用。用人单位参加工伤保险并补缴应当缴纳的工伤保险费、滞纳金后，由工伤保险基金和用人单位依照本条例的规定支付新发生的费用。

第三节　国外典型国家的工伤保险制度

当前在全球172个建立社会保险制度的国家和地区中，已有164个国家实行了工伤保险制度，占总数的95%以上，30多个国家有与工伤事故有关的立法。德、美、日三国工伤保险制度实施较早，制度已较为完善，具有很强的代表性。

一、德国工伤保险制度

工伤保险在德国的历史可以追溯到19世纪末。早在1881年，德国的《社会保险宪章》规定与事故保险相关的条款。随后于1884年，德国颁布《劳工保险补偿法》，成为世界上最早确立工伤保险制度的国家。起初，德国的工伤保险只涵盖工业事故，在1925年引入了上下班途中发生的事故和职业病。随后在1963年引入了事故预防，并扩大了保险范围。1997年将工伤保险法融入社会法，从而形成了完善的"预防—康复—补偿"工伤保险模式，从建立之初的"工人赔偿制度"转型为"劳动者安全保障制度"。德国的工伤保险制度属于福利型制度，覆盖范围较广、赔付项目繁多。只要存在雇佣关系，就被视为法定的工伤保险被保险人。一旦发生工伤事故，根据实际工作情况，无论雇主是否为雇员购买了工伤保险，伤残员工及其遗属都可以享受工伤保险待遇。

德国的工伤保险，预防为首、康复优先的制度理念一直被认为是德国工伤保险成功的经验，工伤预防和康复治疗旨在防止工伤事故的发生，并为受伤劳动者提供康复治疗和支持，帮助他们恢复身体功能并重新融入工作环境。在德国工伤保险预防、康复、补偿三项任务中，工伤预防具有最重要的地位。工伤预防体系实行双元制，即由两套体系负责工伤预防：①国家劳动安全监察机构，根据国家法律对企业劳动安全行为进行监察；②工伤保险同业公会依照法律规定可以采取一切适当的手段来帮助企业预防工伤事故和职业病的发生。康复优于补偿的原则是德国积极的工伤保险思想的又一体现，工伤康复是德国工伤保险继工伤预防之后的第二个目标。德国的工伤康复包括职业康复、社会康复和心理康复，这三种康复是同时进行的。在服务于工伤者的过程中，德国工伤保险制度同一般残疾人康复制度一起，建立了严密的工伤者服务系统——由专门的案例经理人（case manager）和伤残经理人（disability manager）为工伤者的医疗和康复需求提供个性化的服务。从伤后医疗到医疗后的康复，这两类经理人凭借自身对制度系统的把握和了解，根据工伤者的伤害性质、伤害严重程度帮助他们选择合适的医院或康复机构。

除此之外，德国的工伤保险的成功之处还在于相对独立、集中的自治管理和完善的组织以及高水平的职业安全科学技术。德国的工伤保险采用高度自治的制度模式。德国工伤保险的管理机构是同业公会，它拥有工伤预防、康复和赔偿业务的所有管理权,受到德国联邦劳动和社会秩序部门的监督。目前,德国工伤保险同业工会分为三大部门:工商业部门同业公会、农业部门同业公会和公共部门同业公会,他们各自管理着本领域的工伤保险事务。

二、美国工伤保险制度

美国没有全国统一的工伤保险制度,由各州自行推行。在1837年各州通过的《工伤事故普通法》、1893年的《雇主责任法》和1902年的《劳工伤害赔偿法》的基础上,美国于1908年制定第一部工伤保险法——《美国联邦雇员伤害赔偿法》。不过,联邦政府只为自己雇员及少数特殊高风险的行业雇员制定工伤补偿制度。多数州在1910~1920年进行工伤补偿制度立法。随后,美国国会多次修订《社会保障法》时也对工伤保险制度进行了修改。1956年修订与因工致残相关的条款,1984年通过《伤残津贴改革法案》,1996年对工伤保险的基本内容进行了全面修改。美国的工伤保险制度主要依据是《社会保障法》,其特点是在该法的指导下,各州可以根据本州的实际情况制定相应的规定,因此各州的工伤保险制度各具特色并相互独立。各州工伤补偿制度具有以下三个相似制度特征:①强制参保。除了得克萨斯州和俄克拉何马州外,所有州工人补偿保险均强制雇主参加。②在待遇支付方面,医疗费从工伤开始即100%支付,丧失工时现金待遇有一个3~7天的等待期。③雇主缴费。除华盛顿州外,工人补偿保险都均由雇主缴费。雇主可以从私营保险商或州立保险基金处购买保险,某些大企业也可以自保险。

美国工伤保险主要面向工薪人员,包括一般工商企业雇员和大多数公共雇员。美国国家工人保障制度(worker's compensation)"保障"的范围包括任何支付了保险的公司和单位,以保证在工作中受伤的人可以及时而有效地获取合适的治疗和医护,以及补偿由于受伤导致的误工损失。目前,有92%的上述人员参与了工伤保险。此外,各州一般都允许少量雇用的雇主、农业工人、家庭雇用人员可以除外。[①] 值得注意的是,美国至今还没有覆盖全国范围且统一的工伤保险立法,联邦政府只负责部分行业和人员的工伤保险。在美国,大部分州采用政府制定相关标准的商业保险承保模式,只有三个州采用社会保险模式,另外四个州采用社会保险与商业保险并存的模式。美国工伤补偿待遇由雇主直接提供(如自保险)或者依据费率支付保费而由保险商提供。其费率可以分为级差费率、经验费率、回溯费率与手册费率。雇主支付成本(自保或者投保缴费)占工资总额的2%以内。

三、日本工伤保险制度

日本的劳动灾害补偿保险制度简称劳灾保险,由厚生劳动省主管。日本的工伤补偿制度出现在20世纪初,主要以工厂及矿山的劳动者为主要补偿对象。1931年,日本

---

① Bureau of Labor Statistics. National Census of Fatal Occupational Injuries in 2012 [EB/OL]. https://www.nasi.org/research/2014/report-workers-compensation-benefits-coverage-costs-2012.

政府制订《劳动灾害扶助法》《劳动者灾害扶助保险法》,将保险范围扩大到大部分室外作业的职业种类。1946年日本政府颁布的《劳动基准法》是日本劳动法律的基础。1947年日本政府颁布《工伤事故补偿保险法》,从立法的角度确立了工伤保险制度。其后,日本政府对以上法律进行了一系列修订。目前,日本的工伤体系主要由三部法律构建,包括《劳动基准法》《劳动者灾害补偿保险法》《劳动安全卫生法》。其中后面两部法律皆源自《劳动基准法》,系将其中的条例分出并细化为独立的法律条文。日本政府还颁布了《雇用保险法》《劳动保险审查官及劳动保险审查会法》《独立行政法人劳动者健康福利法》和劳动保险费征收的法律,进一步完善了预防和补偿的法律保障体系。

日本实行国家强制性的工伤保险制度,由政府进行管理,但农业、林业和渔业中雇员少于5人的企业可自愿选择是否参加工伤保险。在制度模式方面,日本负责管理工伤保险的政府机构是厚生劳动省,对劳灾进行全面管理。劳灾保险由厚生劳动省劳动基准局劳灾补偿部管辖,并在全国47个都道府县设置了派出机构,即都道府县的劳动基准局,各基准局在各自管辖的区域内再设若干个劳动基准署,负责工伤认定、伤残等级鉴定和征收保险费等业务。日本非常重视工伤事故的预防工作,工伤事故防治部门还包括中央劳灾预防协会、产业安全技术协会等民间组织。日本的劳灾保险向行业、企业征集保险费,入不敷出时由国库补贴。劳灾保险费率实行行业费率和浮动费率。日本的劳灾保险费率根据行业划分为8大产业53个行业,最高如水电建设业为12.9%,最低如供水等为0.5%,费率相差25倍之多。行业费率是由厚生劳动省根据各行业参保人数、支付水平和事故发生情况确定的,每三年调整一次。在行业基础上,企业再分为工厂、商店等的"连续事业"和工程等"有期限事业"两种,确定缴费绝对额。为了促进企业的安全生产意识,预防并减少工伤,日本政府实行浮动税率制度。政府根据企业前三年支取保险金所占缴纳保险金的比例划档,收支率在75%以下的降低费率,75%~85%不变,85%以上要提高费率。补偿制度方面,企业参加工伤保险并按规定缴纳保险费用后,雇员发生工伤事故时,其补偿费用由统筹基金全额支付。但在雇主未缴足工伤保险费,或故意行为,或重大过失的特定情况下,则不免除雇主责任,由工伤保险机构先行支付补偿金,再向雇主追偿。日本有覆盖全国的职业康复中心,给工伤者提供多重的工伤康复保障。

第四节 工伤保险制度的发展趋势

虽然各国的社会背景和经济发展水平不同,工伤保险在制度设计上有所差异,但各国对工伤保险的发展方向和目标基本是一致的。在国际工伤保险发展的总趋势下,工伤保险制度的适用对象和责任范围日趋扩大,工伤保险的立足点从以经济补偿为核心转为以预防工作为首位。

一、工伤保险制度的适用对象和责任范围日趋扩大

因工业化而起的工伤保险,让各国的适用对象由产业工人开始,经历一个逐步扩大的过程,逐渐覆盖全体雇员。特别是随着技术进步和时代发展,创造了丰富的就业机会,打破了传统的雇员——雇主制的劳动关系,工伤保险制度的适用对象因而需要突破劳动关系,扩大覆盖范围。

德国的工伤保险创立之初,首先是在部分工业行业履行,后逐步发展到所有雇员,包括私营和公共部门的各类雇员。1942年,德国从风险大到风险小的企业均为工伤保险所覆盖。1971年,独立经营者、家庭手工业者、公共团体的义务劳动者、维护公共利益者以及中小学生甚至幼儿园儿童都纳入了德国工伤保险制度保障的范围。与德国类似,日本1927年颁布的《工伤保险法》适用对象主要是矿山等特定行业的工人,而不包括农民、公务员和家庭妇女等其他职业群体。1945年日本通过了《劳动保险法》,将工伤保险的适用范围扩大至几乎包括所有劳动者,农民、公务员和家庭妇女等也包括在内。20世纪90年代,随着劳动力市场的改革和劳动形态的多样化,日本逐渐将一些新兴就业形式(如非正式、临时、派遣工等)的劳动者纳入工伤保险的适用范围。根据2018年国际劳工组织发布的报告,全球已经有超过20亿的非正规就业者,非正规就业已经成为世界各国新增就业的形式之一。无论是传统意义上的雇员,还是数字经济时代打破劳动关系的自雇者,都理应享受职业伤害保险。依靠劳动关系的雇主责任险应该向覆盖全体劳动者的职业伤害保险或者覆盖全体公民的全民伤害保险过渡。

不同国家在工伤保险责任范围的发展上存在一定的差异,共同点是最初注重工业意外伤害,后逐渐扩大至职业病、交通事故和心理健康等方面。1884年,德国颁布世界上第一份工伤保险法,主要关注工作场所的意外伤害事故。1925年,加入一份扩大范围的工伤保险法,将职业病和一些与工作相关的疾病纳入了保障范围。1957年,通过《社会法典》对工伤保险进行了全面的改革,包括将交通事故纳入保障范围。1960年,新增了对工伤引起的精神疾病的保障。1989年,对工伤保险进行了修订,加强了对工作环境和劳动者健康的保护。1996年,实施《企业中的安全和职业健康法》以进一步改进工作场所的安全措施。2013年,德国通过《预防和职业健康权改革法》,强调了预防职业病和工伤的重要性。现在将上下班交通事故纳入保障范围的国家已经超过50个,各国纳入工伤保险保障范围的职业病已达150种,随着科技的进步,一些现代职业病也被纳入职业病范畴。

二、工伤补偿、工伤预防与职业康复相结合趋势

工伤预防是遏制工伤事故发生的第一道防线,职业康复是发生工伤事故后的第二道防线,而工伤补偿是最后一道保障屏障。对于大多数国家来说,在制度建立初期基本上都是以工伤待遇补偿为主,随着社会经济的发展,工伤预防和职业康复的内容也被加入到工伤保险体系中。

工伤预防是工伤保险的重要目标,主要是为了降低工伤事故和职业病的发生率,

采取宣传、教育、检查等措施，引导、激励和帮助用人单位搞好职业安全生产工作，包括事故预防机制、职业病及其预防机制、事故管理、工伤事故及职业病统计分析、工伤事故经济损失分析等内容。1833年，英国颁布的《工厂法》成为19世纪第一个正式推广的有关安全卫生的法律。国际劳工组织早在1929年便提出工伤预防建议书，倡导由工伤保险机构赞助或投资，以合作的方式实施事故预防，减少工伤事故伤害。经过30多年的探索和研究，1964年通过的《工伤事故和职业病津贴公约》（第121号）中规定：每个成员国必须制定工业安全和职业病预防条例。工伤预防即通过采取一切有效手段预防事故和控制职业病，保障劳动者在工作中免遭伤害，包括对可能发生的工伤事故和职业病的预测、对可能发生的工伤事故和职业病的后果评估以及可能采取的防止措施。工伤预防工作做得越好，工伤的康复和补偿支出就越少，因而是搞好工伤保险的治本之策。

工伤康复是指利用现代康复的手段和技术，为工伤残疾人员提供医疗康复、职业康复和社会康复等服务，最大限度地恢复和提高他们的身体功能和生活自理能力，尽可能地恢复或提高伤残人员的职业劳动能力，从而促进伤残人员全面回归社会和重返工作岗位。1884年，德国颁布《劳工灾害保险法》，明确了工伤保险的预防、补偿和康复的三大原则，并明确了工伤康复的目标是恢复工伤职工的工作和社会活动能力。1952年《社会保障最低标准公约》（第102号）规定：工伤医疗要着眼于保持、恢复和改善受保护人的健康及其工作和生活自理的能力。1964年《工伤事故和职业病津贴公约》（第121号）要求对工伤残疾人提供康复设施或帮助他们寻找工作。1983年通过的《残疾人职业康复和就业公约》（第159号）和后来由联合国有关机构制定的文件中，也规定了工伤残疾人的职业康复问题。工伤康复按照"工伤康复早期介入""先康复后评残"的原则，涵盖的内容既有医疗康复、职业康复以及康复辅助器具配置等专业技术工作，也有工伤康复政策、康复标准的制定以及工伤康复管理等社会工作。

思考题

1. 简述工伤保险的特点。
2. 简述工伤保险的核心要素。
3. 我国工伤保险的发展规律。
4. 对比德美日工伤保险制度的异同。

第七章 生育保险政策与实践

本章学习要点

生育保险已逐渐被世界各国所认同,其在保护女性劳动者权益和促进提升人口素质方面发挥着重要作用。本章系统介绍了生育保险制度的概念、内容、原则、价值与功能、我国生育保险制度的发展演变及其改革、国外生育保险的实践与经验、我国生育保险制度的发展趋势。

第一节 生育保险制度概述

一、生育保险制度的概念

生育是指妇女从怀孕期开始到胎儿娩出母体的整个过程,分为产前、产中和产后三个阶段。生育保险制度是指职业妇女因生育而暂时中断劳动,由国家或单位为其提供生活保障和物质帮助的一项社会制度。[①] 其宗旨在于通过向生育职工提供生育津贴、医疗服务和产假等方面的待遇,保障妇女因生育而暂时中断劳动时的基本经济收入和医疗需求,帮助妇女安全度过生育期,并使婴儿得到必要的照顾和哺育。

生育保险作为社会保险的重要组成部分,是适应社会化大生产特别是市场经济的客观需要的产物,是一个国家经济发展和社会进步到一定历史阶段的必然制度选择,是国家保障妇女儿童权益的制度安排,也是国家社会公共政策的重要组成部分。

二、生育保险制度的内容

(一)生育保险基金

生育保险基金是国家通过立法在全社会统一建立的,用于支付生育保险费用的专项资金。世界大多数国家将生育保险资金的筹集和其他社会保险项目的资金结合起来,

---

① 黄润光. 我国"生育保险"的现状及前瞻 [J]. 人口与经济, 2002 (5): 76-79+9.

并向雇主和雇员双方征收一种单一的保险费。由于生育保险与医疗（疾病或健康）保险有着密切的联系，世界上比较通行的做法是将两者合并征费，如日本的生育保险包含在健康保险之中，经费来源为被保险人缴纳其薪金的4%，雇主负担的数额与被保险人相同，政府负担给付费用的16.4%及行政费用；[1] 韩国的疾病与生育保险基金来源包括被保险人工资收入的1.5%~4%（因工资水平而差异），雇主负担工资总额的3.24%，政府负担部分管理费用。[2]

（二）生育保险待遇项目

生育保险待遇是指育龄女性在生育期间依法享有的各种医疗照顾和物质补偿。其提供的待遇给付项目主要包括生育医疗保健服务、生育假期、生育津贴、育儿假期及育儿津贴等。

1. 生育医疗保健服务

生育医疗保健服务是提供孕期、分娩和产后所需的各种检查、咨询、助产、住院、护理和医药等一系列保健服务，以保障母婴平安健康。[3] 因此，目前的实施范围在全世界内有三类：①仅限于职业妇女；②除女性劳动者外，男职工的妻子符合供养近亲属条件也可以不同程度地享受生育保险；③所有生育妇女，只要按规定履行了缴费义务均可以享受。

2. 生育假期

产假是职业妇女在分娩或流产期间依法享有的假期。目前，产假的长度应以有利于产妇恢复健康为基础，结合社会政策和社会经济承受能力来制定。我国从1953年开始实行带薪产假，为期8周。2012年，《女职工劳动保护特别规定》将产假延长至98天。此外，还规定生育多胞胎增加产假时间，即在98天之外每多生1个婴儿增加产假15天。随着全面二孩政策的推行，各地根据《人口与计划生育法（2015年修正）》第25条的规定，符合法律、法规规定生育子女的夫妻可获得延长生育假的奖励或其他福利待遇，制定了当地的奖励生育假，也可称为奖励产假。[4] 随着三孩政策的实施，各地借修改人口与计划生育条例之机再次延长奖励产假，甚至有些地方还对此作出区分。如河北规定，生育第一、二个子女，延长产假为60天，生育第三个及以上为90天。截至目前，我国大多数省市普遍延长"奖励产假"至60天。[5]

3. 生育津贴

生育津贴是对生育期间女性工资收入损失依法给予的现金补偿，目的是为生育妇女提供基本生活保障。生育津贴的计算方法有均一制、工资比例制和混合制三种。

---

[1] 黎建飞. 社会保障法 [M]. 北京：中国人民大学出版社，2011：198+201+133.
[2] 范静. 全面三孩政策下完善生育支持体系的思考与建议——基于德、俄、日、韩的经验借鉴 [J]. 经济研究导刊，2023，532（2）：60-62.
[3] 邱凤莲. 从构建和谐社会看建立新型妇女社会福利体系 [J]. 湘潮（下半月），2010，339（8）：45-46.
[4] 全国人民代表大会常务委员会. 全国人民代表大会常务委员会关于修改《中华人民共和国人口与计划生育法》的决定 [EB/OL]. [2015-12-28]. https://www.gov.cn/zhengce/2015-12/28/content_5029897.htm.
[5] 蒲晓磊. 20多省份修改人口与计划生育条例 [J]. 法治与社会，2022（2）：52-53.

4. 育儿假期及育儿津贴

育儿假期是允许母亲或父亲任何一方在产假期满后，继续休假照顾婴儿，它只在少数国家实行，允许的育儿假期各国从3~6个月不等。育儿假期间给予适当育儿津贴，有些国家称为"母亲工资"或"父亲工资"，其标准低于生育津贴，例如，意大利的"母亲工资"是原工资的30%，匈牙利是低收入女工平均工资的50%左右。[①] 也有的国家不补偿育儿假期期间的收入损失，只为休假职工保留职位、计算工龄。[②]

(三) 生育保险与男性责任

生产行为由女性完成，生育责任是男女共同的。因此，生育保险制度不仅与女性有关，与男性也有关系。男性与生育保险的关系体现在以下三个方面：

1. 生育保险费由男女共同承担

即缴纳生育保险费，无论由雇主缴纳还是由雇主和雇员共同缴纳，都应该不分男女，包括全部职工。

2. 育儿假和父育假

男性不仅是生育保险费的承担者，男性也是生育保险的对象。从全世界的范围来看，男性作为生育保险的对象，或者说，男性享有生育保险的权利主要表现为：有权休育儿假和父育假，有权做节育手术，有权享受生育保险。育儿假由父亲和母亲共同享有，假期一般紧接着法定产假（母育假），父母双方可以商定由某一方休假照顾婴儿。而父育假只属于父亲，假期是在母亲产假其间。目前主要是欧洲、美国等发达工业国家规定了父亲育儿假。[③] 我国为了鼓励晚婚晚育，对晚育的男方也实行为期7天左右的带薪休假。父亲休假的产生与妇女越来越多地介入社会经济生活、就业比例不断上升和工资收入不断提高有关。此外，父亲休假也是男女公平就业价值观的体现。

3. 男职工接受节育手术享受生育保险

在我国，男职工与女职工一样，接受计划生育手术一般都享受广义的生育保险。

(四) 生育保险不予负担的费用

生育保险不予负担的费用主要包括违反国家或当地计划生育规定发生的医疗费用；因医疗事故发生的医疗费用；在非定点医疗机构发生的医疗费用；按照规定应当由职工个人负担的医疗费用；婴儿发生的各项费用；超过定额、限额标准之外的费用；不具备卫生行政部门规定的剖宫产手术证明，职工个人要求实施剖宫产手术的，超出自然分娩额定标准的费用；实施人类辅助生殖术（如试管婴儿）发生的医疗费。

三、生育保险制度的原则

(一) 普遍性原则

生育保险遵循保险的"大数法则"，即被保险人数越多，生育保险基金越多，承担

---

① 彭春婷，许佳琳，张智勇，等. OECD国家和中国生育产假政策的比较 [J]. 中国劳动关系学院学报，2019, 33 (6)：25-35+76.
② 林燕玲. 国外生育保护假期制度研究 [J]. 中国劳动关系学院学报，2018, 32 (6)：10-30.
③ 金盈盈，宋娟. 发达国家应对"少子化"政策对我国的启示及若干建议 [J]. 科学发展，2023, 171 (2)：107-113.

风险的能力也就越强。在我国就是要尽可能扩大生育保险的覆盖范围，提高单位和劳动者生育保险的参保率，使城镇各类用人单位所有符合条件的女职工在因生育而暂时不能劳动时，都能得到基本的生活保障和医疗保障。

（二）强制性原则

一方面，所有符合条件的用人单位必须依法为员工缴纳生育保险费，参保人一经参加生育保险就有权享受相应的保险待遇；另一方面，生育保险制度属于社会保险制度，社会保险制度涉及个人利益的调整和收入的再分配，因而，女性职工必须参加，不能像商业保险一样由自己决定是否参加。

（三）权利与义务相对等原则

生育保险是社会保险的组成部分，因此，具有社会保险通行的原则。社会保险待遇应当是缴费的回报，而不是政府提供的"免费午餐"。权利与义务对等的原则，要求被保险人必须履行规定的义务之后，才能具备享受生育保险待遇的权利。这些义务主要包括必须依法参加生育社会保险制度、必须依法缴纳生育社会保险费或税。简而言之，享受生育保险待遇的个人必须是参保单位的职工，且需要有过缴费记录。

（四）生育保险基金收支平衡的原则

生育保险根据"以收定支，收支大体平衡"的原则进行筹集资金。主要考虑生育保险享受人数和国家的人口政策相联系，预计性强，风险不大，不必留有节余。节余过多会加重企业负担，影响生育保险事业的健康发展。生育保险基金以够用为目标，参加统筹的用人单位，按照规定的比例缴纳生育保险费，职工个人不缴纳该费用。

（五）待遇水平与生产力发展水平相适应原则

生产力决定着经济发展水平，生育保险待遇水平要与当地的生产力发展水平相适应。生育津贴水平过低，不足以保障生育妇女和婴儿的基本生活。生育医疗费用补偿过低，不利于生育妇女到医院生孩子。带薪产假时间过短，不利于生育妇女恢复健康。生育保险待遇水平过高，影响用人单位生产经营活动的开展和盈利水平，加重用人单位的负担。因此，在生育保险政策的制定过程中，必须要结合本国国情与生产力发展水平，合理确定保障项目和支付范围。

四、生育保险制度的价值与功能

（一）生育保险制度有利于个人发展与家庭和谐

一方面，生育保险制度有利于保护与配置劳动力，促进女性劳动力的恢复与再生，保证女性劳动者的身心健康。因此，职工生育保险一般规定带薪休假。如果没有生育保险的保障，女工劳动力的恢复与再生就会受影响，进而影响职工的身心健康。因此，职工生育保险是保护女性劳动力的重要保障。另一方面，生育保险制度有利于减轻在职职工的后顾之忧、促进家庭和谐。生育保险制度不仅仅是对女性职工生儿育女提供健康服务、医疗保障和经济补偿，其产假、津贴制度具有更加广义的制度保障功能。[1] 生育保险制度是为了避免女工因承担生育责任而导致本人及其家庭的生活水平的突然下降。由于女性已经大规模地参与经济活动，因此女工的经济收入对于大多数家庭来说已经不再是无足轻重。职工生育保险惠及职工家属是为了减轻在职职工（主要是男性职工）的后顾之忧，使其保持正常的劳动效率。[2]

（二）生育保险制度有利于缓解企业之间的矛盾

这种矛盾是指企业之间生育费用负担畸轻畸重的矛盾。一方面，在生育保险实施之前，根据计划生育政策，女职工的生育费用由企业实报实销。由于女职工较多的单位，负担沉重，这导致了不同企业间生育费用负担的差异。[3] 这些不合理机制的内在矛盾，表现为承担生育保险费和提高企业经济效益相冲突。女职工在生育期间必须中断劳动，离开工作岗位，使所在企业直接蒙受给付无效报酬，承担顶岗损失、机会损失和管理费用等多项损失的代价。这些代价导致负担生育费用多的企业在不同程度上发生保险费吞吃利润的现象。[4] 实行生育保险社会统筹，在一定程度上缓解了这一矛盾，使企业支付的生育费用得到了相对的均衡，减轻了女职工集中企业的经济负担，使女职工多的企业和其他企业站在同一起跑线上参与市场竞争。另一方面，由于企业经济效益的影响，很多女工的生育保障待遇长期得不到落实，致使保护职工权益成为一句空话。实行生育保险制度后，生育待遇费用由社会统筹进行，统一由社会合理负担，这使保护职工合法权益能真正落到实处，提高了职工的获得感、幸福感和满足感。[5]

（三）生育保险制度是落实国家政策的重要手段

一方面，生育保险制度是落实国家人口政策的重要手段。生育保险是我国法律明确的五项社会保险制度之一，是中国特色社会保障体系的重要组成部分。实践证明，生育保险制度对改善生育文化、提升生育意愿和提高生育率，缓解人口老龄化，促进人口均衡发展具有显著积极效应。[6] 因此，落实生育保险制度有利于更好地发挥其促进人口均衡发展的调节作用，有利于增进社会团结、实现共同富裕。另一方面，生育保险制度是落实男女平等的基本国策的重要手段。[7] 我国劳动法明确规定：妇女享有与男子平等的就业权利。生育保险是维护妇女平等就业的表现形式。实行生育保险制度与生育保险社会统筹，可以均衡各行业、企业的生育费用负担；缓解用人单位对妇女就业的歧视，同时化解女职工因生育导致失业或减少工资收入的矛盾。在实施生育保险的条件下用人单位对男女雇员劳动能力的评价和用人标准更为客观，更趋于合理。[8] 因此，生育保险制度是劳动力市场上落实男女平等的基本国策、保障女性平等就业权的重要依托。

---

[1] 黄桂霞. 共享发展：中国妇女社会保障百年发展回顾与前瞻 [J]. 杭州师范大学学报（社会科学版），2022, 44 (6)：103-114.

[2] 汤兆云，高洁. 应对低生育困境的家庭支持政策：欧洲的经验及其启示 [J]. 武汉科技大学学报（社会科学版），2023, 25 (3)：281-289.

[3] 李剑欣，赵建强. 中小企业女职工权益保障困境分析 [J]. 经济与管理，2010, 24 (8)：93-96.

[4] 金晓娜. 中国生育保障制度设计与愿景 [J]. 中国集体经济，2012, 359 (27)：189-190.

[5] 邓文，文素美. 完善生育保险制度 维护女工权利 [J]. 中国医疗保险，2010, 16 (1)：51-53.

[6] 陆杰华，张宇昕. 中国式现代化进程中人口现代化的理论再思考 [J]. 青年探索，2023, 246 (4)：5-14.

[7] 杨菊华. 增强生育政策包容性 推进新时代性别平等事业发展 [J]. 人口与发展，2023, 29 (3)：12-15.

[8] 鲁全. 生产方式、就业形态与社会保险制度创新 [J]. 社会科学，2021, 490 (6)：12-19.

第二节　我国的生育保险制度

中国生育保险基本上是一种职工生育保险，其覆盖对象主要是城镇就业职工。中华人民共和国成立后，生育保险制度大致经过了从新中国成立初期的生育保险、计划经济时期的生育保险、生育保险制度的调整、生育保险社会统筹的全面推进四个阶段的演进历程，逐步形成了专门的生育保险制度。

一、新中国成立初期的生育保险

根据《中华人民共和国劳动保险条例》和以后的《中华人民共和国劳动保险条例（修正草案）》（政务院1953年1月2日〔53〕政财申字11号命令），新中国初期生育保险制度的内容有以下七个：

（1）覆盖对象。雇用工人与职员人数在100人以上的国营、公私合营、私营及合作社经营的工厂、矿场及其附属单位与业务管理机关。

（2）生育保险金。生育保险金包括在劳动保险金之中，实行全国统筹与企业留存相结合的基金管理制度。劳动保险金由企业行政或资方按工资总额的3%提留，其中30%上缴中华全国总工会，70%存于该企业工会基层委员会户内。

（3）生育休假及生育津贴。女工人与女职员生育，产前产后共给假56日，产假期间，工资照发。

（4）生育补助。女工人与女职员或男工人与男职员的配偶生育时，由劳动保险基金项目下付给生育补助费，其数额为5市尺红布，按当地零售价付给之；多生子女补助费加倍发给。此外，劳动保险基金对经济确有困难者在企业托儿所的婴儿给予伙食费补助。

（5）医疗服务。女工人与女职员怀孕，在该企业医疗所、医院或特约医院检查或分娩时，其检查费与接生费由企业行政方面或资方负担。

（6）女性临时工、季节工及试用工的生育保险。怀孕及生育的女工人、女职员，其怀孕检查费、接生费、生育补助费及生育假期与一般女工人、女职员相同；产假期间由企业行政或资方发给产假工资，其数额为本人工资的60%。

（7）其他。关于小产、难产和多胎的保险规定。

二、计划经济时期的生育保险

20世纪60年代初，我国完成了对私营经济的"社会主义改造"，计划经济体制随之确立，劳动者的"单位所有制"逐步形成。"文化大革命"使这种变化得以加强。① 1969年2月，财政部颁发了《关于国营企业财务工作中几项制度的改革意见（草稿）》规定："国营企业一律停止提取工会经费和劳动保险金"，"企业的退休职工、长期病号工资和其他劳保开支，改在企业营业外列支"。从此，我国社会保险的统筹制度中断了，生育保险制度随之发生了变化：

（1）生育保险的国家统筹消失，企业生育保险形成。各企业只对本企业的女职工负责。

（2）随着"临时工"实际上都成了"固定工"，生育保险从适合多种用工制度变化成了适合单一的用工制度。

上述变化使生育保险从"社会"走向"企业"，它的多层次与灵活性也消失了，使其在以后的经济体制改革中成了影响妇女公平就业的障碍。1978年以后，我国进入改革开放时期，为了进一步规范女性劳动者的劳动保护制度，我国陆续出台了一系列有关法律政策：1986年5月，国务院发布《女职工保健工作暂行规定》；② 1988年6月，国务院发布《女职工劳动保护规定》；③ 同年9月，原劳动部发布了《关于女职工生育优待若干问题的通知》。④ 这些政策针对改革开放后出现的新情况，对新中国成立初期的生育保险制度进行了局部改革，具体有以下三个方面：①规定产假从56天延长到90天，产期期间工资照发；②规定不得在女职工孕产、哺乳期降低其基本工资或解除劳动合同；③规定女职工怀孕期间的检查费、接生费、手术费、住院费和药费由所在单位负担。

三、生育保险制度的调整

20世纪70年代末，伴随我国的计划经济逐步走向社会主义市场经济，企业自负盈亏独立核算的原则已有共识。为避免更多的"性别亏损"，追求利润最大化，企业或者减少使用女工，或者在落实企业生育保险规定时打折扣，妇女公平就业的权利因此受到损害。⑤ 为了不让妇女因承担生育责任而影响就业，变企业生育保险为社会生育保险、生育保险基金社会统筹，就成为我国生育保险制度改革的方向。

而此时原有的生育保险制度已经与市场经济条件下企业制度不相适应，国家又没有统一的新政策，医疗保险制度和养老保险制度的改革试点正在全国许多省市进行，各地的生育保险制度改革也就各显神通。各地改革措施主要有以下两个方面：

（1）生育保险基金社会统筹。1988年9月1日，江苏省南通市开始实行《南通市

---

① 潘锦棠. 中国生育保险制度的历史与现状[J]. 人口研究，2003（2）：29-35.
② 国务院. 女职工保健工作暂行规定[EB/OL]. [1986-05-30]. https：//china. findlaw. cn/fagui/p_1/185106. html.
③ 国务院. 女职工劳动保护规定[EB/OL]. [1988-06-28]. http：//www. nhc. gov. cn/fys/s7899/200804/12b475 b831e04a5b9d9264d553ef9211. shtm.
④ 劳动部. 关于女职工生育优待若干问题的通知[EB/OL]. [1988-09-04]. http：//rsj. nc. gov. cn/ncsrsj/zcfg/198809/0ca238d0ffdb453884252b11cc6363d7. shtml.
⑤ 蒋永萍. 社会性别视角下的生育保险制度改革与完善——从《生育保险办法（征求意见稿）》谈起[J]. 妇女研究论丛，2013（1）：47-52+71.

全民、大集体企业生养基金统筹暂行办法》，企业按男女全部职工人数每年一次性向社会统筹机构上缴一定数额的资金，建立女职工生养基金。统筹企业中有女职工生育，其生育医疗费和生育津贴由社会统筹机构负责支付。

（2）夫妇双方所在企业平均分摊生育保险费用。1988年，辽宁省鞍山市实行《鞍山市保护老人、妇女、儿童合法权益的规定》（以下简称《规定》）。[1] 该《规定》要求：生育津贴由夫妻双方所在企业各自承担50%，如果男方在部队、外地或机关工作，则由女方单位全部承担（第三章第八条）。实行类似规定的还有苏州等市、县。

生育保险基金社会统筹或生育保险费用分担在很大程度上减轻了试行企业生育保险费用的压力，对妇女就业产生了积极作用。但由于地方法规的非权威性、各地操作管理上的复杂性，基金的收缴有一定的困难，尤其是对于男职工较多的企业。各地办法不统一，也增加了管理与监督上的难度。[2] 因此很需要有全国统一的法规出台。

四、生育保险社会统筹的全面推进

1994年颁布的劳动法明确要求建立生育保险制度。为了贯彻落实劳动法，原劳动部在总结各地生育保险改革实践经验的基础上，于1994年12月14日颁布了《企业职工生育保险实行办法》（劳部发〔1994〕504号），[3] 明确生育保险按属地原则组织，实行社会统筹。并对生育保险的实施范围、基金征集原则及提取比例、基金列支渠道和待遇支付标准等提出原则性意见。确立了生育保险制度改革的基本框架。

1995年，国务院发布《中国妇女发展纲要（1995—2000年）》，[4] 提出到20世纪末，"在全国城市基本实现女职工生育费用的社会统筹"。为了实现这一目标，原劳动部于1997年下发了《生育保险覆盖计划》（劳部发〔1997〕291号文件），[5] 规定：到20世纪末，按照建立现代企业制度的需要，改革女职工生育保险制度；尽快建立生育保险基金，将女职工生育保险费用由企业管理逐步改为社会统筹管理；将实施范围由国有企业职工扩展到所有城镇企业的各类职工；逐步实现在直辖市和地级市范围内统一保险项目、统一缴费比例、统一给付标准。

2009年9月，人力资源和社会保障部办公厅发出《关于确定城镇居民生育保障试点城市的通知》（人社厅函〔2009〕355号），[6] 对城镇居民生育保障试点工作做出部署。试点的基本内容是已经开展城镇居民基本医疗保险的地区，可以将参保居民符合

---

[1] 鞍山市人民代表大会. 鞍山市保护老人、妇女、儿童合法权益的规定[EB/OL]. [1988-09-01]. https://www.lawtime.cn/info/tiaojie/lihundiaojiezhishi/201011309577.html.

[2] 覃成菊, 张一名. 我国生育保险制度的演变与政府责任[J]. 中国软科学, 2011 (8): 14-20.

[3] 劳动部. 企业职工生育保险实行办法[EB/OL]. [1994-12-14]. http://www.npc.gov.cn/zgrdw/npc/ztxw/tctjcxsbtxjs/2014-05/20/content_1863708.htm.

[4] 国务院. 中国妇女发展纲要（1995-2000年）[EB/OL]. [1995-08-07]. https://www.cnr.cn/2008zt/fnsd/zcfg/200810/t20081021_505129625.html.

[5] 劳动部. 生育保险覆盖计划[EB/OL]. [1997-10-08]. http://fgcx.bjcourt.gov.cn:4601/law?fn=chl094s197.txt&dbt=chl.

[6] 人力资源和社会保障部. 关于确定城镇居民生育保障试点城市的通知[EB/OL]. [2009-09-10]. https://www.gov.cn/zwgk/2009-11/04/content_1456002.htm.

规定的产前检查、住院分娩费用纳入基本基金支付范围。

2011年7月施行的《社会保险法》明确规定："国家建立基本养老保险、基本医疗保险、工伤保险、失业保险、生育保险等社会保险制度，保障公民在年老、疾病、工伤、失业、生育等情况下依法从国家和社会获得物质帮助的权利。"根据《社会保险法》的规定，人力资源和社会保障部于2012年11月起草了《生育保险办法（征求意见稿）》，主要对生育保险的适用范围、生育保险基金的筹集和使用、生育保险待遇、生育保险经办管理和监督、相关法律责任等内容作了具体规定，其中主要有两项重大调整：一是生育保险的缴费比例大幅降低，由现行规定的1%拟降为"不超过0.5%"；二是生育保险的覆盖范围扩大，由目前的城镇企业及其职工，拟调整为国家机关、企业、事业单位、有雇工的个体经济组织以及其他社会组织等各类用人单位及其职工。但该"征求意见稿"一直未能正式公布。

2017年1月，国务院办公厅《关于印发〈生育保险和职工基本医疗保险合并实施试点方案〉的通知》（国办发〔2017〕6号），[①] 正式启动两险合并的试点工作。2017年6月底前试点启动，试点期限为1年左右。通过先行试点探索适应我国经济发展水平、优化保险管理资源、促进两项保险合并实施的制度体系和运行机制。

2019年3月，国务院办公厅《关于全面推进生育保险和职工基本医疗保险合并实施的意见》（国办发〔2019〕10号）出台，[②] 标志着生育保险与职工基本医疗保险两险合并工作的全面推开，并要求做到统一参保登记、统一基金征缴与管理、统一医疗服务管理、统一经办和信息服务、确保职工生育期间的生育保险待遇不变以及确保制度可持续。

2022年7月，国家卫生健康委、国家发展改革委等多个部门联合发布《关于进一步完善和落实积极生育支持措施的指导意见》（国卫人口发〔2022〕26号），[③] 提出要优化生育产假制度，并完善生育保险等相关社会保险制度。其中指出："强化生育保险对参保女职工生育医疗费用、生育津贴待遇等保障作用，保障生育保险基金安全。有条件的地方可探索参加职工基本医疗保险的灵活就业人员同步参加生育保险。未就业妇女通过参加城乡居民基本医疗保险享受生育医疗待遇。为领取失业保险金人员缴纳职工基本医疗保险费（含生育保险费），保障其生育权益，所需资金从失业保险基金列支。"这进一步扩大了生育保险的保障人群的范围。

五、生育保险与计划生育

将人口政策与生育保险相联系是世界许多国家的通用做法。一些鼓励增加人口的

---

① 国务院．关于印发《生育保险和职工基本医疗保险合并实施试点方案》的通知[EB/OL]．[2017-01-19]．https：//www.gov.cn/gongbao/content/2017/content_5171329.htm.
② 国务院．关于全面推进生育保险和职工基本医疗保险合并实施的意见[EB/OL]．[2019-03-25]．https：//www.gov.cn/xinwen/2019-03/25/content_5376583.htm.
③ 国家卫生健康委员会等．关于进一步完善和落实积极生育支持措施的指导意见[EB/OL]．[2022-07-25]．https：//www.gov.cn/zhengce/zhengceku/2022/08/16/content_5705882.htm.

国家往往在生育保障中奖励多子女家庭，而中国特定时期内为了控制人口则采取奖励独生子女家庭的政策。鼓励计划生育体现在社会保障的政策之中，与生育保险也有关联。与生育保险有关的事项有实施节育（包括绝育）措施的各项费用、独生子女费、女性休假、独生子女母亲延长的产假、晚婚晚育父亲护理假以及各项休假津贴等等。关于计划生育的各项休假及津贴，与生育保险一样都由各企业负担。在各地的改革试点中，计划生育费用开始与生育保险基金相关联。

2015年10月29日，党的十八届五中全会决定"坚持计划生育的基本国策，完善人口发展战略，全面实施一对夫妇可生育两个孩子政策"。标志着中国实施了35年的"独生子女政策"宣告终结。此后，2021年5月31日，中共中央政治局召开会议，会议指出，进一步优化生育政策，实施一对夫妻可以生育三个子女政策及配套支持措施，保持我国人力资源禀赋优势。计划生育政策的调整也对生育保险提出了新的要求，《关于进一步完善和落实积极生育支持措施的指导意见》（国卫人口发〔2022〕26号）从优化生育休假制度、完善生育保险等相关社会保险制度进一步完善了生育休假和待遇保障机制。从优化生育休假制度来看，提出各地要完善生育休假政策，帮助职工平衡工作和家庭关系，促进公平就业和职业发展。结合实际完善假期用工成本合理分担机制，明确相关各方责任，采取切实有效措施保障职工假期待遇；从完善生育保险等相关社会保险制度来看，指出由国家统一规范并制定完善生育保险生育津贴支付政策，强化生育保险对参保女职工生育医疗费用、生育津贴待遇等保障作用，保障生育保险基金安全，并指导地方综合考虑医保（含生育保险）基金可承受能力、相关技术规范性等因素，逐步将适宜的分娩镇痛和辅助生殖技术项目按程序纳入基金支付范围。

第三节 国外典型国家的生育保险制度

一、生育保险的分类

（一）社会保险型生育保险制度

社会保险型生育保险制度（Social Insurance System），也称实行参保制生育保险制度，是通过立法规定个人、雇主、政府对疾病或生育保险基金的筹资比例，建立统一的基金，由基金支付覆盖群体的生育或医疗费用。[1][2] 当前，采取该制度的国家有德国、日本、法国、韩国、美国等。

（二）福利型生育保险制度

福利型生育保险制度（Universal, Social Insurance, and Social Assistance System），

---

[1] 乌日图，孙丽平，解梦. 生育保险实用手册 [M]. 北京：中国劳动社会保障出版社，2002：392.
[2] 卢驰文. 社会保险与社会福利 [M]. 上海：复旦大学出版社，2017：361.

也称强制保险型和普遍医疗保健相结合制的生育保险,通常在经济发展程度高且重视社会保障制度的国家实施。① 这种制度的主要特征是国家提供的医疗保健项目原则上适用于全体居民。当前,采取该制度的国家有英国、丹麦、瑞士、加拿大、瑞典等。

(三) 储蓄基金和雇主责任型生育保险制度

储蓄基金和雇主责任型制度(Provident Fund and Employer-liability System),也称为公积金制度,主要实行于发展中国家,是一种强制性的储蓄制度。②③ 当前,采取该制度的国家有新加坡和马来西亚。

(四) 其他类型

社会保险和雇主责任制相结合的制度(Social Insurance and Employer-liability System),又称雇主责任型。这种制度所占的比例比较小,一般在经济尚不发达的国家中采用,如利比亚、布隆迪和尼日利亚。而实行社会保险和私人保险制度相结合(Social Insurance, Mandatory Private Insurance, and Social Assistance System)的主要国家是秘鲁。

二、社会保险型代表国家——德国

(一) 德国生育保险基金

1. 基金来源

(1) 被保险人。在疾病、生育和医疗津贴方面,月承保收入的7.3%。每月额外缴纳的保险费因疾病基金而异,最高为月承保收入或月养老金的1.7%。在长期护理津贴方面,大多数联邦州为月保险收入的1.275%。

(2) 雇主。在疾病、生育和医疗福利方面,每月承保工资的7.3%。针对月收入低于850欧元的人群有特殊条件。在长期护理津贴方面,在大多数联邦州,每月承保工资的1.275%。

(3) 政府。在疾病、生育和医疗津贴方面,对法定疾病保险机构提供的非保险福利进行统一支付。在长期护理津贴方面,为失业人员、领取养老金的农民和根据《联邦培训补助法》领取补助金的学生缴费。

2. 筹集管理

联邦卫生部提供全面监督,指定的州当局负责州一级的监督。疾病基金是根据公法成立的自治公司,负责管理缴费和福利。单独的疾病基金由全国性的联合会组织,如适用,也可由州一级的联合会组织。由行政委员会选出的董事会负责基金的日常管理。

(二) 德国生育保险的具体内容

1. 覆盖范围

疾病、生育和医疗津贴覆盖年收入不超过59400欧元的工薪劳动者;领取养老金

---

①② 乌日图,孙丽平,解梦. 生育保险实用手册[M]. 北京:中国劳动社会保障出版社,2002:392.
③ 卢驰文. 社会保险与社会福利[M]. 上海:复旦大学出版社,2017:361.

者、学生、残疾人、学徒和失业救济金领取者。

2. 资格条件

现金产假补助金,支付给疾病基金的女性成员。

3. 相关待遇

产假补助金针对在职妇女,是产假开始前三个月内的平均净收入的100%,可在产前六周和产后八周领取。在早产的情况下,产假补助金的期限将按分娩前未申请的期限延长。对于有私人或家庭保险的妇女,联邦各州在某些情况下会支付相当于疾病补助金的产假补助金,总额最高可达210欧元。

三、福利型代表国家——英国

(一) 英国生育保险基金

1. 基金来源

(1) 被保险人。在全民的医疗福利方面,每周157~866英镑缴纳收入的2.05%,超过866英镑应缴纳收入的1%。在社会保险的现金津贴方面,就业和支助津贴(丧失工作能力津贴)和产妇津贴,同老年、残疾和遗属项下的资金来源。①

(2) 自营职业者。在社会保险的现金津贴方面,就业和支助津贴和生育津贴,同老年、残疾和遗属项下的资金来源。②

(3) 雇主。全民保险的医疗津贴,需缴纳雇员收入的1.9%。社会保险的现金津贴,需缴纳法定病假工资的总费用。法定产假工资、陪产假工资和共同育儿工资的8%。就业和支助津贴及生育津贴,同老年、残疾和遗属项下的资金来源。③

(4) 政府。在全民的医疗津贴方面,需缴纳医疗津贴的大部分费用。社会保险的现金津贴,缴纳法定产假、陪产假和共同育儿工资的92%;同老年、残疾和遗属项下的资金来源。④

2. 筹集管理

由就业与养老金部下属的就业中心负责管理劳动适龄人口的福利,并帮助他们寻找工作。卫生部则通过国民健康服务管理医疗福利和服务。

(二) 英国生育保险的具体内容

1. 覆盖范围

产妇津贴的覆盖是无资格领取法定产假工资的女性雇员、自营职业者和无报酬的家庭劳动者。法定产假工资为平均收入至少为每周113英镑的女性就业人员。法定陪产假工资为平均收入至少为每周113英镑的就业人员,其妻子或伴侣已经怀孕。

---

① 需缴纳157~866英镑每周收入的12%,外加超过866英镑每周收入的2%。自愿投保者每周统一缴费14.25英镑。
② 收入高于6025英镑但低于8164英镑的统一费率为每周2.85英镑,加上8164~45000英镑申报年收入的9%,加上高于45000英镑申报年收入的2%。自营职业者缴款的15.5%将分配给国民健康服务局,用于医疗福利。自营职业者的缴款还用于支付就业和支助津贴以及产妇津贴。
③ 需缴纳雇员收入超过每周157英镑的13.8%。雇主的缴款还为工伤津贴和失业津贴提供资金。
④ 弥补缴费计划的任何赤字。

2. 资格条件

产妇津贴的获取资格，需在预产期前的 66 周内至少工作 26 周，且在 13 周内每周平均收入至少达到 30 英镑。失业妇女、自营职业妇女或从事无报酬家庭劳动的妇女在预产期前的 66 周内至少工作 26 周，可领取减少的补助金。

法定产假工资，必须在预产期前第 15 周之前被同一雇主连续雇用至少 26 周。被保险人的周收入不得低于收入下限。收入下限为 113 英镑。法定陪产假工资，必须在预产期第 15 周之前连续受雇于同一雇主至少 26 周。

产假补助金，受保人必须养育的是头胎，或者如果受保人已经有 16 岁以下的子女，则必须按多胎的标准，而且必须正在领取某些低收入补助。

3. 相关待遇

产妇津贴，需自预产期前第 11 周起，每周支付 140.98 英镑或平均周收入的 90%，最长支付 39 周；或每周支付 27 英镑，最长支付 14 周。

法定产假工资为前 6 周，雇主支付平均周薪的 90%；后 33 周，每周支付 140.98 英镑或平均周薪的 90%，总计不超过 39 周。法定陪产假工资，需雇主每周支付 140.98 英镑或平均每周收入的 90%，为期一周或两周。

产假补助金（Sure Start Maternity Grant），① 截至 2017 年 4 月，需一次性支付 500 英镑（如果投保人之前生育过单胎，则三胞胎可获得 1000 英镑）。

四、储蓄基金和雇主责任制型代表国家——新加坡

（一）新加坡生育保险基金

1. 基金来源

（1）被保险人。社会保险的医疗保险人寿计划和医疗津贴，每年的保费因年龄和投保人是否被评估患有某些既存病症而异。公积金的医疗保险储蓄计划和医疗补助金，同老年、残疾和遗属项下的资金来源。②

（2）自营职业者。社会保险的医疗保险人寿计划和医疗津贴及保费支付与被保险人的要求相同。公积金的医疗保险储蓄计划和医疗补助金，同老年、残疾和遗属部分的资金来源。③

（3）雇主。公积金的医疗保险储蓄计划和医疗补助金，同老年、残疾和遗属部分的资金来源。④ 雇主责任的现金疾病和生育津贴，同总费用。雇主可为上述两类福利申请医疗费用免税，但不得超过其工资成本的一定比例。

（4）政府。社会保险的医疗保险人寿计划和医疗补助，需提供经济情况调查保费

---

① 一种生育津贴［EB/OL］. https：//www.gov.uk/sure-start-maternity-grant.
② 被保险人的年龄在 56 岁以下者，需缴纳每月收入至少 750 新元的 20%；年龄在 56~60 岁者，需缴纳每月收入的 13%；年龄在 61~65 岁者，需缴纳每月收入的 7.5%；年龄在 66 岁或以上者，需缴纳每月收入的 5%。月收入至少 500 新元，但不足 750 新元的投保人，根据年龄和收入缴纳统一的月金额。
③ 仅向医疗保险储蓄计划缴纳年贸易净收入的 4%~10.5%。
④ 55 岁或以下的雇员缴纳每月工资额超过 50 新元的 17%，56~60 岁的雇员为 13%，61~65 岁的雇员为 9%，66 岁或以上的雇员为 7.5%。

补贴。公积金的医疗保险储蓄计划和医疗津贴，政府需作为雇主缴费。雇主责任的现金疾病和生育津贴，政府需作为雇主缴费。

2. 筹集管理

人力部通过其劳资关系和工作场所司对雇主责任方案进行总体监督，并执行相关法律。人力部通过其收入保障政策司对公积金计划进行政策监督。中央公积金委员会负责保管基金、收取缴款和支付福利。卫生部负责监管政府医院和私营医疗机构提供的医疗服务并提供政策指导。

（二）新加坡生育保险的具体内容

1. 覆盖范围

社会保险的医疗保险人寿计划和医疗福利，覆盖新加坡公民和永久居民。公积金的医疗保险储蓄和医疗保险金，覆盖范围为受雇人员，包括大多数类别的公共部门雇员；以及年净收入超过6000新元的自雇人员。雇主责任的现金疾病和生育津贴，覆盖受雇人员，但排除自营职业者。与就业相关的现金生育津贴，覆盖就业人员和自营职业者。

2. 资格条件

现金生育津贴的雇主责任和与就业相关，必须在分娩前至少有三个月的工作或自营职业，并与孩子的父亲结婚。医疗福利的医疗保险人寿计划和社会保险，没有最短资格期限。医疗保险储蓄的公积金，没有最短资格期，但有提取限制。

3. 相关待遇

产假补助金的雇主责任和与就业相关待遇，需支付雇员工资总额的100%，最长不超过16周。对于第一个和第二个孩子，雇主支付前八周的费用，之后由政府支付；对于之后的每个孩子，政府支付全部16周的费用。

五、其他类型代表国家——利比亚和秘鲁

（一）利比亚生育保险基金

1. 基金来源

（1）被保险人。在社会保险的现金福利和医疗福利方面，同老年、残疾和遗属项下的资金来源。[①] 被保险人无须支付雇主责任保险。

（2）自营职业者。在社会保险的现金福利方面，同老年、残疾和遗属项下的资金来源；[②] 支付每月承保申报收入总额1.425%的额外缴款。用于计算缴款的最低月收入为450第纳尔。

（3）雇主。在社会保险的现金福利和医疗福利方面，同老年、残疾和遗属项下的资金来源。[③] 雇主责任保险需支付总成本。

[①] 需缴纳每月保险总收入的3.75%。
[②] 需缴纳每月申报总收入的15.675%。
[③] 每月需缴纳承保工资总额的10.5%；外国雇主为11.25%。

(4) 政府。在社会保险的现金福利方面，同老年、残疾和遗属项下的资金来源；① 为个体经营者支付每月申报总收入 0.075% 的额外缴款。

2. 筹集管理

劳工和社会事务部提供了一般监督；社会保障基金通过地区和地方办公室管理社会保险计划。

(二) 利比亚生育保险的具体内容

1. 覆盖范围

社会保险为雇员和自营职业者提供现金疾病和医疗福利，为自营职业者提供现金生育津贴。社会保险覆盖范围不包括受雇人员。雇主责任保险的覆盖范围为所有受雇人员，但不包括个体经营者。

2. 资格条件

社会保险的现金生育福利，需在预产期之前必须有至少六个月的自营职业，并且在过去六个月内有四个月的缴费；医疗福利必须领取疾病福利、生育福利或养老金；怀孕福利和出生补助金，没有最短资格期限。雇主责任的现金生育津贴，必须提供医疗证明。

3. 相关待遇

社会保险的生育津贴，需在预产期前三个月和预产期后三个月内支付被保险人最后一个月受保收入的 100%。怀孕福利，需从怀孕第四个月直至分娩，每月支付 3 第纳尔。生育补助金，需在每次生育时一次性支付 25 第纳尔。

(三) 秘鲁生育保险基金

1. 基金来源

(1) 被保险人。无须支付。

(2) 自营职业者。每月保费为 64 索尔，另加 2016 年之前受保人每个家属的额外统一费率缴费，2016 年以来受保人每月 137~215 索尔，具体取决于受保人的年龄（仅限医疗福利）；个体渔民和鱼类加工商销售额的 9%；农业工人法定月最低工资的 4%，法定月最低工资是 930 索尔。

(3) 雇主。每月承保工资的 9%；农业工人 4%。用于计算缴款的最低月收入是法定的月最低工资，计算缴款时没有最高收入限制。

(4) 政府。无须支付，但政府需作为雇主做出贡献。

2. 筹集管理

社会保障健康保险负责管理生育保险计划；国家卫生监督局对私营医疗机构进行授权和监督；国家海关和税务总局负责收集相关费用。

(四) 秘鲁生育保险的具体内容

1. 覆盖范围

覆盖范围包括公共和私营部门雇员、工人所有制企业和合作制企业的雇员、家庭工人、农业工人、自营渔民和鱼类加工商、养老金领取者以及被保险人的配偶、伴侣、

---

① 投保人需缴纳承保收入的 0.75%，自营职业者需缴纳 0.825%。

子女或家属。

2. 资格条件

社会保险的现金生育津贴和护理津贴，必须有至少连续三个月的缴费或在怀孕前六个月内至少有四个月的缴费。农业和码头工人必须在怀孕前的12个月内至少连续三个月缴款或至少四个月缴款，并且必须在孩子出生的月份期间缴款。

3. 相关待遇

社会保险子公司的产妇福利，需按受保人过去四个月平均每日收入的100%支付，直至最高收入水平，持续98天。

第四节　生育保险制度的发展趋势

一、完善生育保险制度的必要性

（一）少子老龄化的现实需要鼓励全民生育

社会生产的必要前提是人口再生产，只有实现人口的可持续发展才能实现经济、社会的可持续发展。近年来，我国人口出生率持续下降，国家统计局公布的人口数据显示，2022年全国常住人口出生率仅为6.77‰，[1] 比上年末减少85万人，创下1949年以来新低。2022年全国人口自然增长率为-0.6‰，这是我国自1960年（-4.57‰）后人口自然增长率首次呈现负数。与此同时，《2022年国民经济和社会发展统计公报》显示，我国60周岁及以上人口为28004万人，占全国人口的18.9%，其中65岁及以上人口为20978万人，占全国人口的14.9%，较去年增加0.7%。以上数据表明从2022年开始，我国人口进入负增长时期，同时进入老年人口高速增长时期，少子老龄化问题日益凸显。

（二）人口政策的调整要求改进生育保险制度

自20世纪70年代末实施计划生育政策以来，我国总和生育率一直处在2.1的更替水平以下。面对持续下降的总和生育率，我国逐渐放松计划生育政策，分别于2011年、2013年、2016年实施了"双独二孩""单独二孩""全面二孩"政策。"全面二孩"政策实施后，2016年出生人口数量有明显增幅。但随着二孩生育势能基本释放，全国常住人口出生率也从2016年的最高点12.95‰，收缩至2021年的7.52‰，出生人口也从2016年的1786万人，"断崖式"下降至2021年的1062万人。[2] 为避免我国掉入"超低生育率陷阱"，促进人口长期均衡发展，2021年6月，中共中央、国务院颁布

---

[1]《2022年国民经济和社会发展统计公报》[EB/OL]. https://www.gov.cn/xinwen/2023-02/28/content_5743623.htm.

[2]《2021年国民经济和社会发展统计公报》[EB/OL]. https://www.gov.cn/xinwen/2022-02/28/content_5676015.htm.

《关于优化生育政策促进人口长期均衡发展的决定》，正式推行"三孩政策"。相比"二孩"而言，"三孩"会使公民面临的生育成本问题更加凸显。因此，改进生育保险制度，构建一套与我国目前人口状况和经济发展水平相适应的生育保险制度体系，对于适应人口政策的调整有重要意义。

（三）实现共同富裕要求生育保障待遇的分配公平

生育保障待遇的分配公平在极大程度上影响共同富裕的实现程度。目前，我国的生育保障制度包括城镇职工生育保险制度和城乡居民基本医疗保险制度，而后者只是对缴纳生育保险的城镇职工之外的参保群体从城镇居民基本医疗保险或新农合中报销一部分生育费用，这使城镇职工与其他社会群体间的生育福利存在差别，造成社会群体间的生育保障的差异性。在共同富裕的时代背景下，扩大生育福利覆盖面是实现生育保险待遇公平分配的前提和基础。为实现新时代共同富裕的目标，构建全民统一的"国民"生育保险制度，真正实现生育保障待遇的分配公平已是势在必行。

二、现行生育保险制度的缺陷

（一）生育保险制度发展不平衡

1. 区域结构发展不平衡

一方面，城乡结构发展失衡。相较于城镇职工，城乡居民这一群体人口数量更多，却难以获得切实有效的生育保障。当前的规章制度分别规定城乡居民医疗保险参保人员住院分娩发生的符合规定的医疗保险"三目录"费用报销仅限于产期，而孕期、哺乳期不在保障范围之内，难以从根本上减轻因生育行为所发生的风险。另一方面，地区发展失衡。经济相对发达的东部地区生育保险制度覆盖面、参保人数比经济欠发达的西部地区要广而多，生育保险支付待遇与保障程度标准也存在较大差别。尽管生育保险被并入医疗保险，但这些问题也没有得到实质上的解决。

2. 性别结构发展不平衡

我国生育保险制度设计在很大程度上维护了女性生育权益，但却在一定程度上忽视了男性在履行义务的同时理应享受相对应的权益。例如，生育保险基金不支付男职工休护理假期间的津贴，这部分津贴由用人单位承担，所以当用人单位忽视男职工休假权益时，他们难以通过法律武器维护自己的权益。此外，过度地强调女性权益反而会适得其反，对家庭结构和社会结构的稳定性产生潜在的负面影响，如"母职惩罚"。[①] 但是对于男性而言，传统家庭角色赋予的养家责任会需要其在孩子出生后更加努力地工作，生育甚至还会带来"父职溢价"。[②]

（二）生育保险制度发展不充分

1. 待遇支付不充分

①生育保险待遇呈重"生"轻"育"倾向。社会保险法明确规定生育保险待遇由

---

① 杨菊华. "性别——母职双重赋税"与劳动力市场参与的性别差异[J]. 人口研究, 2019, 43 (1): 36-51.
② 杨凡, 何雨辰. 中国女性劳动供给中的"母职惩罚"[J]. 人口研究, 2022, 46 (5): 63-77.

生育医疗费用和生育津贴组成，而未考虑孩子出生后的一系列现实问题。②生育医疗待遇保障不足。目前的生育医疗待遇已远远不能满足生育女性的需求，离生育成本社会化还有较大差距，难以完成生育支持目标的实现。① ③生育津贴额度激励效果不足。生育津贴是对女性在生育期间无法工作的经济补偿，其支付额度为"职工所在用人单位上年度职工月平均工资"。然而，目前生育津贴的额度仅仅弥补了女性职工生育期间的工资，在生育激励方面的作用远远不足。

2. 法治化程度不充分

我国当前在生育保险制度领域尚无一部专门的"生育保险法"，该制度被分散规定在多部法律文件之中。目前与生育保险制度相关的法律法规主要有 2018 年修订的《中华人民共和国社会保险法》、2018 年修订的《中华人民共和国妇女权益保障法》、2019 年出台的《关于全面推进生育保险和职工基本医疗保险合并实施的意见》及 2021 年修订的《中华人民共和国人口与计划生育法》。前述几部法律法规中涉及生育保险制度的规定较为粗略，可操作性不强，强制性不足。此外，地方政府根据高位法律法规制定本地区的生育保险条例，在实际实施过程中主要以低级别的行政规范文件为指导，这极易导致生育保险制度在各地落实过程中出现差别对待的情况。

三、生育保险制度的发展趋势

当前，我国正处于人口发展战略转型的关键时期，总和生育率水平继续走低，新出生人口快速下降，人口总量增长缓慢，已经进入"负增长"区间。面对当前我国人口出生率和享受待遇人数急剧下降的"增量"空间，加快完善生育保险制度面临重大改革"窗口期"。② 建议构建与人口发展相适应的覆盖全民、统筹城乡、公平统一、安全规范及可持续的国民生育保障体系，更好发挥生育保险制度的生育支持功能。

扩大覆盖范围是生育保险制度改革的关键，构建覆盖全民的生育保险制度使生育保障更加可及。具体措施包括以下三个：①实现职工人群"全覆盖"。将现行生育保险制度覆盖范围扩大到全部职工医保参保人群，这有利于将机关事业单位以及部分灵活就业人员纳入参保范围。同时，进一步完善失业人员生育保险参保缴费办法，用好失业保险基金中用于失业人员的生育保险补助和再就业培训，保障好失业人员的生育保险待遇。②支持家庭联保，将参加生育保险的男职工的未就业配偶纳入生育津贴覆盖范围。③ 我国现有生育保险规定参保男职工的未就业配偶只能通过其男性配偶获得生育医疗费用一半的报销待遇，不能享受生育津贴。建议将男性参保职工未就业配偶纳入生育津贴覆盖范围，提高职工生育津贴制度的覆盖率。③研究探索建立灵活就业人员的参保缴费政策。建议按照"个人缴一半、财政补助一半"的思路，建立灵活就业人员生育保障基金，解决灵活就业群体尚无生育保险的问题，构建无盲区、无死角、无漏洞、全覆盖的生育保险制度。

---

① 季言玲，杨涛. 论低生育率背景下生育保险制度待遇工作 [J]. 就业与保障，2023（2）：85-87.
②③ 袁涛. 低生育率背景下完善生育保险制度的建议 [J]. 人口与健康，2022（8）：27-29.

(一) 统筹城乡

由于我国长期以来实行双轨制生育保险制度，城乡居民相对于城镇职工缺少生育保险的保障。为确保农村居民、进城务工人员及其家属与城市居民一样享有平等的生育保障权利，应建立健全城乡居民生育保险制度以及农村生育保险制度。①建立城乡居民生育保险制度，破除城乡居民与城镇职工生育保险双轨制。当前，一些地方政府作出了建立城乡居民生育保险的尝试，例如，马鞍山市出台《关于进一步完善城镇职工和城乡居民生育保险有关政策的通知》等政策，将享受基本医疗保险的灵活就业人员和有雇工的个体工商户及其雇工分别纳入居民和城镇职工生育保险范围。通过这一尝试，构建居民生育保险和职工生育保险的有效衔接，保障职工身份和居民身份相互转化时的利益。②探索建立农村生育保险制度。目前，在我国广大的农村地区，生育保险制度发展较为滞后，只有参加新型农村合作医疗的农村妇女，才能够按照相关规定报销一定金额的医疗费用，无法享受到生育津贴、产假补贴、一次性分娩补助等福利待遇。探索建立农村生育保险制度，缩小农村妇女与城镇妇女在生育保障方面的差距，有利于推动城乡一体化发展，是实现共同富裕的有效手段。

(二) 公平统一

公平统一既是生育保险制度的内在必然要求，也是评价生育保障发展的重要标准和根本目标。为实现制度公平、统一的目标，建议从落实男女平等的原则与统一生育保险支付待遇标准两方面着手：一是落实男女平等的原则，维护女性平等就业的权利和男性在生育中的相关权利。相关研究表明，生育问题中的"男女平等"主要体现在两个方面：①男女平等承担生育责任；②男女平等就业，实现男女生育责任的平等是缓解因生育而带来的男女就业不平等问题的前提。因此，生育保险制度应兼顾男性在生育中的平等身份，对男性的护理假、护理津贴等权益赋予法律效力，这不但可以避免用人单位因用工成本而歧视女性，而且有利于促进生育政策的落实。二是统一生育保险支付待遇标准。针对三孩政策所带来的生育劳动增加与生育风险上升，破除人群分等、制度分设、待遇悬殊的生育保险制度安排成为一种必然追求。建议建立生育保险待遇动态调整机制，及时调整生育保险待遇政策，全面落实三孩政策的产前检查、住院分娩和生育津贴三项基本待遇，逐步提高生育保险待遇保障水平。①

(三) 安全规范

社会保障既是重大的民生工程，更是民生保障的安全网。当前，我国社保改革已步入"深水区""关键期"，高质量、可持续的社保体系离不开法治安全和规范管理的支撑。② 生育保险制度作为社会保障制度中的重要一环，其有效落实需要强大的法律体系支撑。我国现行的生育保险制度执行依据的是《中华人民共和国社会保险法》，尚未对生育保险制度单独立法。在生育保险制度实际执行的过程中，当地政府往往按照本地区的生育保险条例实行，生育保险制度的内容不够规范。而且由于区域间经济发展

---

① 袁涛，范静．三孩政策下完善生育保险制度有关对策和建议 [J]．人口与健康，2021 (9)：37-41.
② 李春根，赵阳．面向新时代新征程的社会保障体系建设 [J]．中国财政，2023 (4)：7-29.

的不平衡,生育保险制度在实施过程中也会存在一定差异。在三孩政策的新背景下,建立健全生育保险制度法律法规,不仅可以确保生育保险自上而下顺利实施,还能体现国家对于女性生育问题以及劳动价值的重视,有利于维护女性的权益,促进生育保险制度的规范发展。除此之外,统筹层次高低影响着基金风险共济功能的发挥,决定着基金的利用效率,是生育保险制度能否安全发展的基础。建议在全面推进两险合并的过程中,逐步将县级统筹提升至市级统筹,再过渡到省级、全国统筹,避免出现基金低层次统筹和封闭运行的情况,提高基金的抗风险能力。

(四)可持续

可持续是制度设计和运用的重要要求,也是科学发展的必然要求。面对我国超低生育水平的人口发展新格局,建立可持续发展的生育支持政策体系是促进人口长期均衡发展的必由之路,具体包含以下三项措施:

一是构建全生命周期的生育支持政策体系,完善生育保障制度设计。党的二十大报告指出:"优化人口发展战略,建立生育支持政策体系,降低生育、养育、教育成本。"因此,坚持系统观念,注重统筹协调,构建全生命周期的生育支持政策体系,将成为我国保持适度生育水平与促进人口长期均衡发展的行动纲领与重要举措。

二是优化生育保险与职工基本医疗保险的结合方式,促进两险健康发展。为确保生育保险的参保率,在生育保险和职工基本医疗保险合并实施的基础上,建议依然执行同步参保登记政策,但是需要分开筹资、单独建账,明确两险交叉领域的职责,各司其职。

三是改革和探索合理的资金筹集与分担模式,构建生育友好型社会。充足的生育保险基金是扩大生育保险覆盖范围和提高受益程度的保障,应该拓宽资金筹集的渠道,通过个人、用人单位、政府三方共同筹集,负责生育津贴待遇支出和生育相关支持措施的落实,在一定程度上有利于减轻企业的经济负担。

思考题

1. 生育保险制度的概念是什么?
2. 生育保险制度的价值与功能体现在哪几方面?
3. 为什么生育保险必须走向社会统筹?
4. 世界各国有几种生育保险制度?分别是什么?
5. 世界各国的生育待遇有何区别?
6. 生育保险制度改进的原因。
7. 生育保险制度的发展趋势如何?

第八章 护理保险政策与实践

本章学习要点

本章需要掌握护理保险的概念、建设护理保险制度的意义和价值等基础知识，了解我国的长期护理保险制度建设的方向与实践，了解国外典型国家的长期护理保险制度建设历程与经验，明确我国长期护理保险制度的发展趋势。

第一节 护理保险制度概述

一、基本概念

护理保险是健康保险的一种，是指以"因保险合同约定的日常生活能力障碍引发护理需要"为给付保险金条件，为被保险人的护理支出提供保障的保险。即为因年老、疾病或伤残需要长期照顾的被保险人提供护理服务费用补偿的保险。因此，护理保险通常是指长期护理保险。

美国金融保险管理协会（Life Office Management Association，LOMA）将长期护理保险定义为"为由于受年老、严重疾病或意外伤害的影响，需在家或在护理机构得到稳定护理的被保险人支付医疗及其他服务费用进行补偿的一种保险"（朱铭来等，2017）[1]。我国学者刘子操等（2001）[2]认为，长期护理保险是针对身体衰弱不能自理或不能完全自理生活，需要他人辅助全部或部分日常生活的被保险人（老年人）提供经济保障或护理服务的一种保险。朱铭来和李新平（2017）[3]认为长期护理保险指为那些因年老、疾病或者伤残需要长期护理的被保险人提供护理服务费用补偿的保险，是主要负担老年人的长期护理、家庭护理和其他相关服务项目费用支出的新型保险。

---

[1][3] 朱铭来，李新平.护理保险在中国的探索[M].北京：中国财政经济出版社，2017.
[2] 刘子操等.健康保险[M].北京：中国金融出版社，2001.

长期护理保险与养老保险不同。在保障对象方面，凡在国家立法实施范围内的企业及个人都被视为养老保险的法定被保险人，而长期护理保险适合任意有投保意向但必须具备条件的投保人；在保险费缴纳方面，养老保险的保费由国家、企业、个人三方负担，根据被保险人工资总额而承担不同比例的费用，而长期护理保险的保费取决于被保人的年龄、给付期长短、等待期、护理水平等选择而有所不同；在保障目的方面，养老保险是为老年人退出生产或工作岗位后保障其基本生活需求的稳定可靠生活来源，而长期护理保险是保障因病残、年老而需要的额外护理费用。

长期护理保险与残疾收入保险不同。在保障范围方面，残疾收入保险保障的是被保险人工作能力的丧失或降低，目的在于使其获得财务上的帮助，维持基本生活质量，而长期护理保险针对其接受不同类型护理所支付的相应费用；在给付条件方面，残疾收入保险必须在被保险人永久性丧失全部或部分劳动能力和身体器官机能时，才能领取保险金，而长期护理保险不能完成进食、穿衣、如厕、沐浴、移动、服药中的任两项才能申请领取保障金；在给付期间方面，残疾收入保险可分为短期和长期两种，短期残疾收入保险的最长给付期间为1~5年，长期残疾收入保险最长给付期间至少为5年，而长期护理保险也可分为短期和长期两种，短期指1年以下，长期为2~5年；残疾收入保险主要保障人在工作期间面临的伤残风险，而长期护理保险主要保障退休后的身体机能下降难以生活自理所面临的财务风险。

二、护理保险制度的意义和价值

（一）建立护理保险制度的必要性

护理保险制度是应对人口老龄化问题的重要手段。《第七次全国人口普查主要数据情况》[①]显示，截至2020年11月，我国65岁以上人口约为1.9亿，占比13.5%，与2010年相比上升4.63%。国家卫健委2021年公布，我国人均预期寿命增长到78.2岁，随着生活质量提升、医疗水平的进步，人口老龄化的现象日趋凸显，老年人失能问题也日渐突出，需要入住养老机构的老年人如果没有子女支持或其他经济收入，仅靠政府发放的养老金很难负担得起养老机构的护理费用。

老年失能护理持续时间长、护理水平专业高，因此，护理费用普遍偏高。我国人口老龄化趋势日渐严重，高龄老年人口数量激增，第七次全国人口普查数据显示[②]，截至2020年11月，我国总人口超14.43亿，60岁以上老年人口比例达18.7%，80岁以上高龄老年人口数量达3580万人。不断增加的失能老人与高龄老年人对长期护理服务的需求将不断增加。

与发达国家相比，我国人口老龄化有着"未富先老"的显著特征，超前于社会经济发展水平的老龄化，与经济发展步调有着较大的偏离和超前性。我国65岁以上老年人的主要生活来源来自于离退休金、养老金，城市老年人中仅一半人口依靠离退休金、

[①②] 中华人民共和国中央人民政府．第七次全国人口普查公报（第五号）[EB/OL]．[2021-05-11]．https：//www.gov.cn/xinwen/2021-05/11/content_5605787.htm.

养老金生活，农村地区则更少。在当前基本养老保障水平较低的情况下，老年人的生活高度依赖其家庭成员供养，高昂的失能护理费用难以支付，由此引发了因失能而返贫、因失能而被遗弃甚至虐待等社会问题。由此可见，我国当前社会经济收入水平与老年失能护理费用的矛盾日益显著。

（二）建立护理保险制度的价值

第七次全国人口普查数据①显示，全国31个省（自治区、直辖市）共有家庭49416万户，家庭户人口129281万人，平均每个家庭户的人口为2.62人，比2010年人口普查的3.10人减少0.48人。近几次普查显示，我国家庭户规模持续缩小，生育水平不断下降、人口生育率降低、迁移流动人口增加。预计到2030年以后，由"80后""90后"为主要组成的中青年群体将成为我国承担家庭养老责任的主要人群，受到时代背景的影响，这部分人群大多数为独生子女，独生子女照顾一个或多个老人将成为社会普遍现象。因此，必须建立长期护理保险制度，大力发展护理产业，开发专业护理、个人生活照顾及看护服务等多种类型的长期护理服务，建设专业护理机构、社区护理中心等多类型护理场所，满足人们的多种护理需求。能够放心地将老人托付于专业护理机构，有利于中青年人轻松生活、专注工作，为家庭创造更多财富，促进国家经济水平的进一步发展。

2018~2019年中国保险行业协会联合中国社会科学院在23个护理保险制度试点城市进行长期护理专项调研，调研结果②显示，4.8%的老年人处于重度失能状态，生活完全依赖他人照料，其中男性老年人重度失能率为4.7%，女性老年人重度失能率为4.9%，其中65岁是老年人失能状况由轻转重的重要节点，无论是目前处于轻度、中度还是重度失能状态的老年人，他们第一次出现较为明显的自理问题的年龄均为65岁左右。这说明在大部分情况下，导致出现严重失能的不是疾病或意外等突发事件，而是随着年龄增长的身体机能和认知能力的退化。失能人员是一个较特殊的群体，尤其是失能老年人，年老体衰使他们的社会活动逐渐减少，不再继续从事劳动和工作，在减少个人财富收入的同时，也减少了与他人的交流，精神世界不再扩充，加之长期缺乏情感倾诉，严重情况会致使心理压抑。此外，退休后的老年人正处于疾病高发期，在收入减少的同时还将面临比年轻时更高的就医频率与高昂的医疗及护理费用，由此引发对生活的更多担忧与不安。而长期护理保险制度是家庭护理和社会护理的融合，能够为失能人员提供综合化、全方位的健康和社会服务，使失能人员尽可能地实现生活自理，丰富退休生活与精神世界，提升失能人员尤其是失能老人的生活质量，增强生活幸福感，维护他们的生命尊严。

---

① 中华人民共和国中央人民政府. 第七次全国人口普查主要数据情况［EB/OL］.［2021-05-11］. https://www.gov.cn/xinwen/2021-05/11/content_5605760.htm.

② 中国保险行业协会. 中国保险行业协会、中国社会科学院人口与劳动经济研究所联合发布2018—2019中国长期护理调研报告［EB/OL］.［2020-07-06］. https://www.iachina.cn/art/2020/7/6/art_22_104560.html.

第二节 我国的长期护理保险制度

世界各国正面临着人口老龄化社会带来的严峻考验（见图 8-1），我国的人口老龄化程度深、速度快，同时伴随着严重的高龄化，世界各国老年人人口数据显示①，我国的老年人数量从 20 世纪 70 年代起快速增长，增长速度远超其他国家。

同时，我国正处于经济发展的阶段，与发达国家相比，我国的人口老龄化有着未富先老的特征，失能老人的数量与占比也不容乐观，因此，亟须建立长期护理保险制度，缓解人口老龄化、高龄化、未富先老等困境。

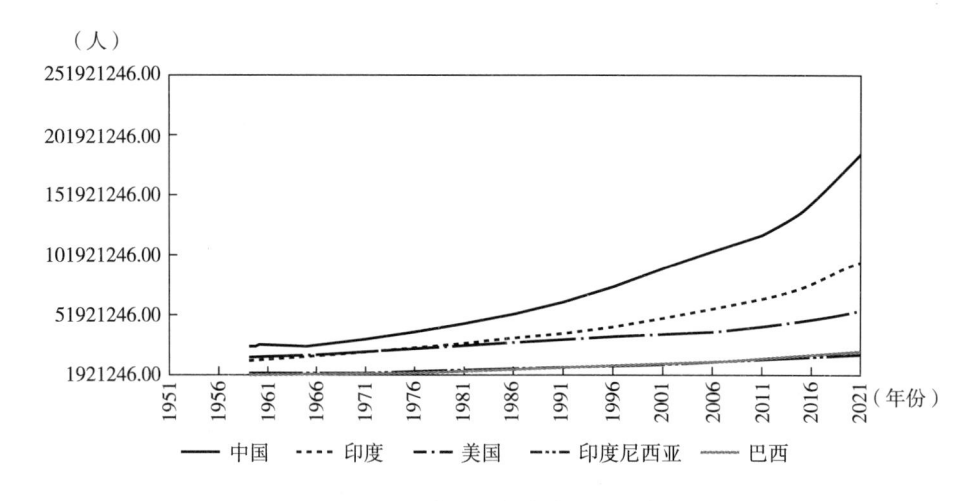

图 8-1 世界各国老年人人口总数走势

一、我国长期护理保险制度建设的实践

2016 年 7 月，党的十八届五中全会精神和"十三五"规划纲要任务部署，人力资源和社会保障部发布了《关于开展长期护理保险制度试点的指导意见》，将河北承德市、吉林省长春市、黑龙江省齐齐哈尔市、上海市、江苏省南通市、苏州市、浙江省宁波市、安徽省安庆市、江西省上饶市、山东省青岛市、湖北省荆门市、广东省广州市、重庆市、四川省成都市、新疆生产建设兵团石河子市作为长期护理保险的试点城市，同时将吉林和山东两省作为国家试点的重点联系省份，旨在探索建立以社会互助共济方式筹集资金，为长期失能人员的基本生活照料和与基本生活密切相关的医疗护

---

① 世界各国老年人人口总数统计［EB/OL］.［2023-09-03］. https：//www.kylc.com/stats/global/yearly_overview/g_population_65above.html.

理提供资金或服务保障的社会保险制度。利用 1~2 年时间，积累经验，力争在"十三五"期间基本形成适应我国社会主义市场经济体制的长期护理保险制度政策框架。

2020 年 9 月，国家财政部、医保局发布《关于扩大长期护理保险制度试点的指导意见》[①]，为进一步深入推进试点工作，将试点阶段从职工基本医疗保险参保人群起步，重点解决重度失能人员基本护理保障需求，优先保障符合条件的失能老年人、重度残疾人，探索建立互助共济、责任共担的多渠道筹资机制，并新增北京市石景山区、天津市、山西省晋城市、内蒙古自治区呼和浩特市、辽宁省盘锦市、福建省福州市、河南省开封市、湖南省湘潭市、广西壮族自治区南宁市、贵州省黔西南布依族苗族自治州、云南省昆明市、陕西省汉中市、甘肃省甘南藏族自治州和新疆维吾尔自治区乌鲁木齐市共 14 个试点城市[②]。

本节以第一批长期护理保险制度试点城市中的上海市和青岛市为例介绍我国长期护理保险制度的建设实践。

（一）上海市长期护理保险实践

1. 上海市长期护理保险的实践背景

上海已在 20 世纪 70 年代便领先步入了老龄化社会，根据上海市卫生健康委员会发布的数据，截至 2021 年底，上海市共有 60 岁及以上老年人口 542.22 万人，占总人口的 36.3%，同时，上海市 80 岁以上高龄老年人数量也在不断攀升，从 2010 年的 59.83 万人增加到 2021 年的 83.88 万人。在老龄人口增幅和速度两个方面都远超全国其他地区。调查数据显示[③]，60 岁以上的老年人日常生活能力指标的失能率为 7.2%，日常家务能力指标的失能率为 20.9%，并且老年人丧失生活自理能力的概率随年龄的增长而升高。

进入 21 世纪以来，上海市人口数量呈现负增长，家庭结构日趋小型化，很多老人不与子女生活在一起，老人和子女花费在长期护理服务方面的时间和资金负担都不断增加，而上海的经济发展节奏和生活压力较大，大部分居民负担自己的生活已经较为吃力，对家庭失能老人的照料负担更重，传统的家庭养老和护理模式都难以继续维持，亟须新的护理模式。

2. 上海市长期护理保险建设的主要内容

自 2012 年起，上海市先后出台了多个规章文件，召开多次全市性工作会议，对长期护理工作进行统一部署和整体规划，从财力、物力上给予资助和扶持。

（1）在相关法律法规建设层面。2012 年上海市卫生、财政、人保、医保、民政、红十字会、慈善基金联合下发《关于做好 2012 年市政府实施舒缓疗护（临终关怀）项目的通知》，制定了《上海市社区卫生服务中心舒缓疗（临终关怀）科基本标准》，组织项目培训首批共 17 名医护人员获得了市级培训合格证书。截至 2012 年底，各试点社

[①] 医保局财政部关于扩大长期护理保险制度试点的指导意见 [EB/OL]. https://www.gov.cn/gongbao/content/2020/content_5570107.htm.

[②] 刘文，王若颖. 我国试点城市长期护理保险筹资效率研究——基于 14 个试点城市的实证分析 [J]. 西北人口，2020，41（5）：29-45.

[③] 王良慧. 上海市试点长期护理保险的现状研究 [D]. 上海师范大学硕士学位论文，2019.

区均已完成告终关怀科的注册和病区改建，并已开展住院和居家相结合的舒缓疗护工作。2013年发布《上海市区域卫生规划（2011~2020年）》，要求加快老年护理体系建设。全市老年护理开放床位共计17512张，并计划完成老年护理医院护理分级标准和老年护理医院安全标准的制定任务。同年，上海市发布《关于本市开展高龄老人医疗护理计划试点工作的感见》，并制定了相关操作规范标准，在上海市6个街镇进行试点，启动高龄老人医疗护理计划试点。为了进一业推进医养结合工作，在全市35家老年护理院试点，开展老年护理院出入院标准的试点工作。2015年上海市民政局、财政局联合发布《关于加快推进本市长者照护之家建设的通知》，旨在进一步推动老年人护理体系建设，全面推行全科团队服务，由全科医师将家庭医生覆盖到养老机构，为社区及养老机构内老年人提供上门居家医疗护理服务。2016年底，上海市政府发布《关于上海市长期护理保险试点办法》的通知，按照"分步实施"的原则，在徐汇区、普陀区、金山区三个区先行试点，择期扩大到全市范围。2018年1月，根据修订版《上海市长期护理保险试点办法》，长期护理保险试点工作在上海全市开展起来。[①]

（2）在保障对象及缴费比率方面。参加长期护理保险的人员包括两种类型：第一类人员是参加上海市职工基本医疗保险的人员，由用人单位和在职职工个人共同承担长期护理保险费，单位按职工医保缴费基数之和的1%缴纳长期护理保险费；在职职工个人负担自身医保费基数的0.1%缴纳长期护理保险费，目前试点阶段个人支付部分暂免，退休职工不缴费。第二类人员是参加上海市城乡居民基本医疗保险的60周岁及以上的人，其筹资水平低于第一类人员人均水平，个人缴费约占总筹资额的15%，其他部分由市、区各占1∶1的比例承担。[②]

（3）在护理类型和护理等级方面。上海市针对老年人的护理服务类型有三种：一是社区居家护理服务，由社区养老服务机构、护理站、门诊部、社区卫生服务中心、护理院等基层医疗卫生机构组成，为居家的参保人员，通过上门或社区护理等形式，提供基本生活照料和与基本生活密切相关的医疗护理服务。二是养老机构护理服务，由养老机构为入住其机构内的参保人员提供基本生活照料和与基本生活密切相关的医疗护理服务。三是住院医疗护理，由护理院、社区卫生服务中心等基层医疗卫生机构和部分承担老年护理服务的二级医疗机构为入住在其机构内护理性床位的参保人员提供医疗护理服务。60周岁及以上具有上海市户口的老年人参与长期护理保险的人员均可申请老年护理统一需求评估，根据评估结果获得相应的护理服务。

（4）关于护理需求的评估认定。上海市多年来陆续制定关于老年照护统一需求的评估标准，不断改进评估流程，如表8-1所示。《上海市老年照护统一需求评估调查表》《上海市老年照护统一需求评估标准（试行）》规定护理等级可以通过自理能力和疾病轻重两个维度得分值决定，分值越高意味着所需要的护理等级越高，护理等级包括正常、护理一级至护理六级共7个等级。老年人护理统一需求评估环节由第三方

---

① 朱妍，董云飞，胡迪等. 上海市长期护理保险制度的发展［J］. 经济研究导刊，2022（26）：54-57.
② 王良慧. 上海市试点长期护理保险的现状研究［D］. 上海师范大学硕士学位论文，2019.

评估机构实施,以政府购买服务等方式,委托其开展评估。各区级管理平台对老年人的申请进行资格审核后,委托第三方评估机构安排评估团队上门开展评估,形成评估报告和服务建议,反馈至区级管理平台,由区级管理平台安排告知申请人。一般情况下,老年人的护理需求评体结果有效期最长为2年。上海市各区级管理平台依据评估结果,结合老年人的自主选择,组织进行养老服务分派,梯度提供社区居家老年护理、养老机构、护理院等老年护理服务。此外,上海市各区级管理平台要通过抽查、问卷调查、第三方暗访等方式,对需求评估情况、轮候转介情况以及服务提供情况等加强监管,确保统一需求评估运行规范有序,2020年的评估流程包括评估申请—受理和审核—评估开展—评估公示—结论告知。上海市民政、卫生计生、人力资源社会保障、财政等部门依托市级系统对各区平台运作情况进行抽查和监督。

表8-1 上海市长期护理保险评估办法变化表[①]

年份	政策名称	变化
2014	《上海市老年照护统一需求评估调查表》	
2016	1.《上海市长期护理保险需求评估实施办法(试行)》 2.《关于全面推进老年照护统一需求评估体系建设意见的通知》 3.《上海市老年照护统一需求评估标准(试行)》	完善了老年照护统一需求评估标准、建设老年照护统一需求评估信息管理系统、培育第三方评估机构和评估员队伍、优化老年照护统一需求评估流程 以自理能力维度和疾病轻重维度作为评估标准
2017	1.《上海市长期护理保险试点办法》 2.《上海市长期护理保险结算办法(试行)》	开展长期护理保险试点工作,加强长期护理保险基金的结算和支付管理,评估流程优化
2018	《上海市老年照护统一需求评估及服务管理办法》	统一并规范了老年照护需求评估工作中的细节和内容
2019	《上海市老年照护统一需求评估标准(试行)2.0版》	自理能力:日常生活活动能力、工具性日常生活活动能力、认知能力三方面对应权重由85%、10%、5%调整为65%、10%、25%。日常生活活动能力由13项扩充到20项,工具性日常生活能力由2项扩充到8项。认知能力由4项增加到22项。疾病轻重:增加了认知障碍
2020	《上海市老年照护统一需求评估办理流程和协议管理实施细则(试行)》	进一步优化评估办理流程:评估申请—受理和审核—评估开展—评估公示—结论告知

(5)在护理待遇方面。上海市规定在长期护理保险试点阶段,暂定60周岁及以上、经评估失能程度达到评估等级二级至六级且在评估有效期内的参保人员方可享受长期护理保险待遇。第一类人员和第二类人员的长期护理保险年度分别跟从其职工医保年度或居民医保年度。对第二类人员中享受本市城乡居民最低生活保障的家庭成员以及高龄老人、职工老年遗属和重残人员的个人缴费部分,由政府按照规定给予补贴。

(6)从待遇给付形式上来看。上海市主要以提供服务为主,由2017年的社区居家照护和住院医疗护理变更为2018年的社区居家照护服务、养老机构照护服务、住院医疗护

---

① 朱妍,董云飞,胡迪等.上海市长期护理保险制度的发展[J].经济研究导刊,2022(26):54-57.

理服务三种服务形式。2018年开始将待遇水平细化，社区居家照护服务按照评估等级轻度（二级或三级）、中度（四级）、重度（五级或六级）划分，每周可享受上门服务分别为3次、5次、7次，每次1小时。为了鼓励居家照护，评估等级为重度失能失智且连续接受居家照护服务的参保人员，可自主选择增加相应的服务时间或获得相应的现金补助（见表8-2）。

表8-2 上海市长期护理保险待遇给付情况

给付形式	评估等级	服务水平	基金支付比例	给付内容
社区居家照护	二级或三级	3次/周：1小时/次	90%（低保人员个人不自付，低收入人员个人自付5%）	基本生活照料（27项）和常用临床护理（15项）
	四级	5次/周：1小时/次		
	五级或六级	7次/周：1小时/次连续享受服务1~6个月，第2个月起每月可以增加1小时服务时间或40元现金补助；第7个月起每月可以增加2小时服务时间或80元现金补助		
养老机构照护	二级或三级	20元/天	85%（低保人员个人不自付，低收入人员个人自付7.5%）	
	四级	25元/天		
	五级或六级	30元/天		
住院医疗护理	按照职工医保与居民医保的起付标准与最高支付限额等相应标准进行计算			

（7）关于护理保险结算办法。长期护理保险费用的结算由上海市人力资源和社会保障局统一管理，各区医疗保险事务中心负责初审，之后交由上海市医疗保险事业管理中心负责长期护理保险费用结算的审核、结算和拨付等工作。个人接受社区居家护理和在一家养老机构住养时发生的长期护理服务费用属于长期护理保险基金支付范围的由定点服务机构记账，自接受服务3个月内向定点护理服务机构申请结算，其余部分由个人自付。定点服务机构则每月在规定时间内向所属区医保中心申请结算。

上海市的长期护理保险制度从2013年覆盖3个区6个街道发展至今已覆盖全市范围，以长期医疗护理服务为主，兼顾部分生活护理服务，主要针对拥有本市户籍、70岁以上参加职工医保的高龄老年人实施医疗护理保障计划。2020年上海市长期护理保险惠及42.5万名老年人，受益面达到全市老年人口的8%。[1] 作为全国长期护理保险首

---

[1] 上海市民政局. 上海市养老服务发展"十四五"规划［EB/OL］. ［2021-09-28］. https：//mzj.sh.gov.cn/mz-jhgh/20210928/acb2374791b24a35b39bfd5a2a1c47df.html.

批试点城市之一，上海市从制度实施起，在评估认定、待遇给付、监督管理等方面都开展了相应的工作，为全国提供了很好的借鉴作用。

(二) 青岛市长期护理保险实践

1. 青岛市长期护理保险的实践背景

青岛市在1987年就迈入了老龄化社会，比山东省提前7年，比全国提前12年。随着改革开放和经济社会发展，青岛市人口老龄化日趋严峻。截至2021年末，青岛60岁及以上老年人口达208.72万人，占总人口的12.06%，比2015年末的109.71万人增加了近100万人，老龄化率达到20.35%，其中80岁及以上高龄人口有31.3万人，占老年人口的15.3%。

2. 青岛市长期护理保险建设的主要内容

(1) 在相关法律法规建设层面。作为全国长期护理保险首批试点城市之一，青岛市于2012年7月出台《关于建立长期医疗护理保险制度的意见（试行）》，通过社保筹资的方式在全国率先建立了长期医疗护理保险制度。经过两年多的试运行，青岛市政府在总结该制度经验的基础上，在2014年9月发布《青岛市社会医疗保险办法》，规定建立长期护理保险制度，并明确规定职工长期护理保险和居民长期护理保险的资金划转比例与方式。以此为基础，青岛市人力资源和社会保障局陆续发布《关于印发〈青岛市长期医疗护理保险管理办法〉的通知》《关于印发〈青岛市人力资源和社会保障局长期医疗护理保险护理服务机构管理办法〉的通知》《关于规范长期医疗护理保险经办管理有关问题的通知》。2015年，青岛市社会保险事业局印发《关于长期医疗护理保险申办管理有关问题的补充通知》，进一步明确了社区巡护、居家医疗护理和护理院护理的申报标准，同时印发《关于医疗机构申请承担院护、家护和巡护业务有关问题的通知》，规定了医疗机构申请成为长期医疗护理保险护理服务机构的流程和评定标准，保证了长期医疗护理服务的质量和水平。2017年青岛市将重度失智老人纳入长期护理保险范围。[①] 2018年印发《青岛市长期护理保险暂行办法》，2020年，根据国家医保局、财政部扩大长护险试点有关文件要求，市医保局会同有关部门进行了大量调研、测算和论证工作，经市政府常务会研究通过，修订《青岛市长期护理保险办法》。2021年青岛市人民政府发布《关于印发青岛市长期护理保险办法的通知》，制定了"明确6项基本原则、明确服务内容及形式、建立多元化筹资渠道、建立职工和居民护理保险调剂金、提高居民护理保险待遇水平、加快推进延缓失能失智工作、增加辅助器具服务保障、促进照护服务质量提升"共8条措施。

(2) 在保障对象及资金筹集方面。青岛市长期护理保险的参保对象为城镇职工基本医疗保险、城镇居民基本医疗保险、新农合的参保人。2012年试点期间，长期护理保险基金从医疗保险基金和福彩公益金中按规定划转。基金筹集方式为城镇职工护理保险基金，每月月底以当月职工医保个人账户计入比例划转0.2%资金量的2倍为标

---

① 钟玉英，程静. 商业保险机构参与长期护理保险经办模式比较——基于北京市海淀区、青岛市的分析[J]. 中国卫生政策研究, 2018, 11 (4)：24-28.

准,从医保统筹基金中划转;城镇居民护理保险基金,以上年度城镇居民人均可支配收入为基数,按0.2%比例从医保统筹基金划转,同时市财政每年从福利公益金划转2000万元;此外,试行第一年医疗保险经办机构设立专门部门统一管理、分账核算城镇职工护理基金和城镇居民护理基金。2015年,实施医疗保险历年结余基金一次性划转20%作为启动和支持基金;当期的护理保险基金,职工按个人账户计入基金0.5%,每年从医疗保险基金划入约5亿元,城乡居民按当年基本医疗保险筹集总额的10%划入。职工和居民护理保险基金列入财政专户,由社保机构统一管理和支付,分别核算。[1]

(3) 关于结算办法。青岛市长期护理保险对参保人因为年老、疾病、伤残等导致人身某些功能全部或部分丧失,生活无法自理,需要入住医疗护理机构或居家接受长期医护照料的相关费用给予相应的补偿。医疗护理费用包含医药耗材等,实行按床包干管理。[2] 护理机构和社保机构结算的日包干标准为支付方式按每床日包干定额管理的办法,分三个标准:①对入住定点护理机构或居家接受医疗护理照料的参保人,每床日定额包干费用为60元;②在二级医院接受医疗专护的参保人,每床日总费用定额包干费为170元;③在三级医院接受医疗专护的参保人,每床日总费用定额包干费为200元。对于职工,统筹的护理基金支付90%、个人负担10%;学生、儿童和按一档缴费的居民,统筹支付80%;按二档缴费的居民,统筹支付75%。

(4) 在护理服务类型方面。青岛市将长期医疗护理服务细分为专护、院护、家护、巡护四类。2013年前长期护理服务只有专护、院护、家护。经过四年实践发现,偏远地区或者村镇的参保人很难获得满意的护理服务,于是从2015年开始新增加了巡护。[3] 其中,专护是指参保人病情较重,经重症监护室抢救或住院治疗病情已稳定,但需长期保留各种管道或依靠呼吸机等维持生命体征,需在二级、三级医院病房继续接受较高医疗条件的医疗专护;院护是指参保人长期患各种慢性重病、长年卧床、生活无法自理,需入住具有医疗资质的养老机构接受长期医疗护理;家护即居家护理,是指根据部分参保人家庭实际和家属意愿,在家庭或没有医疗资质的养老院居住,由具备相应资质的社区护理机构的医护人员登门实施医疗和护理;巡护是指在医疗护理资源不足的农村地区,或者不具备享受家护条件的失能参保人,由社区护理机构或村卫生室提供定期巡诊(护)服务。

(5) 在护理评估和监督方面。青岛市要求必须建立长期护理服务评估管理制度,对参保人接受长期护理服务从申请、使用、结束长期护理三个环节进行评估并进行相

---

[1] 于新亮,刘慧敏,杨文生. 长期护理保险对医疗费用的影响——基于青岛模式的合成控制研究 [J]. 保险研究,2019 (2):114-127.

[2] 潘屹. 长期照护保障体系框架研究——以青岛市长期医疗护理保险为起点 [J]. 山东社会科学,2017 (11):72-79.

[3] 张文博. 照料社会化:长期照护保险制度实践研究——基于对青岛市长期医疗护理保险的考察 [J]. 北京工业大学学报(社会科学版),2017,17 (6):24-33.

应的监督管理。① 首先，护理服务机构应建立护理服务综合评估制度，对收治的失能患者进行综合评估，包括基本情况、生活状况、生命体征、心理社会、跌倒风险、体格检查、置管与治疗七个方面，明确失能患者主要的健康问题和医疗护理服务需求。其次，护理服务机构为失能患者制订个性化的护理服务计划，应包括患者需要护理的主要问题、采取的具体护理措施、家护和巡护护理服务时间频次、预期的护理目标等，严格按照制订的个性化护理服务计划为失能患者提供医疗护理服务。最后，护理服务机构应建立患者满意度评价制度，每季度结算时对医护人员为患者提供的医疗护理服务进行患者满意度评价，并将患者满意度评价结果与医护人员考核挂钩，对满意度评价过程中发现的问题及时进行整改完善。社会保险经办机构对护理服务机构提供的医疗护理服务情况进行患者满意度抽查。

青岛市长期护理保险制度从 2012 年试行以来，根据"跟随医疗保险"原则，率先在全国开启长期医疗护理保险制度，参保人员从最初的城镇职工、城镇居民扩大到新农合的参保人。② 到 2021 年，青岛市长期护理保险享受待遇人数从约 8000 人扩大到了 7.1 万人，资金支出从约 4500 万元增长到了 35 亿元，护理服务机构从 143 家增加到了 978 家。通过十多年的试点，长护险为青岛市 7 万多失能半失能老年人提供护理服务，减轻了参保人家庭负担，使长护险深入民心，成为破解"一人失能、全家失衡"的良方。③

二、我国长期护理保险制度建设的成就

2022 年 2 月，国务院政策问答平台发布，目前我国长期护理保险制度试点工作进展顺利，取得阶段性成效，制度政策框架初步确立，多方共担的筹资机制、公平适度的待遇保障机制、协同配套的支付机制、标准体系和管理办法等基本建立，积极引入社会力量参与，探索社会化经办模式。制度目标基本实现，切实减轻了失能人员家庭经济和事务负担，在促进养老服务体系发展、推动劳动力供给侧改革等方面发挥积极作用。截至目前，试点城市达 49 个，参保 1.4 亿人，累计享受待遇达 160 万人。④

（一）家庭照料负担逐渐减轻

以上海市为例，我国长期护理保险制度逐渐减轻了家庭的照料负担。上海市独生子女家庭占大多数，这些家庭的子女通常上有老下有小，生活压力较大，大多数老年人选择由配偶照料，但随着配偶年龄增大身体状况也日渐下降，因此家庭养老给家庭照护者带来了巨大的压力。自上海市推行长期护理保险制度以来，截至 2020 年底，已

---

① 安平平，陈宁，熊波. 中国长期护理保险：制度实践、经验启示与发展走向——基于青岛和南通模式的比较分析 [J]. 中国卫生政策研究，2017, 10（8）：1-6.
② 吕书鹏，吴佳. 青岛市长期医疗护理保险：制度效能、实施困境与政策优化 [J]. 中国卫生经济，2016, 35（8）：30-32.
③ 7 年长期护理保险试点之路——青岛站 [EB/OL]. [2023-08-03]. https://www.sohu.com/a/708625810_100064556.
④ 中华人民共和国中央人民政府. 国务院政策问答平台 [EB/OL]. [2022-02-21]. http://bmfw.www.gov.cn/zcdwpt/index.html#/detail?id=27079.

有42万多名老年人享受到长期护理服务,居家养老每周上门3/5/7次,每次1小时,使家庭照护者可以有时间做其他的事情,从老人照料的事务中短暂地休息,减轻了这一部分最需要照料的失能老人家庭成员的照护压力。上海市的长期护理保险报销比例较高,养老机构报销85%、个人自付15%,居家养老报销90%、个人自付10%,大大减轻了家庭养老的经济负担。青岛市通过十多年的试点,长期护理保险为7万多失能半失能老年人提供护理服务,减轻了参保人家庭负担,使长期护理保险深入民心,成为破解"一人失能、全家失衡"的良方。

多个城市的试点见证了我国长期护理保险制度的建设与发展,长期护理保险的实践成果为无数个家庭带来了希望,提升了失能老年人的生命质量,为他们的家人减轻了负担。

(二) 逐步建立较为完善的评估流程与监管机制

长期护理保险制度的监管机制日趋完善,护理服务机构、社会保险经办机构、与患者及家属结成稳固的互相监督结构。[1]

以上海市为例,自制定《上海市老年照护统一需求评估调查表》后,2016年出台了一系列政策法规,随后每年都有法规出台进一步充实和完善长期护理保险的评估流程,上海市根据实际情况不断出台老年照护需求评估办法,从多维度完善了当今制度运行中的不足,如今的长期护理保险评估制度日趋成熟。

以青岛市为例,护理服务机构要严格按照制订的个性化护理服务计划为失能患者提供医疗护理服务。护理服务机构要严格执行护理服务计划,不断规范护理服务行为。护理服务计划执行人员在执行过程中发现的问题应及时反馈给计划制订者或制订团队。护理服务机构应对护理服务计划执行情况适时进行评价,及时进行修订完善,不断调整优化护理服务内容。在季度结算时由患者进行满意度评价,与医护人员考核挂钩。社会保险经办机构进行患者满意度抽查,护理服务机构还须将失能患者的综合评估结果及主要健康问题等内容告知患者或家属,并实行签字制度,护理服务综合评估制度等标准化管理内容和工作流程统一上墙公布,接受患者、家属和社会的监督。

第三节 国外典型国家的长期护理保险制度

一、日本的护理保险制度

(一) 日本长期护理保险制度的建立

自20世纪70年代日本遭遇石油危机之后,经济开始逐渐低迷,80年代开始显现的少子化和老龄化问题更是雪上加霜,使日本社会保障制度的财政收支问题百出,日

---

[1] 原彰,廖韵婷,李建国. 我国长期护理保险典型发展模式研究[J]. 卫生软科学,2020,34(4):60-64.

本的社会保障制度进入改革调整期①。在此期间，政府不仅面临着年金和医疗基金的不同程度的财政赤字，而且在人口老龄化人口急速发展状况下，老年人护理长期化、重度化问题也日益突出，护理保险制度被提上日程。

日本人口总和生育率从 20 世纪 70 年代后期起一路下滑，1975 年为 1.91%，1990 年为 1.57%，1995 年为 1.43%，1997 年为 1.39%，1999 年降到 1.34%，2005 年达到了历史最低纪录 1.26%，之后虽然略有增加，但 2012 年总和生育率也只有 1.41%。根据日本社会保障人口问题研究所的推算，新生婴儿数量从 2001 年的 117 万人，2015 年的 100 万人，到 2050 年将减少为 67 万人。2003 年日本共有 4580 万户家庭，其家庭成员中有 65 岁以上高龄者的家庭共 1727 万户，占总数的 37.7%，其中家庭成员均为高龄者的家庭占 41.9%。2015 年，与子女夫妇同住的家庭仅 12.2%，比 1986 年的 44.8% 下降了将近 75%。与此同时，高龄夫妇家庭由 18.2% 升至 31.5%，增加了 1.5 倍，高龄者独居家庭也由 13.1% 升至 26.3%，增加了两倍。

日本人口的老龄化进程迅速，平均期望寿命的延长使日本老年人口比例飞快增长。在 1970 年时，日本全社会 65 岁及以上老年人口的数量达到 739 万人，老年人口占总人口比例为 7.1%，正式迈入老龄化社会。1994 年该比例达到 14%；2000 年 65 岁及以上老年人口的数量为 2187 万人，老年人口比例达 17.4%；2005 年日本老年人口比例为 20.2%；2010 年这一比例上升到 23.0%；2015 年该比例已经达到了 26.7%，30 年间老龄化人口比例快速上升。根据 Knoema 世界数据图册统计显示，② 截至 2020 年，日本的老年赡养率达 48%，日本 60 岁以上老年人口数量近 4342 万，60 岁年龄阶段平均能够再增加 26.73 年的预期寿命 80 岁以上老年人口数量达 1135 万之多，约占老年人口数量的 1/4。

同时，日本少子化现象及发展进程远超政府预料，截至 2022 年 11 月 30 日，日本出生人数较 2021 年同期下降了 5.0%，2022 年日本出生数大概 76.8 万人，此前日本厚生劳动省预测 2030 年出生 76 万多人，如今比预期提早 8 年迎来了出生人数的最低点。老年人口数量、较长的预期寿命及较高的赡养率成为压在日本年轻一代身上的重担。

日本长期护理保险制度从设想到论证，再到立法通过以及最后实施经历了近 10 年的过程。1994 年 3 月，日本当时的厚生大臣的咨询机构——老龄社会福利构想恳谈会代表厚生省在出台的《21 世纪福利的构想——面向少子、老龄化社会》的报告中认为当时的日本社会存在长期护理服务供给不足的问题，并提出用消费税收作为经费来源以充实护理体系。为了构筑新的老龄者护理体系，1994 年 12 月，日本厚生省举办了老龄者长期护理交援体系研究会，对国家运营的护理保险进行了初业研究。研究会列举了在保健、医疗、福利领域存在的问题，认为有必要实行新的保险护理方式。1995 年 7 月 4 日的社会保障制度审议会上，提出了实施 33 年"国民皆保险"以来的第一次劝告书，成为长期护理保险制度具体化推进过程的开端。其中，会上提出最重要的一点

---

① 朱铭来. 护理保险在中国的探索［M］. 北京：中国财政经济出版社，2017.
② Population Aged 60+years in Japan［EB/OL］.［2023-09-03］. https://cn.knoema.com/atlas/日本/topics/人口统计资料/年龄/Population-aged-60-years.

是应该依靠保险金来进行老年人福利保障，依靠行政拨款的社会福利应由国家运营的护理保险来代替。1996年4月22日，老年人保健福利审议会最后通过了《关于建立老龄者护理保险提案》，提议建立护理保险并由公费负担一半的社会保险方式。当时，关于公费负担部分的设想是打算从1997年4月开始把消费税改为国民福利税，并将税率从3%提高到5%，增加的2%构成护理保险公费负担的来源。1997年12月《护理保险法》正式通过，并于2004年4月开始实施，规定日本老年护理保险制度由政府强制实施，市町村具体运营，被保险人无论身体状况好坏均要参加。根据这一制度，长期护理保险体系正式加入其社会保险体系，它将由大约3300个地方政府来管理。40岁以上的人必须全部参保长期护理保险，并为自己在今后能够得到公共护理服务而缴纳一定的保险费。《护理保险法》的实施，标志着日本的护理福利由过去向低收入阶层提供服务的"行政措施"制度转化为向全部护理者提供服务的"契约制度"。[①]

（二）日本长期护理保险制度的主要内容

在保障范围方面，日本长期护理保险由地方基层政府担任营运主体，即市区町村作为保险人，负责管理辖区内的长期护理保险事务，被保险人为市区町村所在地40岁及以上的居民。

在资金筹集上，由公费负担50%，其中中央政府、都道府县、市町村各占2∶1∶1，另外50%的资金由40岁及以上被强制加入保险的被保险人缴纳，其中被定为"第一号被保险人"的65岁及以上加入者缴纳的比例占22%，被定为"第二号被保险人"的40~64岁加入者缴纳的比例占28%。[②]

在护理等级和给付标准方面，日本长期护理保险规定只有面临"需要护理状态""需要支援状态"的人才能得到护理服务。其中"需要护理状态"是指有身心障碍，并持续6个月以上，处于需要长期护理状态，护理等级在2000~2005年改革前包括需要支援及需要护理1~5共6个等级，2005年改革后分为需要支援1~2和需要护理1~5共7个等级；"需要支援状态"是指目前虽然具有一定的自理生活能力，但在日常生活中仍然需要给予一定的援助，尽管现在还未能达到需要护理的状态，但很有可能发展成为需要护理的状态。被保险人在感觉需要生活支援或护理时，必须在所在的市町村接受需要护理认定，经过"本人或家属向市町村办理街口申请—调查员入户访问调查，形成调查结果，护理认定审查会根据访问调查结果和主治医生意见书判定申请人是否需要护理以及护理的等级程度，最终认定并通知申请人"四个程序方能完成，原则上从申请到最后认定，护理认定审查会要在30天内通知申请人最后的结果。如需重新认定，间隔期限为6个月。

在护理类型及给付方式方面，日本长期护理保险提供给付的护理服务类型包括居家护理、社区护理和机构护理三种类型，其中居家护理包括提供访问护理、访问入浴护理、访问看护、访问康复训练、居家疗养管理指南、日间通所护理、日间通所康复

---

① 朱铭来. 护理保险在中国的探索[M]. 北京：中国财政经济出版社，2017.
② 海燕. 可持续的公共长期护理保险筹资机制：国外经验与中国方案[J]. 宏观经济研究，2020（5）：166-175.

服务、短期入所护理、短期入所医疗护理、特定设施入所者生活护理、福利用具的租借等。社区护理包括痴呆老人社区护理等。机构护理包括养护老人院等。参保人可以根据自身需求选择的护理类型包括访问护理、日间护理、短期设施护理、老年人福利用具的出租、老年人住宅修改费用及康复训练等。同时，日本长期护理保险的给付方式以实物给付为主，只在严格条件下提供现金给付，只有偏远或者山区护理服务难以到达地区的被保险者才能获得现金给付，这种以护理服务为主的给付方式刺激了日本护理产业的迅速发展。

在护理保险的监督和管理机构方面，根据《长期护理保险法》规定，日本长期护理保险责任机构是市町村及东京23区的特别区。他们主要负责征收长期护理保险费、办理申请手续、护理服务等级及监督给付事项等。[1] 日本中央政府主要负责整个长期护理保险制度的框架和护理等级的审定、保险金给付及护理服务机构的标准制定等事务，市町村维持长期护理保险资金正常运营，都道府县负责落实制度确保护理服务设施和护理人员等事项。日本护理评估是由护理管理者来完成的，日本长期护理保险法规定护理管理者必须是5年以上工作经验的专业人士（如医生、护士、物理治疗师和社会工作者等）或10年以上护理服务经验的非专业人士（如居家护理服务工作者）组成，而且护理管理者必须通过地区一级资格考试并接受从业训练方能获得护理管理者资格证书，对护理被保险人的护理受益资格进行审查。

日本从2000年开始正式实施长期护理保险，65岁及以上的第一号被保险人只要有护理需求，保险权就自然产生了。第二号被保险人的护理需求只能在患痴呆、脑血管病、帕金森综合征、骨髓小脑变性征、慢性风湿性关节炎等15种特定疾病时才可以享有保险权，但如果被保险者是年龄不到40周岁的年轻残疾人，可以按照残疾人护理计划提供护理服务。

总之，日本长期护理保险制度为了实现"使每个人都能有尊严地生活"的目标，结合其自身的老年人护理需求和供给实际情况，从制度层面设计长期护理资金筹资渠道，综合家庭财富和各级政府财政收入安排各个筹资渠道负担的筹资比例，改变过去主要依靠个人筹资护理费用的状况，基本形成了世代相连支撑、各级政府共同负担的护理服务费用筹资模式。[2]

二、美国的护理保险制度

（一）美国长期护理保险制度的建立

美国早在20世纪40年代就步入老龄化社会。1940~2016年，美国人口老龄化程度逐渐提高，76年间提高了8.97个百分点。随着人口预期寿命的延长，美国老年人口比重还将不断提高，但是美国人口老龄化速度比较缓慢，在西方发达国家处于中等水平。美国人口老龄化速度较缓的原因主要有两个：①由于美国人口出生率较高，2020年美

---

[1] 张昀. 日本长期护理保险制度及其借鉴研究[D]. 吉林大学博士学位论文, 2016.
[2] 李运华, 姜腊. 日本长期护理保险制度改革及启示[J]. 经济体制改革, 2020 (3): 167-172.

国的总和生育率为 1.73，而欧盟的总和生育率为 1.50；②因为美国吸纳了大量的青壮年移民。2020 年美国人口中 25～64 岁的工作年龄段人口与 65 岁以上的人口比例为 3.118∶1。[①] 美国人口普查局预测到 2050 年，美国工作年龄段的人口与 65 岁以上老人的比例将达到 2.36∶1，老龄人口比例届时将会提升至总人口的 20.17%。

20 世纪 70 年代长期护理商业保险产生于美国，其产生的最根本原因是人口老龄化。在长期护理保险问世以前，无论是社会医疗保险还是商业医疗保险均对护理费用的支出提供保障，因此常常出现投保的老年人将医院当作护理场所，大量老年人的长期住院费用加剧了各国医疗保险支出。

（二）美国长期护理保险制度的主要内容

美国长期护理保障在国家层面主要依靠医疗救助计划（Medicaid），医疗救助计划在长期护理保障方面只涵盖了短期的专业护理和家庭保健。商业保险在美国长期护理市场中的比重仍旧较低，为了扩大长期护理保险的覆盖范围，为更多人群提供融资渠道，2010 年 3 月 23 日美国通过了《社区生活援助服务和支持法案》（The Community Living Assistance Services and Supports Act，CLASS）（以下简称《CLASS 法案》），规划建立一个全国性的、自愿的保险计划，为那些机能性失能者或认知障碍人群提供资金保障，供其购买非医疗性的护理服务，从而维持正常的日常生活。该计划提供的社区生活援助服务主要包括住房改造、辅助技术、个人协助服务以及交通出行等。[②]

在保障范围方面，所有 18 周岁以上的"积极雇员"（至少有三年被雇用的历史）都可以加入《CLASS 法案》提出的长期护理保险计划之中。《CLASS 法案》为有资格加入该计划的人群提供了两种参保途径：第一种参保途径是自动参保机制，上班人群将通过其雇主，自动地加入到该计划中去。在该机制下，雇主有权决定是否将其雇员自动地加入到该计划。在雇主决定将其雇员加入进去的情况下，如果雇员不想加入，那么必须明确退出。如果雇主决定不加入，那么雇员要想参加则需通过第二种途径。第二种参保途径主要为以下三种人群提供：①个体经营者；②有多个雇主的雇员；③雇主在自动加入环节决定不加入，而自行参加的雇员。

在保费缴纳方面，《CLASS 法案》下的长期护理保险计划的资金全部来自参保人群缴纳的保费，政府不提供补贴。在该体系下，保险费将通过工资扣除或个人直接缴纳的方式按月收取。无论在先前是否选择了雇员自动加入机制，在保费缴约时，雇主都可以选择其雇员以直接工资扣除的方式缴纳保费。对于雇主不实行工资扣除缴纳保费的情况，雇员应根据相应程序自行缴纳。只要投保人属于计划中规定的积极雇员，一旦加入该计划，其按月缴纳的保险费将保持不变。但是，在该计划出现偿付能力不足时，保费可以提高。保费的具体数额需由美国联邦政府卫生和公众服务部（The Department of Health and Human Services，DHHS）经过测算后在其备选方案中列出。保险给付

[①] Knoema. 世界数据图册美利坚合众国［EB/OL］. ［2023-09-03］. https：//cn. knoema. com/atlas/美利坚合众国/topics/人口统计资料.

[②] 胡宏伟，李佳怿，栾文敬. 美国长期护理保险体系：发端、架构、问题与启示［J］. 西北大学学报（哲学社会科学版），2015，45（5）：163-174.

机制等将直接决定具体保费金额。同时，保费很可能会根据投保人员参保时的年龄不同，而相应收取不同的数额。但参保人群的身体状况并不影响保费的高低。比较特殊的是，《CLASS法案》对于穷人和学生在保费缴纳方面有着特殊的规定。收入处于贫困线下的人员以及22岁以下全职工作的学生，只需每月缴纳少量保险金。目前，这一金额定为5美元，并将随着消费者价格指数的增长而增长。一旦该学生不再符合缴纳少量保险金的标准，则将重新计算保险费数额。[①]

在保险金给付方面，《CLASS法案》规定必须按月交纳保费至少达到五年，且积极雇员（至少有三年处在被雇用状态）才有权利获得长期护理保险金给付。在满足上述条件的基础上，被给付人还须符合下列情形之一：①无法独立完成至少两件日常生活行为，即日常生活活动能力量表（ADLs）规定的日常生活活动能力，如吃饭、洗浴、穿衣、行动等；②存在与上述情形同等程度的认知功能障碍，需要被监护或他人帮助才能完成ADLs，这些认知失能包括创伤性大脑损伤、阿尔茨海默氏症、多发性硬化症等。同时，还应确保被给付人员的这一失能状态预期将持续90天以上。只有在这些条件均满足的情况下，被保险人才能获得长期护理保险金给付。关于给付资格的审校评定问题，《CLASS法案》规定，需建立"资格评定体系"来保证计划的有效执行。

在保险金给付标准方面，根据《CLASS法案》规定，符合给付条件的人群将得到现金给付，由于伤残程度的不同，给付额度相应也有所差异。按照《CLASS法案》规定，平均给付额度不得低于每天50美元，并将随着通胀程度进行调整。卫生和福利部门将制定失能等级评估手册，将失能程度按等级划分为2~6个等级，并规定其相对应的给付额度。由于50美元/天是一个平均值，在最终的实施计划中，一些等级的给付额将低于这一平均值，而相应的其他等级将高于该平均值。另外，平均每天50美元作为《CLASS法案》规定的给付最低水平，卫生和福利部门可能会在备选计划里提高这一数额，规定更高的平均给付水平。根据国会预算预测，给付金平均将为75美元/天，或者27000美元/年。对于个人而言，寿命长度和获得给付金额总量都没有最大限制，也就是说，无论领取给付金的时间长短、累计总金额的高低，只要符合给付条件，被保险人均可继续领取。但是，被保险人一旦不再符合给付资格（身体康复或者死亡），给付将立即停止，账户中的余额也随即不能再被使用。另外，对于选择机构护理的情况，《CLASS法案》的给付金也可以被用来支付相应长期护理费用。

此外，美国的长期护理保险制度同时也依靠长期护理商业保险，包括个人长期护理商业保险和团体长期护理商业保险。美国的长期护理保险时长的集中度较高，被少数几家保险公司垄断。在美国联邦体制下各州独立管制，无法实施普遍覆盖全体国民的长期护理保险制度，这使美国联邦政府鼓励长期护理商业保险的发展，以税收优惠等政策鼓励雇主及雇员采取自愿保险的方式，以商业保险公司作为经营主体来减轻人们的长期护理费用负担。[②]

---

① 荆涛，杨舒. 美国长期护理保险制度的经验及借鉴[J]. 中国卫生政策研究，2018, 11 (8)：15-21.
② 姚兴安，朱萌君. 发达国家长期护理保险融资的比较研究及对我国的启示[J]. 护理研究，2021, 35 (13)：2257-2266.

三、德国的护理保险制度

(一) 德国长期护理保险制度的建立

1870~1950年,老龄人口的规模也不断增加,在20世纪40年代德国便已进入老龄化社会,预期寿命增长了约30岁,65岁以上的人口数已经达到了总人口的14.9%。尤其是在70年代以来德国人口结构老龄化趋势不断深化,引发了诸多社会问题,许多子女不得不减少工作时间或放弃工作照顾父母,人口预期寿命不断增长,直接导致德国长期护理风险规模不断扩大,社会中高龄和长寿的老年人绝对数量不断增加,人口的预期健康寿命在生命历程中相对缩短,传统家庭对长期护理需求持续增长。[①]

与此同时,1973年德国议员提出老年人的退休收入和不断增长的社会服务价格之间的不平衡,1974年德国老年援助信托理事会也明确提出长期护理价格与老年收入之间的不均衡增长。[②] 1970~1990年联邦德国的标准法定养老金替代率从55.2%增长到59.5%之后又回落到55.0%,而老年人的长期护理费用却不断增长。从更长的历史时期来观察,尽管德国法定养老金水平一直比较稳定,但是总体上呈现出持续下降的趋势,德国法定养老金的替代率从1970年的55.2%下降到2021年的48.7%,所以老年人的法定养老金收入不足以支付长期护理费用的事实不仅没有得到改善,反而在持续加重。

德国长期护理制度的建立是一个渐进式的制度变迁过程:1974~1984年,主要依靠家庭的非正式护理和"补缺式"的社会救助制度来提供长期护理保障,只有在家庭的能力耗尽之时国家才提供帮助,鲜明地体现了德国福利国家的"辅助性"特征;1984~1990年,德国《医疗结构改革法案》出台,部分长期护理需求被纳入法定医疗保险的支付范围,长期护理风险的普遍性在德国福利国家体系中得到初步承认;[③] 1990~1994年,德国统一、关键政治人物理念的转变、1994年大选共同促成了德国长期护理保险法案的通过,建立了以预算支付和部分风险覆盖为运行逻辑的新的社会保险制度,将长期护理风险从传统的家庭风险重新诠释为半家庭和半社会的混合风险,确立了以家庭为基石、以社会保险制度为支撑、以社会救助作为公民权利救济的多层次长期护理保障体系。[④]

从此,长期护理保险成为继医疗保险、事故保险、养老保险和失业保险之后,德国社会保险体系的第五大支柱,而且成为德国福利的重要特征。

(二) 德国长期护理保险制度的主要内容

(1) 在保障范围方面。德国《护理保险法》对"有权获得待遇的人员范围"进行

---

① 刘芳. 德国社会长期护理保险制度的起源、动因及其启示 [J]. 社会建设, 2022, 9 (5): 52-65.
② 郝君富, 李心愉. 德国长期护理保险: 制度设计、经济影响与启示 [J]. 人口学刊, 2014, 36 (2): 104-112.
③ 苏健. 德国长期护理保险制度: 演化历程、总体成效及其启示 [J]. 南京社会科学, 2019 (12): 67-73.
④ 赵斌, 陈曼莉. 社会长期护理保险制度: 国际经验和中国模式 [J]. 四川理工学院学报 (社会科学版), 2017, 32 (5): 1-22.

了规定，护理需求者是指由于身体、精神、认知的疾病或者障碍，对于在日常生活中惯常和规律性重复发生的事务，长期（可预期至少 6 个月）并在较高程度上需要帮助的人。该法对重要术语进行了明确解释，如日常生活中惯常和规律性重复发生的事务是指在身体护理领域中的洗涤、淋浴、牙齿护理、梳头、刮胡子、大小便等，疾病或者障碍包括支撑或者运动系统的丧失、瘫痪或者其他功能障碍，内部器官或者感觉器官的功能障碍，中枢神经系统紊乱等。

（2）在长期护理保险筹资及给付方式方面。德国长期护理保险制度以社会保险体制为核心，将全民纳入保障对象，[①] 采取现收现付财务方式，允许被保险人自主选择护理保险给付方式，给予保险人有限多元自治管理权力，从而较好地满足了民众的护理需要。[②] 德国长期护理保险资金由政府、雇主和职员共同筹集，政府承担其中的 1/3，剩余的部分由雇主和职员各自承担一半。德国长期护理保险制度规定根据收入水平决定参保方式，参保方式分为长期护理社会保险和长期护理商业保险两种，收入低于一定标准的职员必须参保长期护理社会保险，收入高于一定标准的职员、雇主等可以不参保长期护理社会保险，但必须购买长期护理商业保险。目前，长期护理社会保险的主要参保人是雇员和已退休人员，对于没有收入的配偶和儿童可以免费参加，由政府出资。长期护理商业保险则主要根据参保人年龄与健康保险公司签订商业保险合同。德国根据人口失能状况与长期护理需求提供诸如居家护理、日间护理、短期护理与养老院护理等不同类型的护理服务方式，并强调"居家护理优先""预防与康复优先"的理念。2008 年 7 月 1 日，依据《护理持续发展法》，德国调整了法定长期护理社会保险的服务项目和给付额度，其中给付范围包括居家护理、非全日机构护理、全日机构护理、暂托护理四种，给付方式均可以现金给付、实物给付、混合给付实施。当然，护理给付对象不限年龄，包括一般人、精神障碍、失智及脑损伤者，同时赋予护理需求者选择不同待遇给付方式的自主权利。

（3）在评估机制方面。德国医疗卫生部对参保人的受益资格、受益程度及受益方式均制定了详细的评估标准，长期护理保险跟随医疗保险，医疗保险组织的医务人员依法承担对护理保险受益资格的评定，由护理保险基金支付报酬。参保人经过 ADLs 和 LADLs 测评，有超过 6 个月且有长期护理需求的，可确定其具备受益资格，已经被确定为需要长期护理服务的参保人，需要经过医疗审查委员会进一步评估来确保参保人的护理服务等级。长期护理保险参保人可以自主选择专业或非专业服务机构提供的护理服务，也可以将护理保险金用于支付其他方面。

（4）在给付机制方面。针对居家护理和机构护理的不同给付方式都有明确的给付机制。居家护理的给付方式可以是现金给付、服务给付和混合给付。如果居家护理选择现金给付，参保人可以根据评估的护理等级直接领取保险金。参保人必领申请专业护理机构提供服务建议，否则长期护理保险基金可以取消其保险现金给付资格。居家

[①] 何林广，陈滔. 德国强制性长期护理保险概述及启示 [J]. 软科学，2006（5）：55-58.
[②] 海燕. 可持续的公共长期护理保险筹资机制：国外经验与中国方案 [J]. 宏观经济研究，2020（5）：166-175.

专业护理选择实物给付方式,护理服务供给商需要在长期护理保险基金的批准下才能签订合同,为参保人提供卫生、饮食、行动和家务等方面护理服务。混合给付是现金给付和实物给付在适当情形下进行转换。在参保人能够保证家庭成员足以承担长期护理责任的情况下,可以将没用完的实物给付按照一定比例转换为现金给付。机构护理是当居家护理不能满足参保人的长期护理需求时,经过医疗审查委员会评估批准后,方可申请到护理院接受机构护理服务。否则,除了最高参照居家专业护理等级的标准给付外,其余部分必须自付。此外,当居家护理参保人的非正式护理服务供给方由于疾病、外出等原因导致暂时无法提供护理服务的,参保人可以获得每年四周的暂时护理。暂时护理属于临时机构护理方式,可以实行实物给付和混合给付。德国鼓励居家护理服务,给予此机构护理更多的优惠政策,例如,额外护理津贴和护理保险金额。另外,家庭成员或亲属提供居家护理服务每周超过14小时以上,无工作的护理者或每周护理服务超过30小时以上的,可以免费获得护理培训课程和不低于每年460欧元的护理津贴。

(5)在护理监督和管理机构方面。德国联邦劳工部是长期护理保险的主要管理部门,负责对长期护理保险进行政策指导和运营管理。联邦政府和州政府负责提供并完善长期护理服务的基础设施,以及对服务效率和服务质量进行有效监管。长期护理保险基金和商业保险公司负责长期护理保险的具体运营,主要包括保费收缴、评估审核、与服务供给方协商费用以及保险给付等方面。德国在每一个法定医疗保险机构中均设立了专门长期护理保险机构,医疗保险机构负责审查长期护理保险服务的申请者,长期护理保险受益者购买的服务可以从医疗保险基金中的长期护理保险基金得到补偿,采用现收现付管理方法。此外,德国还建立了长期护理保险法联邦咨询委员会,由来自联邦政府、州政府、长期护理基金组织、机构护理服务供给方等成员代表组成,共同参与长期护理保险的决策过程,其主要任务是与联邦政府共同协商长期护理保险相关问题的解决方案,监督长期护理保险制度的发展,改善长期护理保险的服务供给效率和质量。

第四节 我国长期护理保险制度的发展趋势

一、覆盖范围全民化

当前我国试点城市长期护理保险覆盖人群基本为职工基本医疗保险和城乡居民基本医疗保险参保人员,参考德国、日本的先进经验,未来长期护理保险的覆盖人群将逐步扩大至全民化,并针对低保老人、空巢老人等特殊群体制定针对性的政策福利,以减轻他们的家庭负担。

二、实现共同分担筹资方式

当前我国试点城市的长期护理保险资金筹集方式基本由单位、个人通过缴纳医保费用的方式筹集，不单设长期护理保险费用，这种方式对医保基金的依赖性较大，加重医保基金的负担，也对长期护理保险基金的长久持续提出挑战，未来将采取新的筹资方式，例如，个人支付、公司缴费、政府补贴等多方比例的共同分担方式以及增加社会捐助等方式。

三、评估标准统一且细化

当前我国试点城市对于长期护理保险的被保险人评估标准尚未统一，各城市纷纷制定了评估标准并在当地试行，未来长期护理保险制度将在全国层面达成统一，处于社会公平等角度，适用于全国范围的长期护理保险制度对于被保险人的失能等级评估也将趋于同一评估标准，并包含精确和细化的细分条款以服务于不同需求层次的参保人。

四、给付内容多样、给付形式便捷

未来长期护理保险服务项目的分类将更加考虑服务对象的需求，从家务援助、身体照料、精神慰藉、临床护理等大类出发，再细分更为详细的服务项目，如身体照料包括洗发、喂饭、沐浴等，精神慰藉下设上门探望、聊天等。同时，将根据失能失智老年人患病特点与需求，提供个性化的服务。

在报销方式和流程方面，采用智能数据服务平台为需要长期护理的家庭提供手续上的便利，简化流程，减少烦琐的报销流程和手续所花费的时间，避免因处理保险给付相关事宜增加照料人员的工作负担。

五、开拓以社会性为主、商业性为辅的长期护理保险

目前，日本、美国、德国在长期护理保险方面发展较为成熟。其中，美国是商业性长期护理保险与国家医疗救助计划并行的方式，但由于各州分治，国家医疗救助计划能够提供的保障有限，贫困人群没有多余的能力购买商业性长期护理保险；德国以社会性长期护理保险为主，覆盖全民，但高收入居民可以选择服务水平更高的商业性长期护理保险；[1] 日本是采取强制性全民长期护理保险模式，服务较全面，但政府财政压力较大，同时也抑制了商业长期护理保险的发展。

参考我国上海市、青岛市试点城市长期护理保险发展情况，借鉴发达国家的经验，结合我国国情，我国的长期护理保险需要由政府主导、覆盖全民，同时也要发展商业型保险作为长期护理保险制度的重要参与者，以满足不同地区多层次、多样化的长期

---

[1] 赵斌，陈曼莉. 社会长期护理保险制度：国际经验和中国模式 [J]. 四川理工学院学报（社会科学版），2017，32（5）：1-22.

护理保险需求。①

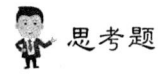

思考题

1. 我国长期护理保险制度的构建应包括哪些重要部分?
2. 我国不同试点城市的长期护理保险制度有哪些差别?
3. 如何构建长期护理保险制度,使之促进护理产业发展?

---

① 原彰,廖韵婷,李建国. 我国长期护理保险典型发展模式研究 [J]. 卫生软科学,2020,34(4):60-64.

第九章 社会救助政策与实践

本章学习要点

通过学习本章,了解社会救助的概念内涵、特点、功能及基本原则;梳理我国社会救助制度的历史沿革,掌握我国分层分类社会救助体系的特征及内容;掌握最低生活保障制度的基本内容与最低生活保障标准的确定方法,了解城市与农村的最低生活保障制度。

第一节 社会救助制度概述

一、社会救助的概念内涵

社会救助(Social Assistance)制度随着政治、经济、文化及社会等因素不断发展而变化,是社会发展与进步的标志。由于每个国家在不同历史时期存在社会经济与价值观念方面的差异,因此社会救助的内涵也随之发生变化。

(一)社会救助的定义

现代社会救助制度于16世纪欧洲的国家济贫开始。随着工业革命的兴起,以教会和民间为主体的慈善事业已无法满足日益增长的新的社会需求,于是政府开始对贫民进行救济。1601年的旧《济贫法》和1834年的新《济贫法》认为,济贫是一种特殊的历史现象,是指国家或民间慈善组织为穷人提供资金、物品或服务,帮助其渡过难关。

美国于1965年在《社会工作百科全书》一书中首次提出并阐释"社会救助"的概念。该书将社会救助定义为:社会救助补充社会保险,当个人或家庭生计断绝需要救助时,社会救助给予生活帮扶,是社会保障制度体系内最富有弹性而不受约束的一种计划。[1]

---

[1] 曹艳春,余俊杰.社会救助研究述评[J].长沙民政职业技术学院学报,2009,16(4):2-5.

在中国古代，生活救济是最古老最基本的社会保障方式，中国传统社会救助思想体系的核心理念是"富国养民"。"扶困济贫""慈幼爱老""救孤助残"等传统救助观念在今天仍然具有先进性与社会价值。[1] 中国古时早已提出"选贤良、收孤寡、补贫穷，如是则庶人安政矣""慈幼、养老、赈穷、恤贫、宽疾、安富"等"大同"社会的思想和治理国家、安抚民心的策略。[2]《周礼·地官》："以保息六养万民：一曰慈幼，二曰养老，三曰振穷，四曰恤贫，五曰宽疾，六曰安富。"表明中国在古代时国家非常重视社会救济。[3] 古代思想家对困难群体救济的萌芽是《礼记·礼运·大同篇》："故人不独亲其亲，不独子其子；使老有所终，壮有所用，幼有所长，矜寡孤独废疾者，皆有所养。"[4]

郑功成（2000）认为，社会救助指的是"国家与社会向由贫困人口与不幸者组成的社会脆弱群体提供款物救济和扶助的生活保障政策。一般情况下，社会救助被看作政府的应然责任或义务，采用的同样是非供款制与无偿救助的方式，其目的是帮助社会脆弱群体摆脱生存危机，从而维持社会秩序的稳定。社会救助的范围包括灾害救济、贫困救济以及对弱势群体的帮助"。[5]

关信平（2021）指出"社会救助制度是政府和社会向有需要的困难群众提供物质帮助和社会服务，以保障其基本生活和促进其摆脱贫困的社会保障制度"。[6]

（二）社会救助包含的要素

由上述定义出发，社会救助包括如下四个要素：

（1）社会救助的实施主体是国家和社会，获得社会救助是公民的一项基本权利，国家通过立法保护贫困群体。

（2）社会救助的对象是那些由于各种原因而无法得到基本生活保障，仅凭自身的力量难以走出困境的社会成员及其家庭。

（3）社会救助的目标是克服贫困，当社会成员的收入达不到最低生活保障标准而面临生活困难的时候，社会救助就会发挥作用，在公平和效率之间寻找平衡，让受助者的基本生活得到保障；同时通过对困难群体的救助维持社会秩序、促进社会公平。社会救助是社会保障制度中的最后一道安全网。

（4）社会救助的方式包括现金、实物和服务等；秉持的是"无偿"原则，即不需要被救助者承担义务，且不具有交易性质。

综上所述，社会救助的概念可以理解为：在现代国家里，社会救助是由法律来保护公民的一项基本权利；是指国家依照法定的程序和标准、通过国民收入的再分配，对因自然灾害或其他经济、社会等原因导致收入中断或者收入降低，而难以维持基本

---

[1] 韩跃民，赵鸣. 中国古代社会救助思想与实践初探 [J]. 理论导刊, 2011 (12): 109-111.
[2] 贾楠. 中国社会救助报告 [M]. 北京：中国时代经济出版社, 2009: 4-5.
[3] 白云，刘芹. 中国古代社会救助措施的历史作用与启示 [J]. 管子学刊, 2014 (1): 78-80+104.
[4] 陈井安，郭丹，瓮晓璐. 中国古代社会救助考察 [J]. 中华文化论坛, 2016 (1): 55-68+191-192.
[5] 郑功成. 社会保障学——理念、制度、实践与思辨 [M]. 北京：商务印书馆, 2000: 13-14.
[6] 关信平. "十四五"时期我国社会救助制度改革的目标与任务 [J]. 行政管理改革, 2021 (4): 23-31.

生存和生活需要的人员或家庭，提供各种形式帮助的社会保障制度，以此来保障弱势群体和个人的最低生活水平。社会救助是优化配置社会资源、实现社会公平、维护社会稳定、推动经济社会发展的基本制度，也是现代社会保障制度的基本组成部分。

二、社会救助的特点

（一）救助目标的基础性

社会救助是保障人民群众生存权利和生活安全的最后一道防线，也是社会保障安全网的"网底"。绝大多数国家的社会救助在社会成员因自然灾害、劳动能力丧失以及其他原因导致无法维持基本生活后开始发挥其保护作用，帮助陷入生存困境的社会成员获得生存所需的基础条件，直到其摆脱生活困难的状态。社会救助是国家治理过程中最基础和有效的方式。

（二）救助手段的多样性

针对社会救助对象的不同需求，社会救助的手段可分为现金、实物以及服务救助等项目。随着我国社会救助体系的完善与救助水平的提高，为不同困难程度和不同致困原因的困难群体提供分层次、差异化的精准救助成为重点工作之一，要做到分层分类，必须实现常态化救助与临时性救助、生存性救助与发展内生动力、物质性救助与服务性、精神性救助的有机结合，促进社会救助从单一的物质救助向生活照料、技能提升、精神慰藉等多样化的救助手段转变，最大限度地发挥社会救助的综合帮扶效应。

（三）救助权利与义务的不对等性

在社会保障体系中，社会保险强调权利与义务相结合，受保人要在缴纳一定的保险费后方可享受社会保险的待遇，而社会救助具有无偿性，由国家或者社会单方面提供救助，受助者不需要提前尽到缴费义务，只要符合救助条件就可以享受救助待遇。对于救助对象来说，社会救助是单方面的权利；对于提供者而言，社会救助是单方面的义务。这种权利与义务的关系需要法律进行规范，这也是社会救助区别于其他社会保障制度的重要特点。[①]

（四）社会救助发展的历史性

社会救助由社会救济发展而来，其在社会保障制度体系中的核心地位并未随着社会保险与社会福利的发展而被取代，至今仍发挥着兜底保障的功能，有效促进了社会底线公平。在社会保障体系中，社会救济出现时间最早，以17世纪60年代英国的《伊丽莎白济贫法》为主要标志。在许多国家的各个历史时期，社会救助都为国家的稳定与社会的进步做出了重大的贡献；在现代社会中，社会救助越来越多地发挥着自己独特的保障作用。

三、社会救助的功能

（一）保护功能

社会救助的保护功能主要体现在两个方面：一是对社会成员个人的保护，通过各

[①] 吴弨. 论社会救助的基本特征[J]. 中国减灾，2007（5）：22-23.

种援助帮助困难群体脱离困境,从法律和经济两方面保障公民的生存权利;二是对整个社会的保护,庞大的贫困群体阶层的形成和阶级化的发展,对于社会的安定和统一都是不利的,因此社会救助通过对贫困群体的保护,从而维持社会的正常运转。

(二) 协调功能

社会救助的责任主体为各级政府,各种社会力量与广大人民群众也广泛参与其中。健全的社会救助体系对协调与衔接各救助主体起到重要的作用,政府部门与社会团体能够各司其职,救助信息由各主体共享。[①] 社会救助与慈善帮扶的紧密衔接、社会救助的分层分类改革将有效促进社会救助与社会保障制度其他子项目的协同,放大整个社会保障体系的扶贫济困效能。

(三) 整合功能

社会救助可以对救助资源进行整合。救助资源主要分为现金、实物和服务三种。我国的救助资金来源包括国家财政拨款、信贷扶贫、社会捐赠和国际援助、社会救助基金增值、志愿者提供的社会服务等。救助资源较为分散,由于得不到集中利用,因此无法发挥应有效益。社会救助体系的建立整合了零散的救助资源,使有限的资源可以精准为真正有需要的困难群体服务,避免造成社会资源的浪费。

(四) 社会功能

首先,社会救助通过提供帮助使困难群体的收入得到改善,对于缩小社会成员之间的收入差距起到了一定的作用,可以有效化解社会矛盾;其次,受助对象通过接受救助感受到互助价值观,对政府与社会充满信任,有助于社会团结;最后,社会救助标准的逐步提高使贫困人口能够得到较好的生活质量保障,从本质上来讲,是贫困人口共享社会发展成果的一种保证。

四、社会救助的基本原则

(一) 公正公开原则

社会救助必须充分体现公平公正原则,对所有符合救助条件的社会成员一视同仁。在确定受助者资格时按照统一的救助标准,不偏袒任何一个人。社会救助的法律法规、程序以及申请所需要提交的材料目录和申请书示范文本要向社会公布,救助实施过程与结果同样应当公开并接受社会成员的监督。

(二) 救助与发展一致性原则

人与人之间存在的智力和生理上的差异是巨大的,因此在实施社会救助时应充分挖掘其潜力,帮助其走出困境。[②] 社会救助仅仅为困难群体提供了发展的基础和条件,只有通过受助者自身潜力的发挥才能使他们真正过上"不愁吃穿"的生活,这也是社会救助不应只提供物资救助,而更应注重精神救助的原因。

此外,社会救助应当与社会经济发展相协调,一方面,困难群体范围会随着社会

---

① 朱小泳. 我国社会救助的功能分析综述 [J]. 时代经贸 (中旬刊), 2007 (S4): 45-46+48.
② 韩君玲. 论我国社会救助法的基本原则——基于社会主义核心价值观融入的视角 [J]. 行政管理改革, 2021 (1): 26-34.

的发展而发生变化,因此应及时调整救助对象的标准;另一方面,社会成员的生活水平得到了全面改善,绝对贫困将逐步被相对贫困所替代,社会救助的标准也应该根据社会发展而做出相应的调整。

(三) 依法救助原则

只有通过社会救助相关法律法规的建立与完善,才能赋予社会救助实施的权威性和连续性。[①] 不规范的社会救助在救助过程中可能会导致其他社会问题及矛盾的出现。进行社会救助立法已成为国际共识,中国也在加速这一立法进程。

第二节 我国的社会救助制度

一、我国社会救助制度的历史沿革

1943年,国民政府制定的《社会救济法》颁布实施。同时,国民政府还公布一系列法规,逐渐形成了一整套与济贫相关的法律法规体系。[②] 但是在国民党政府的统治下,有关救济的法律规定并未得到严格执行,救济组织仍长期沿用着封建时期的做法和制度。

中国共产党从成立之初就将劳动人民的社会救济问题放在一个重要的地位上。1922~1948年,苏区、边区或解放区政府颁布了有关救灾救济的法令。1945年成立中国解放区临时救济委员会(1946年改称中国解放区救济总会)并制定《解放区临时救济委员会组织和工作条例》。救济总会的工作实践,为中华人民共和国成立后的社会救济工作奠定了基础。[③]

我国社会救助由社会救济发展而来,目前已成为中国社会保障体系中基础性制度。回顾中华人民共和国成立之后中国社会救助的改革与发展历史,大致可以分为五个阶段:①1949~1956年,基于人道主义的紧急社会救济阶段;②1957~1977年,城乡二元经济结构下的经常性社会救济阶段;③1978~1991年,改革开放浪潮下的社会救济过渡转型期;④1992~2013年,城乡社会救助定型与规范阶段;⑤2014年至今,多层次的社会救助体系完善阶段。

(一) 基于人道主义的紧急社会救济阶段(1949~1956年)

新中国成立掀开了历史新篇章,但是由于连年战乱,生产力水平低下,生产资料匮乏,中华人民共和国成立初期的社会经济面临艰难的局面,国家存在着众多失业与半失业人口,最基本的吃穿问题成为难以解决的问题;加之1949~1952年接连发生全国性的水旱、风暴等自然灾害,导致这一时期贫困人口急剧增加,城乡中数量庞大的

---

① 任振兴. 社会救助的概念及原则 [J]. 社会福利, 2003 (3): 17-20.
② 孙健忠. 台湾地区社会救助政策发展之研究 [M]. 台北: 时英出版社, 1995.
③ 中共代表团驻沪办事处纪念馆. 中国解放区救济总会在上海 [M]. 上海: 学林出版社, 1996.

灾民、失业者以及孤老残病等弱势群体都面临着基本生活无法维持的困境，急需国家的救济与帮扶。截至1949年底，全国灾民总计4550多万人，孤老残病人口已经百万人，全国需要救济的群众数量超过5000万人，比例高达当时国家总人口的10%。[1]

面对众多遭受饥饿、自然灾害和失业的群众，党和政府开展了大规模的紧急救济工作，划拨财政资金、筹集物资实施应急性的救灾救济。1949年11月提出"节约救灾，生产自救，群众互助，以工代赈"的救灾方针；同年12月，发布《关于生产救灾的指示》《关于加强生产自救劝告灾民不往外逃并分配救济粮的指示》。[2]

1950年1月，内务部发出《关于生产救灾的补充指示》；2月中央救灾委员会成立；4月中国人民救济代表会议召开，会议确定了"在政府领导下，以人民自救自助为基础开展人民大众的救济福利事业"的基本原则；会后成立中国人民救济总会，并确立救灾救济工作的方针是"在自力更生原则下，动员与组织人民实行劳动互助，实行自救、自助、助人"。1950年7月，第一次全国民政会议将救灾救济确定为重点工作之一，并设立社会司主管全国社会救济工作。

1953年起，中国进入了社会主义改造和建设时期，社会救济也开始从大规模的紧急救济进入一个新的阶段。1953年7月，内务部增设救济司，主要职责是主管农村救灾救济工作。各级政府成立了相应的职能部门，并在全国各地逐步建立起相应的社会救济体系。

农村针对"三无"群体建立了"五保"供养制度。"五保"是指1956年6月《高级农业生产合作社示范章程》作出的规定，"农业生产合作社对于缺乏劳动力或者完全丧失劳动力、生活没有依靠的老、弱、孤、寡、残疾的社员，在生产上和生活上给以适当的安排和照顾，保证他们的吃、穿和柴火的供应，保证年幼的受到教育和年老的死后安葬，使他们生养死葬都有依靠"，[3] 即"保吃、保穿、保烧、保教、保葬"。五保供养制度是新中国第一项农村社会保障制度，成为党和政府在广大农村地区的一项长期政策。[4] 此外，还对原国民党起义、投诚人员，散居归侨、老侨、侨生、麻风病人等特殊群体展开了救济。

这一时期的社会救济是中国特定历史阶段的社会救济，是基于人道主义的紧急社会救济，主要目标和功能是保障困难群体最基本的温饱问题；它不仅为广大城乡困难群体解决了基本生活困难，而且也对恢复国民经济发展、维持社会秩序、巩固新建立的人民政权具有重要意义，同时也为我国社会救助的发展奠定了基础。

（二）城乡二元经济结构下的经常性社会救济阶段（1957~1977年）

进入全面建设社会主义时期后，社会救济开始由紧急性救济转变为经常性救济，城乡之间开始呈现出二元经济结构的新特征。

城市形成了以就业为基础的单位社会保障制，由单位保障有劳动能力的社会成员；

---

[1] 多吉才让. 中国最低生活保障制度研究与实践 [M]. 北京：人民出版社，2001.
[2] 唐钧. 完善社会救助制度的思路与对策 [J]. 社会工作，2004（9）：24-29.
[3] 中共中央文献研究室. 建国以来重要文献选编（第八册）[M]. 北京：中央文献出版社，1994.
[4] 宋士云. 新中国农村五保供养制度的变迁 [J]. 当代中国史研究，2007（1）：93-101+128.

城市社会救济的方式分为临时救济与定期定量救济，救济对象主要为孤老残病、社会困难户以及法定的特殊救济群体。农村形成了以社队集体为单位的集体社会保障制，生产队对农民群体进行保障。随着农业合作化的层次变高与范围变广，1958年农村人民公社建立后绝大多数农民都成为社员，可以享受到集体保障。农村的社会救济逐步转变为依靠集体经济组织、社会互助互济和生产自救与国家保障相结合的社会救济方式。[1]

因此，这一时期主要的社会救济对象是无劳动能力、无生活来源的和无依无靠的群体以及因各种原因而不包括在单位或集体社会保障制度内的困难群体。我国开始形成国家保障体系下农村集体救济与城市单位救济相结合的经常性社会救济模式。[2]

"文化大革命"期间，党和国家的各项工作受到了严重冲击，各项救济政策得不到有效落实，许多拥有享受社会救济资格的社会成员无法得到帮助。城乡救济制度的持续发展遭受影响，但是党和政府仍一定程度地坚持了对灾民的灾害救济工作，帮助灾民渡过灾害困境。[3]

（三）改革开放浪潮下的社会救济过渡转型期（1978~1991年）

在改革开放浪潮的推动下，我国社会主义现代化建设进入了新的历史时期，传统的社会救济迈向现代社会救助体系。城市的单位保障制得到延续，社会救济的工作内容主要是恢复原有的城乡救济、兴办救济性事业以及帮扶农村的扶贫经济实体。

1978年5月，民政部恢复设立并设置城市社会福利司和农村社会救济司等司局级单位，各级民政部门设立了社会救济的专职机构，[4]为社会救济各项政策的制定和实施提供了组织保障。随着农村流动人口的不断增加，1982年确立了针对城市流浪乞讨人员的收容遣送制度。1983年4月召开的第八次全国民政会议明确新时期我国社会救济工作的基本方针是"依靠群众，依靠集体，生产自救，互助互济，辅之以国家必要的救济和扶持"。

农村贫困救济是这一时期社会救济工作的重点。针对农村的救济主要有定期定量救济、农村五保供养制度、开发式扶贫等。农村的救济工作兼顾社会救济与扶贫开发，发挥了社会互助功能。

城市社会救济工作也得到恢复和发展。1979年11月，全国城市社会救济福利工作会议明确城市救济的对象主要是"无依无靠、无生活来源的孤老残幼和无固定职业、无固定收入、生活有困难的居民"。

这一时期的社会救济工作得到了恢复和发展，但并未突破原有的框架和制度设计，城乡救济按照各自的轨道持续前进，城乡贫困问题依旧突出，社会救济工作在实际开展过程中与困难群体的需求有一定出入，本时期的社会救济制度具有明显的过渡转型特点。

---

[1] 宋士云. 1949—1978年中国农村社会保障制度透视[J]. 中国经济史研究，2003（3）：25-34.

[2][4] 徐晓雯，冯婉婉，彭飞. 我国社会救助制度改革：历史演进、实践困境及路径选择[J]. 公共财政研究，2021（1）：56-68.

[3] 多吉才让. 中国最低生活保障制度研究与实践[M]. 北京：人民出版社，2001.

（四）城乡社会救助定型与规范阶段（1992~2013年）

1992年，社会主义市场经济体制改革开始，传统意义上的社会救济转化为城乡最低生活保障制度，且基本医疗、教育、住房等方面的专项救助项目得到发展，为困难群体全面筑起生活保障的"防护墙"。[①]

1993年，中共中央十四届三中全会通过的《中共中央关于建立社会主义市场经济体制若干问题的决定》，明确提出建立多层次的社会保障体系。其中包括社会保险、社会救济、社会福利、优抚安置、社会互助和个人储蓄积累保障。这之中还未出现"社会救助"的概念，与之相关的是社会救济、优抚安置和社会互助。

1. 城市居民最低生活保障制度的建设与发展

20世纪90年代以来，在经济转轨、社会转型的"两个转变"的影响下，城市中下岗、失业现象严重，贫富差距加大，城市贫困问题凸显出来。1993年，上海市发布《关于在本市建立城镇居民最低生活保障线的通知》，这是全国范围内第一个实施城市居民最低生活保障制度的城市，拉开了城市社会救助制度改革的序幕，此后不少城市借鉴上海经验出台了政策，这成为了建立新型社会救助制度的开端。[②] 1996年"建立城市最低生活保障制度"的思想写入《国民经济和社会发展"九五"计划和2010年远景目标纲要》中。1997年9月2日，国务院正式下发《关于在全国建立城市居民最低生活保障制度的通知》，指出1999年底以前县级市和县政府所在地的建制镇都要建立起低保制度。到1997年5月底，全国已有206个城市建立了最低生活保障制度。

1999年9月，国务院颁布了《城市居民最低生活保障条例》，这标志着城市最低生活保障制度成为全国性的制度安排并通过法制化管理保证其顺利实施。2001年11月，国务院办公厅下发《关于进一步加强城市居民最低生活保障的通知》，明确要求"尽快把所有符合条件的城镇贫困人口纳入最低生活保障范围"。城市最低生活保障制度经过"应保尽保""分类施保"，得到了持续的发展完善。到2006年城市最低生活保障制度覆盖人数已达到2240万，比1999年增长了近9倍。[③]

最低生活保障制度使贫困群体的基本生活困难问题得到一定程度的解决，但贫困家庭的看病难、上学难、住房差、打官司难等问题仍然严重，2003年后全国各地开始对医疗、教育、住房、司法等专项救助制度进行探索。2005年3月《关于建立城市医疗救助制度试点工作的意见》发布。此外，2003年国务院发布《城市生活无着的流浪乞讨人员救助管理办法》（以下简称《办法》），旨在对城市生活无着的流浪、乞讨人员进行救助，保障其基本生活权益，此《办法》废止了已经异化的收容遣送制度，实现了从管制到救助的改变。

2. 农村居民最低生活保障制度的建设与发展

1992年，山西省阳泉市率先开展农村居民最低生活保障制度试点工作，1996年12

[①] 孔全新．新常态下社会救助的功能拓展与整合［J］．济宁学院学报，2015，36（5）：82-86．
[②] 李棉管．社会救助如何才能减少贫困？——20世纪末至今的中国社会救助研究［J］．社会建设，2018，5（4）：23-35．
[③] 张浩淼．中国社会救助制度：从仁慈到正义之路［J］．井冈山大学学报（社会科学版），2014，35（4）：76-80．

月民政部办公厅印发《关于加快农村社会保障体系建设的意见》《农村社会保障体系建设指导方案》，提出全国各地要重点推进农村最低生活保障制度，完善农村社会保障体系。

2003年11月发布《关于实施农村医疗救助的意见》，为解决农村贫困群体看病就医问题做出努力。2006年10月，中共中央十六届六中全会第一次提出在全国"逐步建立农村最低生活保障制度"的要求。2007年7月11日，国务院印发《关于在全国建立农村最低生活保障制度的通知》，对农村最低生活保障标准、覆盖对象、管理要求、资金等内容做出了明确规定，要求在2007年内全面建立农村最低生活保障制度并保证最低生活保障金按时足额发放到户。至此，农村最低生活保障制度进入全面实施的新阶段。

2007年末，党的十七大提出要"健全城乡社会救助体系"。城市和农村的最低生活保障制度不断完善，将绝大多数城乡困难居民纳入保障范围，医疗、教育、住房等专项救助项目也不断健全，社会救助逐步走向城乡统筹阶段。至2008年底，医疗救助制度实现了城乡区域的全覆盖，贫困群众的生活得到了进一步的改善，社会治安得到了稳定。[1]

（五）多层次的社会救助体系完善阶段（2014年至今）

党的十八大以来，经济社会发展步入新常态，新问题和新矛盾的产生给社会救助制度带来了新的要求和挑战，如何更好发挥社会救助"社会稳定器"的作用、更加全面兜底困难群体的基本生活成为当务之急。

2014年2月，国务院颁布《社会救助暂行办法》，第一次以行政法规规定最低生活保障、特困人员供养、受灾人员救助、医疗救助、教育救助、住房救助、就业救助、临时救助等八项社会救助制度和社会力量参与；建立了多部门分工负责、政府救助和社会力量参与有机结合的多层次社会救助体系。[2] 同年10月，《关于全面建立临时救助制度的通知》印发，临时救助制度在全国推进。至此，临时救助短板得到弥补，我国多层次的社会救助体系建成。[3]

党的十九大报告中提出"弱有所扶"，保障和改善民生的范围得到进一步的扩大。2020年是我国全面打赢脱贫攻坚战的关键节点，我国首次历史性消除绝对贫困，社会救助发挥着重要的兜底保障功能，切实解决"两不愁三保障"的问题，实现了社会救助与精准扶贫的有效衔接。

2020年8月，中共中央办公厅、国务院办公厅印发《关于改革完善社会救助制度的意见》，增加多个专项类社会救助和急难类社会救助内容，对于加快构建新时期社会救助新格局、推动社会救助事业高质量发展做出贡献。[4]

习近平总书记强调："新的征程上，着力解决发展不平衡不充分问题和人民群众急

---

[1] 杨穗，鲍传健. 改革开放40年中国社会救助减贫：实践、绩效与前瞻[J]. 改革，2018（12）：112-122.
[2] 林闽钢. 分层分类社会救助体系的发展现状和健全思路[J]. 行政管理改革，2023（1）：4-11.
[3] 林闽钢. 我国社会救助体系发展四十年：回顾与前瞻[J]. 北京行政学院学报，2018（5）：1-6.
[4] 匡亚林，梁飞. 社会救助体系的历史沿革与发展完善[J]. 中国国情国力，2021（11）：45-47.

难愁盼问题，坚决破除实现共同富裕、实现公平正义的阻碍和束缚"，①"政府不能什么都包，重点是加强基础性、普惠性、兜底性民生保障建设"。②为社会救助工作的发展与推动实现共同富裕指明了方向。

与"社会救济"相比较，"社会救助"更加强调公民的权利。我国由社会救济过渡到社会救助的过程中，国家与政府是社会救助的义务主体，公民是享受社会救助的权利主体，最低生活保障制度是整个社会救助制度的核心内容并逐渐发展为主导地位。在不同的历史时期，社会救助的主要任务随时代的发展而不断变化，救助范围更加广泛、救助内容更加丰富、救助标准不断提高、救助手段更加多样。

二、我国分层分类社会救助体系的特征

建立健全分层分类的社会救助体系是新时代社会救助制度的特征。2014年《社会救助暂行办法》搭建起"8+1"社会救助体系。全面建成小康社会后，满足个性化、差异化的社会救助需求成为困难群体的美好愿望。③《中华人民共和国国民经济和社会发展第十四个五年规划和2035年远景目标纲要》和党的二十大报告对"健全分层分类的社会救助体系"提出进一步明确要求，健全以生活救助、专项救助、急难救助为主体，社会力量参与为补充的分层分类社会救助体系任重道远。

我国社会救助体系最鲜明的特征为分层分类，根据困难群体的困难程度与导致生活困难的原因，合理划分救助圈层与对象类别，提供分层次与具有针对性的精准救助。

（一）具有层次结构的社会救助项目

我国社会救助体系的项目具有层次结构，现行社会救助制度包括生活救助、专项救助以及急难救助三大类。《社会救助暂行办法》区分了社会救助体系的不同项目：①生活救助，主要解决救助对象的基本生活问题，包括最低生活保障制度和特困人员供养；②专项救助，有针对性地解决专门问题，包括医疗、住房、教育、就业救助等专项社会救助项目；③急难救助，重点解决突发问题，包括受灾人员救助和临时救助；加上社会力量参与作为补充，构成了我国的"8+1"社会救助体系框架（见图9-1）。④

（二）分类管理的社会救助对象

《关于改革完善社会救助制度的意见》中针对不同类型的困难家庭与人员强化分类管理，提供更加具有针对性与个性化的救助帮扶。根据困难群众的困难程度和致困原因建立以下三个圈层（见图9-2）。

---

① 中国共产党新闻网. 新时代党领导经济工作的若干重要经验［EB/OL］.（2021-11-11）［2023-07-13］. http://dangjian.people.com.cn/n1/2021/1111/c117092-32279257.html.

② 中华人民共和国中央人民政府. 习近平：扎实推动共同富裕［EB/OL］.（2021-10-15）［2023-07-13］. https://www.gov.cn/xinwen/2021-10/15/content_5642821.htm.

③ 闫薇. 健全分层分类的社会救助服务体系［J］. 中国社会工作，2023（10）：9.

④ 林闽钢. 兜牢基本民生保障底线推动社会救助高质量发展——党的十八大以来我国社会救助发展进程［J］. 中国民政，2022（15）：37-39.

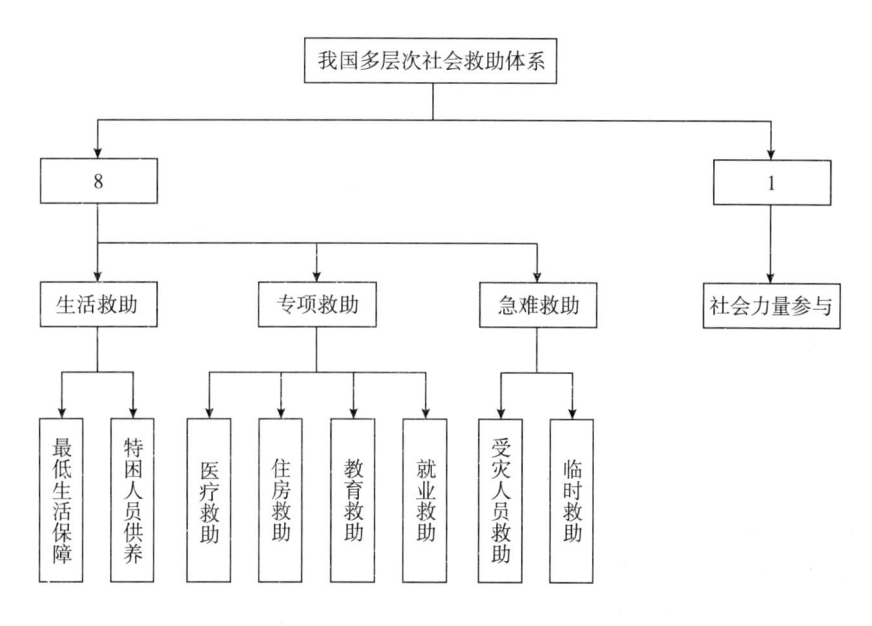

图 9-1 我国的"8+1"社会救助体系框架

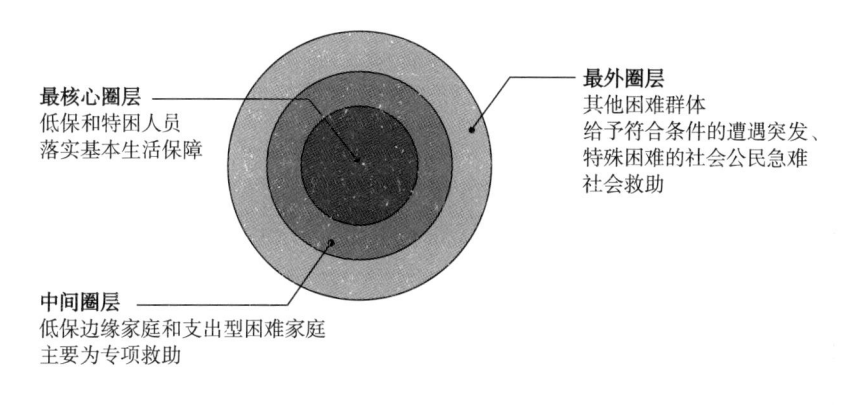

图 9-2 分类管理的"三个圈层"社会救助对象

（1）第一个圈层为最核心圈层，救助对象为低保和特困人员，对其进行基本生活救助，同时根据不同的需求分类给予相应的医疗、住房、教育、就业救助等专项社会救助。

（2）第二个圈层为中间圈层，救助对象为低保边缘家庭和支出型困难家庭，根据实际情况给予专项社会救助以及采取其他必要的救助措施。

（3）第三个圈层为最外圈层，救助对象为其他困难群体，对其进行关注与动态监测，对符合条件的遇困家庭与人员启动救助程序，给予急难社会救助。

三、我国分层分类社会救助体系的内容

参照《社会救助暂行办法》对我国分层分类社会救助体系的内容进行以下阐述：

（一）基本生活救助

1. 最低生活保障制度

国家对符合条件的共同生活的家庭成员给予最低生活保障。需满足以下两点条件：一是家庭成员人均收入低于家庭生活所在地的最低生活保障标准，二是符合当地最低生活保障家庭的财产状况。最低生活保障标准确定与调整的依据是当地经济社会发展水平、物价变动情况和当地居民生活必需的费用。最低生活保障标准确定的主体为省、自治区、直辖市或者设区的市级人民政府。

2. 特困人员供养

特困人员的对象包括老年人、残疾人以及未满 16 周岁的未成年人。人员需满足以下条件：无劳动能力、无生活来源且无法定赡养、抚养、扶养义务人，或者其法定赡养、抚养、扶养义务人无赡养、抚养、扶养能力。国家对满足上述条件的人员给予特困人员供养，供养内容包括基本生活条件、生活无法自理人员的照料、疾病治疗、丧葬事宜。

截至 2021 年底，全国共有城乡特困人员 470.1 万人（见图 9-3），其中农村特困人员 437.3 万人，城市特困人员 32.8 万人；全年支出农村特困人员救助供养资金 429.4 亿元，城市特困人员救助供养资金 49.7 亿元。[①] 2022 年第四季度共有城乡特困人员 469.5 万人。

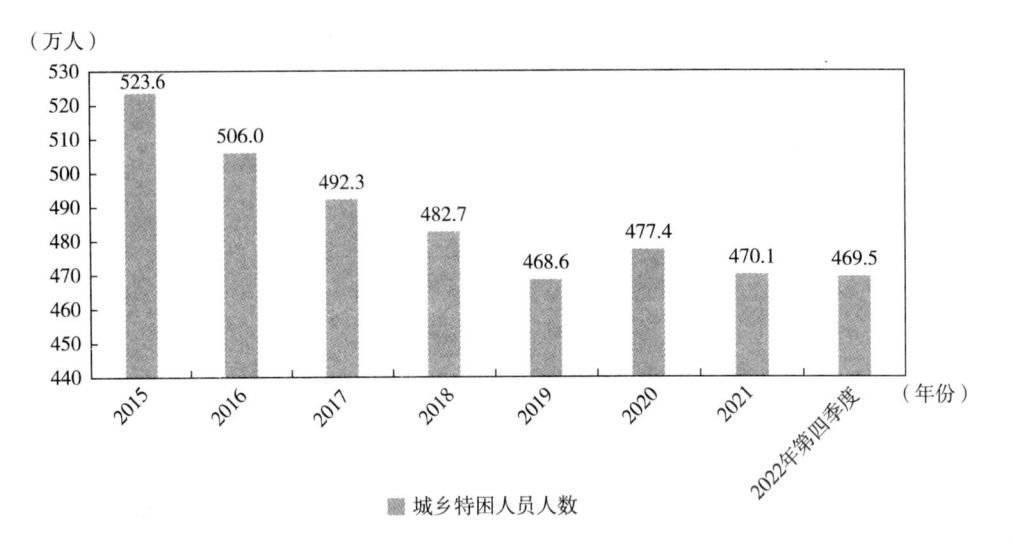

图 9-3　2015~2022 年我国城乡特困人员人数

资料来源：《民政事业发展统计公报（2015-2021）》《民政事业发展统计季报（2022 年第四季度）》。

（二）专项社会救助

1. 医疗救助

国家向因生活困难而缺乏治病经济能力的病患群体提供基本的医疗卫生服务。医

---

① 中华人民共和国民政部. 2021 年民政事业发展统计公报［EB/OL］.（2022-08-26）［2023-07-15］. https://www.mca.gov.cn/images3/www2017/file/202208/2021mzsyfztjgb.pdf.

疗救助的对象包括最低生活保障家庭成员、特困供养人员、县级以上人民政府规定的其他特殊困难人员。实施办法包括减免医疗费用、专项医疗补助、团体医疗互助、大病医疗救助基金以及慈善救助。2008~2021年我国医疗救助人数及支出不断增加（见图9-4）。

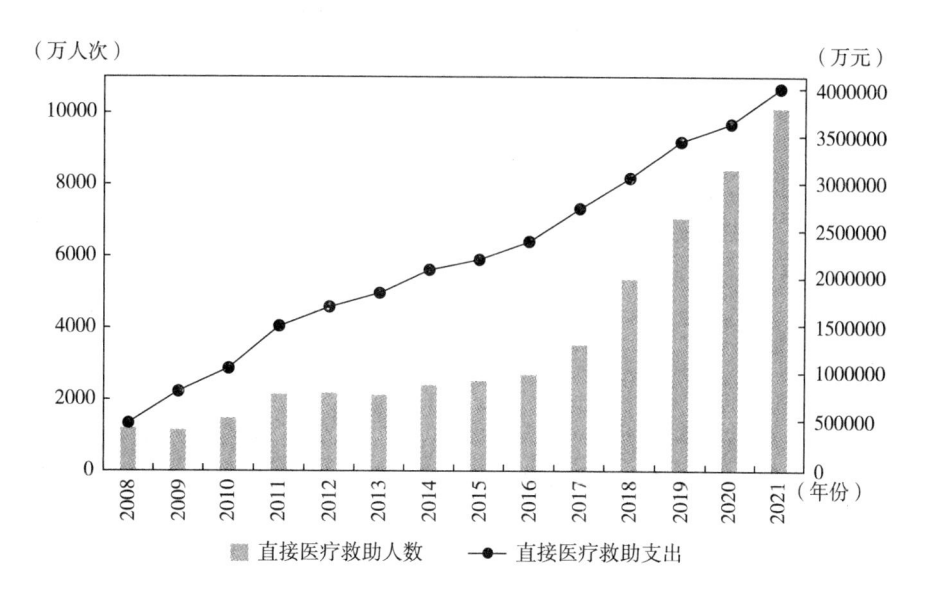

图9-4　2008~2021年我国医疗救助人数及支出

资料来源：《中国统计年鉴》（2009-2022）。

2. 住房救助

住房救助的对象包括符合规定标准的存在住房困难问题的最低生活保障家庭、分散供养的特困人员。救助方式为配租公共租赁住房、发放住房租赁补贴、农村危房改造。

3. 教育救助

对于在义务教育阶段就学的最低生活保障家庭成员、特困供养人员，国家对其给予教育救助；对于其他教育阶段（包括中等职业教育在内的高中阶段教育、普通高等教育阶段）就学的最低生活保障家庭成员、特困供养人员以及无法接受义务教育的残疾儿童，由国家给予适当的教育救助，保障适龄受助对象获得接受教育的机会。救助内容包括减免学杂费、提供教科书、补助住宿等生活费、助学金与助学贷款、勤工助学等方式。

4. 就业救助

救助对象为：最低生活保障家庭中有劳动能力并处于失业状态的成员，该群体因身体、技能、家庭、土地等原因难以实现就业。救助方式包括：贷款贴息、社会保险补贴、岗位补贴、培训补贴、费用减免、公益性岗位安置等办法。

（三）急难社会救助

1. 受灾人员救助

救助对象：因遭遇各种自然灾害而陷入生活困境的人员。救助内容包括设立自然灾害救助物资储备库；提供灾害发生后受灾人员必要的食品、饮用水、衣被、取暖、临时住所、医疗防疫等应急救助；评估、核定并发布自然灾害损失情况；对住房损毁严重的受灾人员进行过渡性安置；自然灾害危险消除后对居民住房恢复重建补助对象给予资金、物资等救助。

2. 临时救助

临时救助对象需符合以下三个条件：①因火灾、交通事故等意外事件，家庭成员突发重大疾病等原因，导致基本生活暂时出现严重困难的家庭；②因生活必需支出突然增加超出家庭承受能力，导致基本生活暂时出现严重困难的最低生活保障家庭；③遭遇其他特殊困难的家庭。同时对于流浪、乞讨人员提供临时食宿、急病救治、协助返回等救助。

（四）社会力量参与

国家鼓励单位与个人等社会力量积极参与社会救助，社会力量可通过捐赠、志愿服务、设立帮扶项目与创办服务机构等方式参与。参与社会救助的社会力量可按照国家规定享受财政补贴、税收优惠以及费用减免等相关政策。

第三节 最低生活保障制度

一、最低生活保障制度概述

（一）最低生活保障制度的基本内涵

最低生活保障（Minimum Living Standard）是指政府按照法定程序，为生活在最低生活保障标准之下的困难群体提供现金、实物以及服务等方面的帮助，来保证困难群体最低生活需求的社会救助制度。

（二）最低生活保障对象

根据《社会救助暂行办法》，最低生活保障的对象为共同生活的家庭成员人均收入低于当地最低生活保障标准，且符合当地最低生活保障家庭财产状况规定的家庭。

（三）保障标准

县级人民政府民政部门按照共同生活的家庭成员人均收入低于当地最低生活保障标准的差额，按月发放最低生活保障金；县级以上地方人民政府对获得最低生活保障后生活仍有困难的老年人、未成年人、重度残疾人和重病患者给予生活保障。家庭收入是指共同生活的家庭成员的全部可支配收入，包括扣除缴纳的个人所得税及个人按规定缴纳的社会保障性支出后的工资性收入、经营性净收入、财产性收入和转移性收入等[①]，2022年第1季度我国低保标准见表9-1。

表9-1 2022年第1季度我国低保标准

地区	城市低保标准 元/人·月	农村低保标准 元/人·月	元/人·年
北京市	1245.0	1245.0	14940.0
天津市	1010.0	1010.0	12120.0
河北省	710.6	463.4	5561.0
山西省	615.3	476.0	5711.7
内蒙古自治区	764.9	556.7	6680.7
辽宁省	707.3	505.7	6068.5
吉林省	612.4	444.6	5335.1
黑龙江省	655.2	441.1	5293.8
上海市	1330.0	1330.0	15960.0
江苏省	803.9	791.2	9494.4
浙江省	948.5	948.5	11381.7
安徽省	686.3	684.9	8219.0
福建省	714.6	711.3	8535.4
江西省	830.7	626.1	7513.2
山东省	898.6	721.1	8652.9
河南省	618.5	414.4	4972.8
湖北省	674.2	504.8	6057.6
湖南省	596.7	450.6	5406.8
广东省	917.0	735.1	8821.4
广西壮族自治区	767.4	449.9	5398.4
海南省	576.8	504.0	6048.0
重庆市	636.0	524.1	6288.9
四川省	633.4	452.6	5430.9
贵州省	655.6	402.0	4824.3
云南省	667.9	411.3	4935.8
西藏自治区	987.8	430.0	5160.0
陕西省	651.6	446.5	5357.7
甘肃省	658.4	415.2	4983.0
青海省	669.0	418.8	5025.2

---

① 姚建平. 共同富裕目标下低保标准制定及其保障水平［J］. 浙江工业大学学报（社会科学版），2022，21（4）：392-399.

续表

地区	城市低保标准	农村低保标准	
	元/人·月	元/人·月	元/人·年
宁夏回族自治区	647.4	487.6	5851.3
新疆维吾尔自治区	586.2	456.4	5476.5

资料来源：中华人民共和国民政部官方网站。

（四）最低生活保障制度特征

1. 全民性

最低生活保障面向的对象是全体公民，每位公民在面临基本生活的困境时，都可向政府机构提出申请。最低生活保障的范围不只局限于特定人群，不论身份地位如何，任何无法维持最低生活标准的公民都具有申请资格。

2. 家庭性

社会保障制度的大多数项目是以个人为保障单位，如养老保险的保障对象为达到国家规定的解除劳动义务的劳动年龄界限，或因年老丧失劳动能力退出劳动岗位后的劳动者本人；失业保险面向的对象为因失业而暂时中断生活来源的劳动者。而最低生活保障标准确定的保障对象为家庭人均收入与家庭财产状况符合规定的家庭，以整个家庭作为救助对象。

3. 最低保障性

最低生活保障制度的宗旨为维护公民的基本生存权，而非提高社会成员的生活质量，提供的救助仅能满足困难群体的最低生活需求。我国《宪法》第四十五条明确规定："中华人民共和国公民在年老、疾病或者丧失劳动能力的情况下，有从国家和社会获得物质帮助的权利。"且最低生活保障标准依据当地经济社会发展水平和物价变动情况适时调整，在保证及时准确为居民提供基本生活需要的同时克服因救助而产生的依赖思想。

4. 选择性

最低生活保障实行申请制，首先由共同生活的家庭成员或委托村民委员会、居民委员会向户籍所在地的乡镇人民政府、街道办事处提出书面申请；其次相关机构通过入户调查、邻里访问、信函索证、群众评议、信息核查等方式，对申请人的家庭收入状况、财产状况进行调查核实；最后县级人民政府民政部门经审查，对符合条件的申请予以批准并公布。

只有当申请人的条件经过审查并符合规定后才可以享受最低生活保障。"选择性"原则最大限度上保证了有限的最低生活保障资金用于最需要保障的人。

二、最低生活保障标准的确定方法

国际上常用的确定最低生活保障标准的方法有四种：市场菜篮子法、恩格尔系数法、收入比例法和生活形态法。

(一) 市场菜篮子法

市场菜篮子法又称标准预算法，最早由英国人朗特里（Rowntree）1901年提出。它首先要求按照营养学标准确定一张能够使人维持体力恢复的生活必需品清单，内容包括维持最起码生活水准的必需品的种类和数量，然后根据市场价格来计算拥有这些生活必需品需要多少现金，以此确定的现金金额就是贫困线，一般包括食物、穿着、居住、燃料、文化娱乐、交通、卫生保健等。[1] 中国各地城市居民最低生活保障标准的确定较多地采用了市场菜篮子法，即通过对贫困居民的实际调查确定若干生活必需品，依据生活必需品最低消费作为确定最低生活水平的标准。这种方式在具体测算时应考虑三个前提条件：生活必需品品种选择的准确性、生活必需品价格指数的可靠性以及贫困家庭及其消费特征选择的可代表性。

(二) 恩格尔系数法

恩格尔系数法源自恩格尔定律，又称为"最低饮食费用测算法"，德国统计学家恩格尔经过调查研究和测算发现家庭收入用于食品支出的比例越大，表明该家庭生活水平越低；反之，则表明该家庭收入水平越高。

恩格尔系数计算公式为：食物支出金额÷总支出金额×100% = 恩格尔系数。一般地，首先可确定饮食基本项目及必需消费量，其次根据当时的价格计算出最低饮食费用，最后用该费用去除以恩格尔系数，则可得出最低生活水平的标准。根据联合国粮农组织提出的标准（见表9-2），测度临界值为59%，当居民家庭恩格尔系数高于或者等于59%时，可以接受社会救助。[2]

表9-2　居民家庭恩格尔系数

家庭富裕程度	恩格尔系数
贫困家庭居民	Engle ≥ 59%
温饱家庭居民	50% ≤ Engle < 59%
小康型家庭居民	40% ≤ Engle < 50%
富裕家庭居民	30% ≤ Engle < 40%
最富家庭居民	Engle < 30%

注：Engle 表示恩格尔系数。

恩格尔系数法为现代社会救助中的最低生活保障线的确立提供了理论依据，世界各国纷纷以此确定自己的救助标准。我国城乡居民的恩格尔系数随着社会经济的发展呈现不断下降趋势；近年来，我国居民用于吃穿等基本生活消费的支出在逐年下降，文化娱乐、住房、教育和服务性消费的比重在逐年提高。2023年2月28日，国家统计局发布《中华人民共和国2022年国民经济和社会发展统计公报》，2022年我国居民恩格尔系数为30.5%，其中城镇为29.5%，农村为33.0%。[3]

---

[1] Rowntree. Poverty: A Study of Town Life [M]. London: Macmillan Publishing Company, 1901: 26-85.
[2] 陈亮. 中国城镇居民最低生活保障标准的统计测算 [J]. 统计与决策, 2012 (6): 36-38.
[3] 中华人民共和国中央人民政府. 中华人民共和国2022年国民经济和社会发展统计公报 [EB/OL]. (2023-02-28) [2023-07-24]. https://www.gov.cn/xinwen/2023-02/28/content_5743623.htm.

（三）收入比例法

国际贫困标准实际上是一种收入比例法。收入比例法是从相对贫困概念出发，将城市居民的收入进行排序，把一定比例的最低收入居民确定为需要救助的贫困居民，并将其收入水平确定为贫困标准。经济合作与发展组织在1976年组织了对其成员国的一次大规模调查后发现大多数国家的社会救助标准相当于这些国家中位收入的2/3；并提出了一个贫困标准，即以一个国家或地区社会中位收入或平均收入的50%~60%作为这个国家或地区的贫困线，这就是被广泛运用的国际贫困标准。[1]

2020年底，现行标准下的农村贫困人口全部脱贫，是党中央向全国人民作出的郑重承诺。[2] 这项历史性政策将使中国提前10年实现联合国2030年可持续发展议程确定的减贫目标。2020年我国832个国家级贫困县全部脱贫摘帽。[3]

（四）生活形态法

生活形态法由英国人汤森首先提出，又称为"指标剥夺法"。首先从人们的生活方式、消费行为等"生活形态"入手，提出一系列有关家庭生活形态的问题；其次，选择若干剥夺指标，即在某种生活形态中舍弃某种生活方式和消费行为，根据这些剥夺指标和被调查者的实际生活状况，确定哪些人属于贫困者；最后分析他们被剥夺的需求和消费以及收入，从而计算出贫困线。他认为每个社会都有为人们普遍认同的生活需求，且这些需求都有一个剥离门槛，当人们的需求项目减少到这个剥离门槛时，该家庭就很难维持原有的基本生活方式，这个剥离门槛就是最低生活保障线。[4]

三、城市最低生活保障制度

（一）城市最低生活保障制度发展背景

我国城市最低生活保障制度1993年在上海市试点并推广。为了解决城市贫困问题，维护社会稳定，1997年《国务院关于在全国建立城市居民最低生活保障制度的通知》颁布，开始加快城市居民最低生活保障制度建设。1999年国务院颁布《城市居民最低生活保障条例》，[5] 以下为历年我国城市最低生活保障制度相关政策文件（见表9-3）。2018年末，全国有1007万城市居民享受最低生活保障救助。最低生活保障标准自2002年每人每月52元提高至2018年每人每月579.7元，年均增长率16.3%。[6]

---

[1] 唐钧. 确定中国城镇贫困线方法的探讨 [J]. 社会学研究，1997（2）：62-73.
[2] 人民网评：全部脱贫的郑重承诺，必须如期实现 [EB/OL]. 人民网.（2020-03-06）[2023-07-26]. https://baijiahao.baidu.com/s?id=1660429104527221932&wfr=spider&for=pc.
[3] "清零了"！全国832个贫困县全部脱贫摘帽 [EB/OL]. 光明网.（2020-11-24）[2023-07-26]. https://m.gmw.cn/baijia/2020-11/24/1301831309.html.
[4] 林闽钢. 社会救助通论 [M]. 北京：科学出版社，2017：47-48.
[5] 蒋艳玲，永春芳. 新疆城镇居民最低生活保障标准测算研究——以乌鲁木齐市为例 [J]. 经济论坛，2014（4）：56-60.
[6] 吕学静，杨雪. 城市最低生活保障标准动态调整机制研究——基于消费视角的省级面板数据 [J]. 人口与发展，2022，28（2）：104-112+47.

表9-3 城市最低生活保障制度相关政策文件

年份	城市最低生活保障制度相关政策文件
1993	《关于在本市建立城镇居民最低生活保障线的通知》
1996	《国民经济和社会发展"九五"计划和2010年远景目标纲要》
1997	《关于在全国建立城市居民最低生活保障制度的通知》
1999	《城市居民最低生活保障条例》
2000	《关于制定"十五"计划的建议》
2001	《关于进一步加强城市居民最低生活保障的通知》
2011	《关于进一步规范城乡居民最低生活保障标准制定和调整工作的指导意见》
2014	《社会救助暂行办法》
2020	《关于进一步做好困难群众基本生活保障工作的通知》

(二) 城市最低生活保障制度基本框架

1. 保障对象

《城市居民最低生活保障条例》第二条规定：持有非农业户口的城市居民，凡共同生活的家庭成员人均收入低于当地城市居民最低生活保障标准的，均有从当地人民政府获得基本生活物质帮助的权利。

2. 保障标准

《城市居民最低生活保障条例》第六条规定：按照当地维持城市居民基本生活所必需的衣、食、住费用，并适当考虑水电燃煤（燃气）费用以及未成年人的义务教育费用确定。《社会救助暂行办法》规定：最低生活保障标准，由省、自治区、直辖市或者设区的市级人民政府按照当地居民生活必需的费用确定、公布，并根据当地经济社会发展水平和物价变动情况适时调整。

我国2003~2022年城市最低生活保障人数与平均标准变化情况如图9-5所示。2022年末我国城市最低生活保障人数为683万人，[①] 最低生活保障平均标准为月均752.3元。[②]

3. 资金来源

2012年《国务院关于进一步加强和改进最低生活保障工作的意见》强调：中央财政补助资金重点向保障任务重、财政困难地区倾斜，采取"以奖代补"的措施，对取得优秀成绩的地区给予奖励；省级财政要优化和调整支出结构，经费要纳入地方各级财政预算；省市级财政补助基层最低生活保障工作经费不足的地区。

[①] 中华人民共和国中央人民政府. 中华人民共和国2022年国民经济和社会发展统计公报[EB/OL]. (2023-02-28)[2023-07-28]. https://www.gov.cn/xinwen/2023-02/28/content_5743623.htm.

[②] 中华人民共和国民政部. 2022年4季度民政统计数据[EB/OL]. (2023-06-09)[2023-07-28]. https://www.mca.gov.cn/mzsj/tjsj/2022/202204tjsj.html.

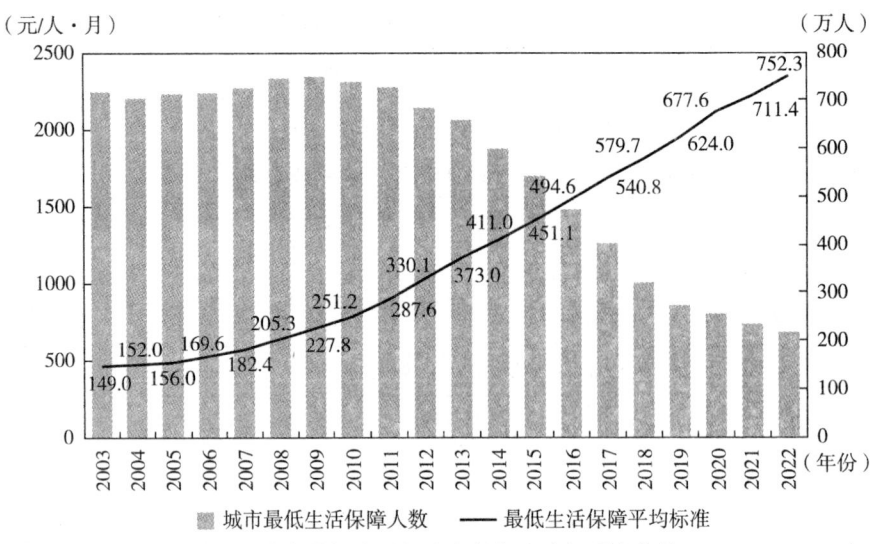

图 9-5 城市最低生活保障人数与平均标准变化情况

资料来源：《民政事业发展统计公报》（2003-2021）、《民政事业发展统计季报》（2022年第四季度）。

四、农村最低生活保障制度

（一）农村最低生活保障制度发展背景

为缓解农村贫困并回应农民对美好生活的期盼，农村最低生活保障制度于1992年在山西省阳泉市率先探索，1994年开始在上海、广州等地开展试点工作，2007年实现全国建制。[①] 我国农村最低生活保障制度相关政策文件如表9-4所示。

表9-4 农村最低生活保障制度相关政策文件

年份	农村最低生活保障制度相关政策文件
1996	《关于加快农村社会保障体系建设的意见》《农村社会保障体系建设指导方案》
2007	《关于在全国建立农村最低生活保障制度的通知》
2011	《关于进一步规范城乡居民最低生活保障标准制定和调整工作的指导意见》
2012	《关于进一步加强和改进最低生活保障工作的意见》
2014	《社会救助暂行办法》
2015	《关于进一步加强农村最低生活保障申请家庭经济状况核查工作的意见》
2020	《关于改革完善社会救助制度的意见》

（二）农村最低生活保障制度基本框架

1. 保障对象

《关于在全国建立农村最低生活保障制度的通知》规定：农村最低生活保障对象是家庭年人均纯收入低于当地最低生活保障标准的农村居民，主要是病残、年老体弱、丧失劳动能力以及生存条件恶劣等原因造成生活常年困难的农村居民。

[①] 胡思洋. 低保制度功能定位的制度变迁与合理取向[J]. 社会保障研究，2017（1）：49-56.

《社会救助暂行办法》规定：国家对共同生活的家庭成员人均收入低于当地最低生活保障标准，且符合当地最低生活保障家庭财产状况规定的家庭，给予最低生活保障。该办法在规定救助制度、监督管理以及法律责任时没有做出城乡区别，这意味着我国社会救助体系在制度规定上实现了城乡一体。①

2. 保障标准

农村最低生活保障标准由县级以上地方人民政府按照能够维持当地农村居民全年基本生活所必需的吃饭、穿衣、用水、用电等费用确定。农村最低生活保障标准要随着当地生活必需品价格变化和生活水平提高适时进行调整。我国 2007~2022 年农村最低生活保障人数与平均标准变化情况如图 9-6 所示。

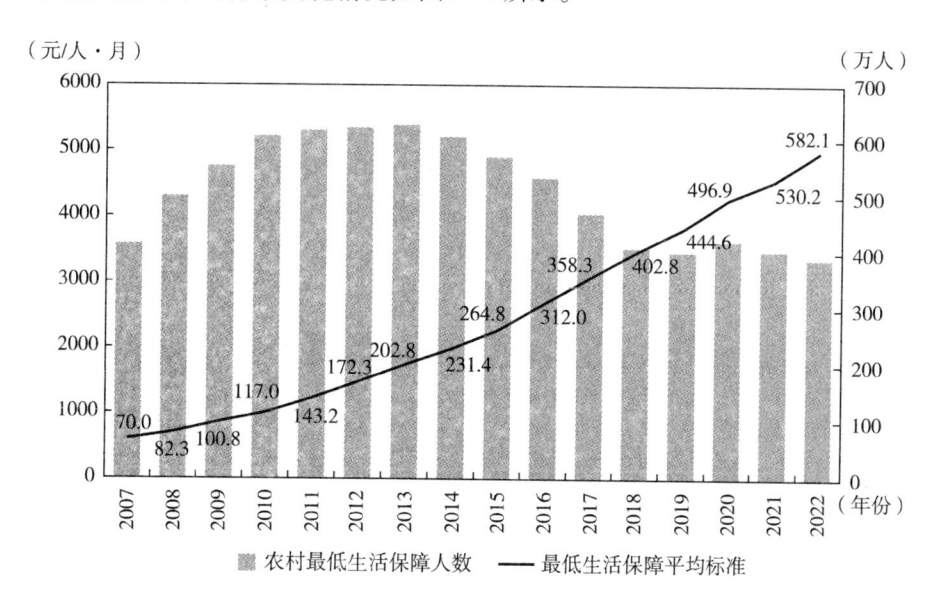

图 9-6　农村最低生活保障人数与平均标准变化情况

资料来源：《民政事业发展统计公报》（2007~2021）、《民政事业发展统计季报》（2022 年第四季度）。

3. 资金来源

地方各级人民政府将农村最低生活保障资金列入财政预算，省级人民政府要加大投入。中央财政对财政困难地区给予适当补助；同时鼓励和引导社会力量提供捐赠和资助。农村最低生活保障资金实行专项管理，专账核算，专款专用。

思考题

1. 简述社会救助的概念、内涵及基本要素。
2. 我国的分层分类社会救助体系是如何发展的，主要包括哪些内容？
3. 如何确定最低生活保障标准，简述我国的城乡最低生活保障制度发展状况。
4. 如何区分绝对贫困与相对贫困，请简要叙述。

---

① 孙光德，董克用. 社会保障概论［M］. 北京：中国人民大学出版社，2016：252.

第十章 社会福利政策与实践

本章学习要点

通过学习本章,可以系统掌握社会福利的概念、含义、特点和基本内容,了解我国社会福利制度政策、实践与改革经验,了解老龄化背景下老年人福利的主要内容、面临问题及发展方向,从而有助于把握我国社会福利制度发展的方向。

第一节 社会福利制度概述

一、社会福利的概念

在不同的国家和地区,人们常常从不同的视角和意义上理解和界定社会福利(Social Welfare)的概念。一般来讲,社会福利有广义和狭义两种解释。广义的社会福利通常被视为社会保障的同义语,包含全部公共文化、教育、卫生设施和社会救助以及社会保险,[1] 这一用法在西方发达国家较为常见。狭义的社会福利通常被视为社会保障的一个组成部分,其范围和领域通常限定为针对弱者的特别的、专门的福利事业。

具体而言,广义的社会福利是指国家和社会为改善全体国民的物质文化生活从而实现社会福利状态的各种政策和制度安排的总称,包括向国民提供的教育、文化和卫生等方面的公共设施、货币补贴和社会服务等形式。狭义的社会福利则是指为帮助特定的社会群体、疗救社会病态而提供的各种福利服务,包括向生活能力较弱的儿童、老年人、单亲家庭、残疾人、慢性精神病人等提供的福利性收入、社会照顾和社会服务等措施。狭义的社会福利是社会保障体系的一个组成部分。

在学术界,不同学者对于社会保障和社会福利的概念大小及两者关系存在争议。[2] 有观点对社会福利作广义解释,认为社会福利几乎包含所有社会保障问题和民生

---

[1] 孙光德,董克用. 社会保障概论[M]. 北京:中国人民大学出版社,2019:12.
[2] 尚晓援. "社会福利"与"社会保障"再认识[J]. 中国社会科学,2001(3):113-121.

议题，因而社会保障仅仅是广义社会福利体系的一部分；另有观点对社会福利则作狭义解释，即社会福利是社会保障体系的一部分；也有学者认为社会保障和社会福利都有广义和狭义概念之分。[①] 在中国，官方对于社会保障采取广义概念，而对社会福利采取狭义解释，根据这种用法，社会福利是社会保障制度的一个组成部分。本书采用狭义社会福利概念，将社会福利视为社会保障体系的一个组成部分或一个子系统。

二、社会福利的类型

关于社会福利的类型划分，不同学者根据社会福利的对象、内容、形式、作用方式等划分依据，将社会福利划分为不同类型。常见的划分方式有以下六种：

（1）按社会福利享受对象划分，社会福利可分为未成年人福利、老年人福利、残疾人福利、妇女福利等。

（2）按社会福利的内容进行划分，社会福利可以分为生活福利、医疗卫生福利、教育福利、住房福利等。

（3）按社会福利资源的供给方式进行划分，社会福利可分为货币补贴、实物发放和社会服务等。

（4）按照社会福利资源的分配方式来划分，社会福利可以分为全民性社会福利与选择性社会福利。

（5）按社会福利的作用方式进行划分，社会福利可分为补缺型社会福利和制度型社会福利。

（6）按照福利提供的主体不同，社会福利可分为国家福利、地方福利、单位福利、民间团体福利、社区福利、家庭福利、个人福利等。

三、社会福利的主要内容

如前所述，社会福利具有多种类型，按社会福利的对象和内容划分是最常见的两种划分方式。本节重点介绍未成年人福利、老年人福利、残疾人福利和妇女福利的主要内容。

（一）未成年人福利

未成年人福利，也叫儿童福利，通常和妇女福利合称为"妇女儿童福利"。未成年人福利是指面向未满18周岁的劳动年龄或学校毕业年龄以前的婴儿、幼儿、儿童和少年等提供的各种福利。未成年人由于处于身体和心理的成长发育期，尚不能保护自身和适应社会，因此需要社会和家庭关心和保护未成年人的身心健康，维护其合法权益，从而促进未成年人的健康发展。未成年人社会福利的内容可分为未成年人普遍社会福利和特殊儿童社会福利两类。

1. 未成年人普遍社会福利

（1）医疗卫生和保健福利。未成年人的普遍社会福利是指国家和社会向儿童提供必要的医疗卫生保健设施和服务。例如，为了保障儿童的健康，我国卫生部门对儿童

[①] 郑功成. 社会保障学［M］. 北京：中国劳动社会保障出版社，2005：363.

实行预防接种制度，积极防治儿童常见病、多发病，卫生部门和学校为儿童提供必要的卫生保健条件，加强对传染病防治工作的监督管理和对托儿所、幼儿园卫生保健的业务指导，做好预防疾病工作。国家还兴办专为儿童医疗保健服务的儿童医院，儿童卫生中心，或者在全科医院中设立儿科；开展儿童保健工作，提供儿童健康指导，定期进行儿童健康检查、预防接种、防治常见病、多发病，使儿童健康成长。

（2）教育福利。未成年人的教育福利事业是指国家面向儿童提供学前教育和义务教育等福利事业，保障每位学龄儿童都能享受到有效地促进其身心和谐发展的良好教育。义务教育是一项面向儿童的教育福利事业，普及义务教育是保障每一位学龄儿童有受到教育的机会，对接受义务教育的儿童免收学费，对家庭经济困难的学生酌情减免杂费，对贫困家庭的儿童给予教育补贴，等等。

（3）文化福利。未成年人的文化福利是指国家和社会建立和完善适合未成年人文化生活需要的场所、设施和条件。同时，鼓励社会团体、企事业单位和其他社会组织、公民个人等参与未成年人文化福利事业，开展形式多样的有利于儿童健康成长的各类社会活动和文化活动。在活动场所建设方面，包括面向婴幼儿建立和普及托儿所、幼儿园等为婴幼儿提供良好的活动场所、生活条件和保育服务；建立儿童活动中心、少年之家、少年宫、少年活动站以及儿童公园、儿童乐园等儿童活动、学习场所等，同时博物馆、纪念馆、科技馆、文化馆、影剧院、体育场（所）、动物园等场所向儿童提供适当优惠条件，以此促进儿童健康成长。

2. 特殊儿童社会福利

特殊儿童社会福利是儿童福利事业的重要组成部分。特殊儿童是指孤儿、残疾儿童、弃婴和流浪儿童等不幸未成年人，他们或在城市中无家可归，或无生活来源，或无法定义务抚养人，或因身体残障程度无法自理生活和从事劳动，因此，除与普通儿童享受同等待遇外，上述特殊儿童还应该受到特殊的保护。关于特殊儿童社会福利，国家和社会建立相应的福利机构如儿童福利院、康复中心、孤儿学校、儿童村等负责特殊儿童的监护养育和安置工作，或者在财政补贴下通过家庭领养、代养、收养的方式提供保障。此外，城市的社会福利院、农村敬老院以及优抚社会福利设施，也会收养部分孤儿和病残。为减轻残疾儿童的残障程度、恢复其自理生活和从事劳动的能力，国家和社会还建立残疾儿童康复中心，专门为残疾儿童提供门诊和家庭咨询，开展各种功能训练和医疗、教育和职业培训等。

（二）老年人福利

在老龄化背景下，老年人问题日益由个人或家庭问题演变成社会问题，老年人福利作为养老保险的延续和提高，是解决老年人物质文化生活需要的重要制度安排。所谓老年人社会福利，是指国家和社会为了安定老年人生活、维护老年人健康、充实老年人精神文化生活而采取和提供的各种政策、设施、福利津贴和相关服务等措施的总称。老年社会福利的享受对象为老龄人，如果说养老保险解决老年人基本物质生活需要，那么老年人福利则在解决老年人基本物质生活需要的基础上进一步满足老年人物质文化生活的需要，努力实现"老有所养、老有所医、老有所教、老有所学、老有所乐、老有所为"的社会目标。

老年人福利具体内容将在本章第三节详细论述。

（三）残疾人福利

根据《中华人民共和国残疾人保障法》第二条规定：残疾人是指在心理、生理、人体结构上，某种组织、功能丧失或者不正常，全部或者部分丧失以正常方式从事某种活动能力的人。残疾人包括视力残疾、听力残疾、言语残疾、肢体残疾、智力残疾、精神残疾、多重残疾和其他残疾的人。[①] 由于生理、心理等缺陷导致残疾人群体具有生理上的障碍性、经济上的低收入性、生活上的贫困性、政治上的低影响力和心理上的高度敏感性等特征，[②] 因此残疾人群体是值得国家和社会关注的弱势群体。残疾人福利是指国家和社会向残疾的公民在年老、疾病、缺乏劳动能力及退休、失业、失学等情况下提供基本的物质帮助，并根据社会的经济、文化发展水平，给予残疾人相应的康复、医疗、教育、劳动就业、文化生活、社会环境等方面的权益保障和保护措施，从而实现残疾人"平等、参与、共享"的目标。残疾人福利的基本内容可按福利的领域和福利提供方式来划分。按残疾人福利的领域来划分，一般包括残疾人生活保障、残疾预防、残疾人康复、残疾人教育、残疾人就业、残疾人文化娱乐和社会环境等。按残疾人福利提供的方式来划分可分为残疾人福利制度和残疾人福利服务，前者包括残疾人社会福利行政和残疾人社会福利立法，如为保障残疾人在衰老、疾病、缺乏劳动能力及退休、待业、失学等情况下，从国家和社会获得足够的物质帮助而建立起来的特定保护和援助制度；后者包括残疾人社会福利设施、残疾人社会福利服务或者残疾人社会工作，如国家和社会团体等兴办的各种社会福利事业、福利设施和福利服务等。

本节重点介绍残疾预防、残疾人康复、残疾人教育、残疾人就业、残疾人文化体育和无障碍环境等残疾人福利。[③]

1. 残疾预防

残疾预防是指国家和社会积极采取一系列行动来避免出现生理、智力、精神或感官上的缺陷（也称初级预防）或防止缺陷出现后造成永久性功能限制或残疾（也称二级预防），也就是说，残疾预防是在了解残疾原因的基础上，积极采取各种有效措施、途径，以控制或延迟残疾的发展及残障发生的各种方法和措施的总称。残疾预防包括多个类别的方法、措施和行动，如产前、产后的幼儿保健及营养学教育，传染病免疫行动，防治地方病的措施、安全条例，在不同环境中防止发生事故的方案等，以预防由于各种原因而造成残疾现象。

2. 残疾人康复

残疾人康复是指国家和社会给予残疾人物质帮助，借助于某种手段如设施、训练、教育、指导等，旨在使残疾人达到、保持或者恢复正常的生理、感官、智力、精神和

---

① 全国人民代表大会. 中华人民共和国残疾人保障法 [EB/OL]. 中国人大网，http://www.npc.gov.cn/npc/c12435/201811/5eae4f9c3afa432285f04be42e50fc01.shtml.
② 郑功成. 社会保障学 [M]. 北京：中国劳动社会保障出版社，2005：386.
③ 杨翠迎. 社会保障学 [M]. 上海：复旦大学出版社，2015：386.

社交功能的最佳水平状态。具体包括医学康复、心理康复、教育康复、职业康复、社区康复、社会康复等，其目的在于通过各种康复手段，使残疾人回归社会。

3. 残疾人教育

残疾人教育是国家提供给患有残疾的儿童、青年和成年人享有平等教育机会的一种制度安排，由政府财政扶持，是现代国民教育系统的一个有机组成部分。具体包括学前教育、基础教育、高等教育、职业技术教育和成人教育等。特殊教育是对有特殊需求的人实施的教育，在教育过程中，需要有特殊的教具、学具和特殊的教学方式。

4. 残疾人就业

现代残疾人社会福利重视残疾人自身的发展，倡导残疾人自立，其中一个重要表现就是采取各种措施保障残疾人就业。保障残疾人就业的福利措施一般包括两个方面：一是利用法律或政策手段保护残疾人的就业机会。世界各国都有相应的法律明确规定企业有义务雇用一定比例的残疾人。二是开展残疾人职业康复，提供残疾人职业咨询、职业评估、职业治疗、职业培训等福利服务。

5. 残疾人文化体育

早期的残疾人社会福利一般比较注重残疾人物质生活方面需要的满足，随着残疾人社会福利的不断发展，残疾人文化体育活动开始活跃，为丰富残疾人的精神生活提供了基础。作为影响深远的残疾人福利内容之一，许多国家都把残疾人体育的发展视为本国体育事业、经济发展水平与文明程度的标志，并予以高度重视。

6. 无障碍环境

无障碍环境包括物质环境、信息和交流的无障碍。物质环境无障碍要求城市道路、公共建筑物和居住区的规划、设计、建设应方便残疾人通行和使用，如城市道路应满足坐轮椅者、拄拐杖者通行和方便视力残疾者通行；建筑物应考虑在出入口、地面、电梯、扶手、厕所、房间、柜台等处设置残疾人可使用的相应设施和方便残疾人通行等。信息和交流的无障碍要求公共传媒应使听力、言语和视力残疾者能够无障碍地获得信息，进行交流，如影视作品、电视节目可配备字幕和解说，运用电视手语，出版盲人有声读物等。

在通常情况下，残疾人社会福利是基于人们身体残疾的特点而设置的，因此无论是老人、儿童还是青壮年，均是在统一的残疾人社会福利框架下享受残疾人社会福利服务。在我国，残疾人社会福利是根据残疾人的家庭特征、就业能力特征等由不同的部门或机构来提供。如孤残老人、孤残儿童等的社会福利由民政系统提供；有家庭、有监护人以及有部分劳动能力的残疾人社会福利由残疾人联合会组织提供。

（四）妇女福利

妇女在生理和心理上均与男子有区别，由于自身特殊的情况，妇女需加以特殊的照顾和保护。因此，国家和社会极有必要发展妇女福利事业，保障妇女权益，使妇女在政治、经济、文化、社会和家庭生活等各方面享有与男子平等的权利。妇女福利一般包括妇女就业福利、特殊津贴、劳保福利和相应的社会服务等。

1. 妇女就业福利

妇女就业福利是保障妇女合法权益，照顾妇女身心特殊需要的重要方面，也是为了保护社会生产力、保护妇女及下一代身体健康所采取的必要措施。因此，各国的劳动法及相关法律，均有对妇女在劳动过程中提供相应的保护措施的规定，并要求雇用单位严格执行。

2. 妇女特殊津贴与照顾

妇女最主要的特殊津贴是生育津贴，享有生育津贴也是生育妇女的一项基本权利。具体来看，生育津贴是指职业妇女因生育或流产而离开工作岗位中断收入时，按照生育的法律、法规给予定期支付现金的一项生育待遇，又称现金津贴，在某些国家又被称为生育现金补助。许多国家把生育津贴纳入社会福利的范畴，当然也有不少国家通过建立专门的生育保险制度，向工薪劳动者中的妇女提供生育津贴。当今社会，生育津贴已成为一种对职业妇女表示关注的重要国际性措施，其宗旨在于向生育女职工提供基本经济保障，使她和她所生产的婴儿能够在产假期间按照适当的生活标准维持基本的健康生活。

3. 福利性设施与服务

生育津贴与就业福利的保障对象为劳动妇女或者是受雇劳动妇女，并且适用于育龄期间或就业期间等特定阶段。而未参与社会劳动或未受雇的妇女无法享受到就业福利，超过生育期间的妇女也不能再享受这种保护。因此，真正具有普遍意义的妇女福利是国家和社会为全体女性提供的福利设施和服务。在福利性设施与服务方面，我国通过一系列政治、卫生和法律体制为生育妇女提供相关服务。如制定《母婴保健法》，提供为妇女保健服务和保证母亲健康的妇幼保健院、妇产医院等；提供为女性服务的妇女活动中心、咨询服务中心、健美中心、妇女用品专门店等福利服务的场所。女职工较多的单位还通过建设女职工卫生室、孕妇休息室、哺乳室、托儿所、幼儿园等设施来妥善解决女职工在生理卫生、哺乳、照料婴儿方面的困难。在许多国家与地区，还设有专门的妇女庇护所，为受虐妇女或遭遇特殊困难的妇女提供特殊救助。

第二节 我国的社会福利制度

一、我国传统社会福利制度

中国传统社会福利体系具有自身的历史渊源，传统社会福利制度是在农业社会状态下孕育、产生和发展起来的民众生活保障措施、规则和方案。中国传统社会福利由国家福利和民间福利两个系统组成：国家福利体系主要包括灾害性社会救济、日常贫困社会救济、养老保障、医疗保障、军人优抚保障、妇女保障、就业保障等项目，构成中国传统社会福利体系的"大传统"；民间福利体系主要包括宗族福利、村社福利、行会福利和慈善福利四种形式，构成中国传统社会福利体系的"小传统"。[①] 传统中国的社会福利制度主要基于家庭、宗教、社区和个人的互助和慈善行为，是以政府、家庭、社区、宗族为主体的福利提供模式，也是建立在家庭保障基础上的制度体系。以父系血缘关系为纽带结成的宗族组织是中国历史上存在时间最长的社会组织，是中国传统社会结构的基础单位。自宗族组织产生以来，一直扮演着民间福利供给主体的角色，为家族成员提供福利支持，宗族福利是中国社会福利史上最为悠久的民间福利形式。[②] 本节重点对中国传统宗族福利进行介绍，中国传统宗族福利体系主要由宗族救助、宗族养老、宗族教育和宗族医疗四个部分构成，在传统社会福利体系中具有特殊的地位和作用，是中国传统民间福利的重要类型。

（一）宗族救助

宗族救助是指在中国古代社会中，家族或宗族成员之间为了维护共同利益和互助而实施的一系列经济、社会和情感支持措施。宗族救助是传统宗族福利中最基本和最普遍的福利保障形式，是不同历史时期宗族福利中共有的公共项目。中国传统宗族救助的内容包括贫困救济、抚恤幼孤、备荒和救济贫困族人等。中国传统宗族救助以血缘关系为基础，通过宗族内部的互助来实现对族人的救助。这种救助观念是中国传统文化中重要的价值观念之一，也是中国社会稳定和发展的基石之一。

（二）宗族养老

在中国的传统文化中，尊敬和关爱老人是非常重要的价值观念。宗族养老强调家庭和宗族在养老过程中的作用。家庭是老年人的生活重心，子女和亲属有责任照顾年长的亲人。在宗族体系中，族内的互助和协作也是重要的养老支持。宗族养老涉及财产和资源的共享。族内的财富和资源可以用于支持老年人的生活，如提供物质帮助、分担医疗费用或资助丧葬等。宗族养老也与传统的孝道观念相关。通过尊敬和照顾老人，子女和后代传承了孝顺的美德，这被视为家族和谐和社会稳定的重要因素。

中国传统宗族养老的内容主要包括家庭照顾、族内互助、敬老活动和义庄制度等。宗族养老在中国传统文化中占据重要地位，强调家庭、宗族的支撑和互助，同时注重传统美德的传承。然而，在现代社会中，随着家庭结构和社会环境的变化，宗族养老的影响已经有所减弱。

（三）宗族教育

中国传统宗族教育是一种在宗族内部进行的知识和道德传授。宗族教育包括对宗族历史、传统和价值观的传授以及一些实际生活技能和知识的教导。这种教育方式在中国有着悠久的历史，并且在一些地区仍然保持着强大的影响力。宗族教育的目的是为了保持宗族的凝聚力和传承家族的价值观，同时也是一种社会控制和规范人们行为的方式。中国传统宗族教育主要包含道德教育、文化传承、一些实际生活技能和知识的教导。

---

① 王文素. 中国古代社会保障研究［M］. 北京：中国财政经济出版社，2009.
② 毕天云，刘梦阳. 中国传统宗族福利体系初探［J］. 山东社会科学，2014（4）：37-41.

总的来说，中国传统宗族教育是一种以家庭为基础，以族规、族约为依据，以道德人伦为核心，对族众进行的道德教育和文化传承。这种教育方式在中国有着悠久的历史和强大的影响力，直到现代社会仍然可以看到它的影响。随着社会的现代化和家庭结构的变化，宗族教育的影响力已经逐渐减弱。现代社会更加注重个人的自由和独立性，这也使宗族教育的地位逐渐被取代。然而，一些学者认为，宗族教育的传统价值观和道德观念仍然具有现代意义，因此，对宗族教育的研究和传承仍然具有重要的价值。

（四）宗族医疗

中国传统宗族医疗是指在传统宗族社会中，宗族内部所进行的医疗和保健行为。这种医疗方式主要基于宗族内部的传统医学知识、经验和技能，同时也受到当时社会和文化的整体背景影响。在内容方面，中国传统宗族医疗主要关注的是维护和恢复身体的健康，它包括多种医疗和保健行为，例如，草药治疗、推拿按摩、针灸疗法、食疗等。

中国社会福利事业具有悠久的历史，深入了解中国古代和近代的社会福利思想、政策和制度，对于构建扎根于中华民族传统福利文化源流的现代中国社会福利体系具有非常重要的现实意义，特别是在建设和完善中国特色社会主义福利体系过程中，要辩证认识和对待宗族福利文化传统，充分发挥血缘关系网络支持和家庭互助的作用。

二、新中国社会福利制度的历史变迁

对新中国社会福利体系政策变迁的系统回顾，有助于对当前社会福利制度改革的复杂性形成清晰客观的认识，以便于理解社会福利政策对满足新时代我国公民福利需求及对利益相关者的影响。新中国成立以来，我国社会福利制度大体上经过了"国家主义"统揽的计划经济时期、"发展主义"主导的市场经济时期、社会政策扩张与福利制度重建的新世纪初期、社会政策深化与福利制度整合的迈入新时代四个时期。[①]

（一）计划经济时期："国家-单位"统包保障型社会福利制度

计划经济时期的社会福利制度表现为"国家-单位"统包保障型，覆盖了包括城市单位正规就业群体、城市非正规就业群体和农村群体在内的三大社会群体。受当时苏联社会福利模式的影响，国家公共财政对不同类别的群体提供差异性的保护，具体体现在不同社会福利项目的实施上。在资金筹集管理、社会福利分配方面，计划经济时期的社会福利制度具有十分鲜明的"国家主义"统揽、单位保障和条块封闭等特征。

计划经济时期社会福利制度的核心内容是劳动保险制度。1951年2月，《中华人民共和国劳动保险条例》颁布，规定职工在遇到生、老、病、死、伤、残等困难时，有获得各项保险待遇的权利，这是新中国成立后首部全国统一的社会保险法规。劳动保险条例的颁布实施，使暂时或长期丧失劳动能力的职工在生活上有了基本保障，解除了职工的后顾之忧，奠定了我国社会保险事业发展的基础。到1957年末，社会福利制

---

① 岳经纶，程璆. 新中国成立以来社会福利制度的演变与发展——基于社会权利视角的分析 [J]. 北京行政学院学报，2020（1）：93-102.

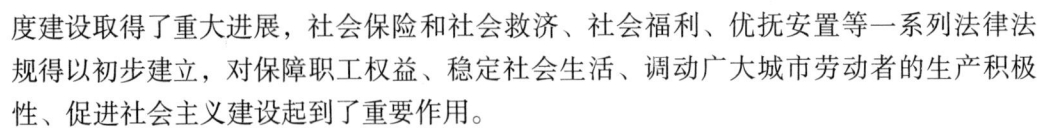

度建设取得了重大进展，社会保险和社会救济、社会福利、优抚安置等一系列法律法规得以初步建立，对保障职工权益、稳定社会生活、调动广大城市劳动者的生产积极性、促进社会主义建设起到了重要作用。

（二）市场经济转型期："发展主义"主导型社会福利制度

1978年，实施改革开放政策后，中国进入了由计划经济向市场经济的转型期，这一时期的社会福利政策转向于服务经济生产。由于政府在这一时期的施政重点是经济生产和社会转型，因此政府从许多公共服务的提供中逐步全方位撤退，然而市场体系和第三部门都还处于发展之中，这就导致社会福利发展与经济发展严重脱节，公众的许多基本需要难以得到有效满足，从而形成了庞大的社会弱势群体。

这一时期的社会福利制度发展经历了两个阶段：第一个阶段是社会福利制度局部调整期（1978~1992年），在这一阶段，部分旧的社会福利制度仍在延续，与此同时新的社会福利政策变革也逐渐展开。一方面，虽然农村重新恢复了"五保"制度，但合作医疗制度到20世纪90年代末几乎消亡。1986年，政府开始在全国范围内有计划、有组织地实行大规模开发式扶贫计划，通过提供技能培训、就业援助、生活救助等方式，帮助农村贫困人口脱贫致富。另一方面，在城镇，围绕转变企业经营机制经济体制改革这一核心，国有企业职工的离休制度成为社会福利改革重点。为此，国家先后发布文件解决机关事业和国有企业职工的退休手续问题并确立"离休制度"，解决了"应退未退"的问题。第二个阶段是社会福利制度剧变期（1992~2002年）。围绕市场经济体制改革，国家对计划经济时期建立起来的社会福利体系进行全方位的改造，最重要的变革是形成了以社会保险制度为主导的社会保障改革思路。1993年，党的第十四届三中全会通过了《中共中央关于建立社会主义市场经济若干问题的决定》，提出要"建立包括社会保险、社会救济、社会福利、优抚保障和社会互助、个人储备积累保障在内的多层次社会保障体系"。这不仅标志着中国特色市场经济体制改革的开始，而且确立了建立"多层次"统账结合的社保制度的目标。

随着市场经济体制目标模式的确立，社会福利制度体系经历了一次从政府主导向市场主导的范式转移。

（三）新世纪初期："民生导向"型社会福利制度

进入21世纪后，政府逐步对"发展主义"主导下的社会福利政策缺失进行了回应，并开始重新思考市场经济与社会政策的关系。总体而言，21世纪前十年的社会政策扩张是社会福利制度的重建期，这一时期的社会福利体系建设具有明显的民生导向，政府开始高度重视教育、医疗、住房等社会基本民生问题需要，各项事业取得了较好的发展成效。2002年，党的十六大明确提出全面建设小康社会的总目标，中共十六届三中全会做出《中共中央关于完善社会主义市场经济体制若干问题的决定》，这标志着低水平、不全面、不平衡的小康社会特点将从根本上得以改变，与此同时，我国的社会福利制度建设也进入一个新的历史阶段。这一时期，人民群众的福利问题不断地得到党中央的重视，这不仅是中国特色社会主义的发展，也是中国特色社会主义社会福利制度的发展。2005年实施的养老金并轨的措施，更好地改善了老年人的养老问题，让老年群体免除了后顾之忧。2008年7月1日《中华人民共和国残疾人保障法》正式实施，体现了国家对弱势群体的关注，同样也是中国特色社会主义社会福利制度不断完善的成果。

（四）迈入新时代：社会政策深化与福利制度的整合

2012年，党的十八大召开，各项社会事业改革深入推进，中国特色社会主义进入新时代，社会主要矛盾转为人民日益增长的美好生活需要和不平衡不充分的发展之间的矛盾。在21世纪初期社会政策全面扩展的基础上，以习近平同志为核心的党中央更加重视城乡社会政策的整体推进，推动社会福利制度的整合发展。在"全面建成覆盖城乡居民的社会保障体系"理念的指导下，中国特色社会主义社会福利制度在发展的过程当中不断地适应并满足着人民群众最根本的利益。社会福利制度建设在养老保险、医疗保险、社会救助等重要领域取得了突破性进展，社会福利制度的整合度显著提升。

三、我国社会福利制度现状与发展取向

经过改革开放40多年的建设与完善，中国社会福利制度建设取得了巨大的成就，为提高人民生活水平、国家经济体制变革与经济增长、社会稳定和谐做出了卓越的贡献。在制度规模上，从零星福利起步，建立起一个世界上规模最大、较为完整的社会福利制度体系；在制度结构上，在单一体制基础上建立起多层次的社会福利安全网。

（一）我国社会福利制度的现状

具体来看，我国社会福利制度取得了很多成果，主要体现在以下四个方面。

（1）老年人福利制度现状。在老年福利方面，除《中华人民共和国老年人权益保障法》之外，我国还出台了《关于进一步加强老龄工作的意见》《国家积极应对人口老龄化中长期规划》《关于推进基本养老服务体系建设的意见》《关于建立完善老年健康服务体系的指导意见》《"十四五"健康老龄化规划》《关于全面加强老年健康服务工作的通知》等相关政策文件，这些政策文件旨在保障老年人的权益和福利，包括基本养老保险、医疗保险、老年社会福利、老年社会救济等方面。针对老年人的福利政策还包括免费乘坐公共交通工具，免费参观科技馆、博物馆等公共文化设施，享受社会优待、医疗费用减免等。同时，国家也鼓励地方政府制定更加优惠的老年福利政策，如高龄津贴、养老服务补贴等。

（2）残疾人福利制度现状。在残疾人福利方面，近年来我国出台《"十四五"残疾人保障和发展规划》《国家残疾预防行动计划（2021-2025年）》《"十四五"残疾人康复服务实施方案》《国务院关于建立残疾儿童康复救助制度的意见》《"十四五"特殊教育发展提升行动计划》等相关政策文件，全面推进残疾人事业高质量发展。在残疾人康复服务方面加强和改进残疾儿童康复救助服务，提升残疾儿童家庭获得感。截至2022年底，全国有残疾人康复机构11661个，康复机构在岗人员达32.8万人，其中，管理人员3.4万人，业务人员23.9万人，其他人员5.5万人。在残疾人教育方面，2020年，教育部印发《关于加强残疾儿童少年义务教育阶段随班就读工作的指导意见》，2022年1月，国务院办公厅转发教育部等部门《"十四五"特殊教育发展提升行

动计划》（以下简称《计划》），部署各地加快推进特殊教育高质量发展。残疾人服务设施建设得到全面发展。截至2022年底，全国已竣工的各级残疾人综合服务设施2263个，总建设规模611.1万平方米，总投资203.8亿元；已竣工各级残疾人康复设施1200个，总建设规模606.9万平方米，总投资197.8亿元；已竣工的各级残疾人托养服务设施1076个，总建设规模318.0万平方米，总投资87.8亿元。①

（3）儿童福利制度现状。近年来，在党中央、国务院的高度重视下，我国儿童福利事业快速发展，儿童福利保障范围不断拓展，儿童福利服务内容不断丰富，孤儿基本生活、医疗、康复、教育等保障制度日臻完善。儿童福利机构建设标准明显提高，服务能力日益增强，养育水平稳步提升，为维护儿童合法权益发挥了重要作用。随着未成年人保护法修订实施，国务院成立未成年人保护工作领导小组，省、市、县三级实现未成年人保护工作协调机制全覆盖，办公室均设在民政部门。由此，未成年人保护与传统的儿童福利工作共同构建了新时代儿童福利工作新格局。

（4）妇女福利制度现状。在妇女福利制度方面，采取了以下三项措施：一是我国积极推进生育保障制度建设，保障妇女生育权益。2010年颁布《中华人民共和国社会保险法》设生育保险专章，将部门规章上升为国家法律，为保障妇女生育权益提供法律依据。2019年出台《关于全面推进生育保险和职工基本医疗保险合并实施的意见》，要求整合两项保险基金及管理资源，确保职工生育期间的生育保险待遇不变、确保制度可持续，有利于扩大生育保险覆盖面，使更多生育妇女受益。截至2021年末，女性参加生育保险的人数为1.05亿人。② 二是妇女医疗保障实现制度全覆盖。党的十八大以来，多层次的医疗保障体系进一步完善，截至2021年末，全国女性参加基本医疗保险的人数为6.6亿人。③ 三是妇女参加失业保险和工伤保险的人数不断增加。中国高度重视劳动者的就业和保险权益，现行的失业保险制度使在就业领域处于相对弱势的妇女得到基本保障。2021年末，女性参加失业保险的人数为9816.5万人；参加工伤保险的人数为1.06亿人。④

（二）我国社会福利制度的发展方向

尽管中国社会福利制度建设取得了巨大的成就，但客观而论，现行社会福利事业的格局仍然处于制度残缺、投入不足、体制不顺、机制陈旧、秩序混乱的状态。⑤ 特别是在社会福利制度方面还存在着覆盖面狭窄、福利水平低下、结构不合理、福利资源供给不足和政府责任定位不清等诸多问题。2007年民政部提出我国建设适度普惠型社会福利制度，但这种适度普惠型制度建设仍然是一种狭义的普惠，并不能从根本上改变来满足广大民众日益增长的福利需求。⑥ 未来我国社会福利制度的发展方向至少应包括以下几个方面：

（1）以促进社会公平为根本目标。我国适度普惠型社会福利制度应以促进社会公

---

① 《2022年残疾人事业发展统计公报》。
②③④ 2021年《中国妇女发展纲要（2021-2030年）》统计监测报告。
⑤ 郑功成.中国社会福利的现状与发展取向[J].中国人民大学学报，2013，27（2）：2-10.
⑥ 张军.我国适度普惠型社会福利制度构建的目标选择[J].学术探索，2022（2）：68-80.

平为主要的评价标准以及最根本的目标,随着社会生产力的不断提升而与时俱进地发展,为同一类型的人提供一致的权利与待遇,竭尽全力缩小不同类型人群之间的待遇差别,使这种差别控制在可承受范围内。以便于对起点和过程的公平进行维护,从而有效实现最终的结果公平。

(2)提高福利资源的利用率和福利需求的满足率。通过提高福利资源的利用率和福利需求的满足率,使福利制度在激励人的全面发展和促进经济社会发展方面的作用得到极致发挥。

(3)基于中长期战略眼光制定福利政策,突出以人为本,强调对社会风险采取积极、主动的"上游干预"措施。注重提升社会福利的收益,通过医疗卫生和教育使人力资本含量得以提升,增强弱势群体的社会生存能力。强调多元福利主体的参与合作,福利供给的主体应该是在政府主导下,家庭、市场和社会等多元主体的协同。

(4)结合"以人为本"的理念和目标。社会福利制度要保护各阶层、群体的合法权益,始终维护各阶层、群体的根本利益,实现各阶层、群体的基本的福利诉求。

(5)对传统保障有益成分加以科学的"扬弃",吸收其精华,剔除其糟粕,从而可以更好满足人们心理和精神的福利需求,进而提高生活质量。将现代社会福利与传统社会福利特征合理地、有效地进行融合以实现社会福利制度的创新。

总之,未来一个时期,社会福利制度建设工作必须坚持"以人民为中心",把增进人民福祉、促进人的全面发展作为出发点和落脚点,顺应人民群众对美好生活的向往,切实满足人民日益增长的物质文化需要,实现好、维护好、发展好最广大人民的根本利益。

第三节 老龄化与老年人福利事业

一、老龄化背景下老年人的福利需求

根据按照联合国老龄化的相关标准,当一个国家或地区60岁以上老人达到总人口的10%,或者65岁老人占总人口的7%,即该国家或地区视为进入"老龄化社会"。截至2022年末,我国60岁及以上人口28004万人,占全国人口的19.8%,其中65岁及以上人口20978万人,占全国人口的14.9%。[①] 随着我国人口老龄化程度的加深,老年人福利事业面临不少问题和挑战。

(一)老龄化背景下老年人的福利困境

(1)养老保障不足。随着老龄化进程的加速,老年人的养老保障需求不断增加,而现有的养老保障体系难以满足老年人的需求。许多老年人无法得到足够的养老金和

---

① 国家统计局. 中华人民共和国2022年国民经济和社会发展统计公报[EB/OL]. 国家统计局网, http://www.stats.gov.cn/sj/zxfb/202302/t20230228_1919011.html.

支持，导致其生活困难。

（2）医疗保健服务不均等。老年人在医疗保健服务方面存在不均等现象。由于部分老年人经济条件差、地理位置偏远等原因，难以得到基本的医疗保健服务。同时，部分老年人还需要面对医疗照护服务不足、服务质量不高等问题。

（3）文化娱乐活动受限。老年人在文化娱乐活动方面存在受限问题。由于一些老年人缺乏文化娱乐活动，导致其生活单调、精神需求难以满足。同时，一些老年人还面临着文化娱乐活动费用高、参与门槛高等问题。

（4）家庭和社区支持不足。老年人在家庭和社区支持方面存在不足问题。一些老年人缺乏家庭照顾和支持，导致其生活困难。同时，一些老年人还面临着社区服务和志愿者活动不足、社会融入困难等问题。

（5）就业和自我实现困难。老年人在就业和自我实现方面存在困难。一些老年人由于职业技能不足、身体健康状况等原因，难以找到合适的工作。同时，一些老年人还面临着自我价值实现困难、社会地位不高等问题。

（二）老龄化背景下老年人的福利需求

随着老龄化、高龄化、空巢化的加剧，老年人对老年生活保障、照料及服务、健康维护、文化生活、娱乐健身、家庭照料等老年福利提出了新的要求。在老龄化背景下，老年人的福利需求主要包括以下五个方面：

（1）医疗保健需求。老年人需要完善的医疗保健体系，包括基本医疗保障、定期健康检查、慢性病管理、康复护理等。此外，老年人对于医疗费用报销、基本药物降价等福利需求也较为强烈。

（2）养老服务需求。随着年龄的增长，老年人的生活自理能力逐渐下降，他们需要更多的养老服务支持。包括日间照料、短期照料、长期照料等多种形式，以满足不同老年人的需求。此外，老年人还需要得到精神慰藉、文化娱乐等方面的服务。

（3）住房及出行需求。老年人对于住房的需求主要包括安全、舒适、便利等方面。他们需要改善住房条件，提高居住环境的质量。在出行方面，老年人需要公共交通、无障碍设施等支持，以保证他们的出行安全和便利。

（4）教育及文化娱乐需求。老年人也需要接受继续教育，学习新知识，以充实自己的生活。此外，老年人还需要得到文化娱乐方面的服务，如图书馆、博物馆、文艺演出等，以提高他们的生活质量。

（5）经济保障需求。老年人需要得到经济保障，以应对生活风险。这包括养老金、退休金、子女赡养费等收入来源，同时也需要得到社会救助、最低生活保障等福利支持。

总之，老年人在老龄化背景下需要得到多方面的福利支持和服务，以保障他们的基本生活需求和精神需求。政府和社会应该加强对老年人的关注和支持，综合考虑老年人的医疗、经济、社交、居住等多方面需求，制订合适的政策和福利计划，为他们提供更好的福利和服务，确保老年人能够过上尊严、幸福的生活。

二、老年人福利的主要内容

老年人福利是指为老年人提供的一系列社会福利服务，旨在满足老年人的生活需求和促进他们的身心健康。以下是一些常见的老年人福利内容和措施。

（一）老年人住房福利

老年人住房福利是指为老年人提供合适的住房条件，包括公共租赁住房、老年公寓、养老院等，以满足老年人的居住需求。老年人住房福利具有以下四个方面的内容和措施：

（1）公共租赁住房。政府或社会机构为老年人提供租赁住房，租金通常低于市场价，租金支付能力较强的老年人可以享受更优惠的租金。

（2）老年公寓。专门为老年人设计的公寓，通常位于城市中心或交通便利的地方，提供适合老年人居住的住房条件。老年公寓通常配备电梯、紧急呼叫系统、安全监控等设施。

（3）养老院。为需要照顾的老年人提供住宿和日常照顾服务，包括饮食、起居、卫生、安全等方面的照顾。养老院的收费根据不同级别和地区而有所不同。

（4）住房改善。政府或社会机构为老年人提供住房改善服务，包括房屋装修、改造等，以提高住房的舒适度和安全性。

总之，老年人住房福利旨在提供合适的住房条件，提高老年人的居住品质和安全性，满足他们的基本生活需求。

（二）老年人生活照顾福利

老年人生活照顾福利是指为需要照顾的老年人提供生活服务，包括日常起居、饮食、卫生、安全等方面的照顾，可以由专业护理人员或志愿者提供。中国老年人的生活照顾福利主要包括以下四个方面：

（1）养老院和敬老院。我国有许多养老院和敬老院，为老年人提供住宿和日常生活照顾。这些机构通常由政府或民间组织管理，接受政府的资金支持。入住这些机构需要符合一定的条件，如年龄、健康状况等。

（2）家庭护理服务。在我国，许多老年人选择在家中养老，他们的家庭成员或亲友会提供生活照顾。政府也会提供一些家庭护理服务，如定期探访、家政服务等，以提高老年人的生活质量。

（3）社区服务。近年来，社区逐渐完善老年服务设施，如日间照料中心、康复中心等，为老年人提供日常照料和康复服务。此外，社区也会组织一些文化和娱乐活动，丰富老年人的生活。

（4）特殊老年人的福利。对于孤寡、残疾、患病等特殊老年人，中国政府提供额外的福利和支持。如针对孤寡老人的养老补贴、针对残疾老人的残疾证和辅助器具等。

总体而言，我国老年人的生活照顾福利正在不断完善，政府和社会各界也在努力提高老年人的福利水平。

（三）老年人医疗护理福利

老年人医疗护理福利是指为老年人提供医疗护理和保健服务，包括基本医疗、慢性病管理、康复护理等，以保障老年人的身体健康。中国老年人医疗护理福利主要包括以下五个方面：

(1) 医疗保险。医疗保险是为老年人提供医疗保障的重要手段。我国实行全民医保制度，老年人可以享受一定的医保优惠政策，包括报销医疗费用、减免药费等。

(2) 医疗救助。医疗救助制度是我国的一项特殊政策，旨在帮助经济困难的老年人解决医疗费用问题。政府设立医疗救助基金，对需要救助的老年人提供资金支持。

(3) 长期护理保障。随着中国人口老龄化的加剧，长期护理保障需求逐渐增加。长期护理保险制度是通过多渠道筹资建立社会统筹基金，为符合条件的参保人员提供生活照料和专业护理服务或费用补偿的一种社会保险制度。

(4) 康复服务。康复服务是为老年人提供医疗服务的重要内容。我国的康复服务机构包括医院康复科、康复医院、康复中心等。政府对这些机构提供资金支持和政策优惠，以促进康复服务的发展。

(5) 家庭护理服务。家庭护理服务是为老年人提供医疗照顾的重要方式。中国政府鼓励和支持家庭护理服务的发展，提供家庭医生、护士等专业的家庭护理服务。

需要注意的是，具体的医疗护理福利内容和标准可能因地区、政策等因素而异。

（四）老年人文化福利

老年人文化福利是指国家和社会为了发扬敬老爱老美德，安定老人生活，维护老人健康，充实老人精神文化生活而采取的政策措施和提供的设施和服务。老年人福利不仅包括物质生活方面，也包括文化生活方面。因此，老年人文化福利是老年人福利的重要组成部分。老年人文化福利的内容包括但不限于以下五个方面：

(1) 文化活动。为老年人提供各种文化活动，如音乐会、话剧、舞蹈、绘画等，以满足老年人的审美需求和兴趣爱好。

(2) 教育培训。为老年人提供各种教育培训，如文化知识、技能培训、电脑课程等，以提高老年人的文化素质和生活技能。

(3) 图书馆、博物馆等文化设施。为老年人提供图书馆、博物馆等文化设施，以方便老年人阅读、学习、参观等文化活动。

(4) 健康保健。为老年人提供健康保健服务，如体检、健康咨询、疾病预防等，以保障老年人的身体健康。

(5) 社会参与。为老年人提供社会参与的机会和平台，如志愿者活动、文艺比赛等，以增强老年人的社会参与感和归属感。

综上所述，老年人文化福利的内涵和内容非常丰富，包括文化活动、教育培训、文化设施、健康保健和社会参与等方面。通过这些措施，可以满足老年人的精神文化需求，提高老年人的生活质量，促进老年人的身心健康和社会融入。

（五）老年人教育福利

老年人教育福利是指国家和社会为老年人提供的教育机会和资源，以满足老年人学习、发展和自我实现的需求。老年人教育福利的内容包括以下六个方面：

(1) 基础教育。为老年人提供基础教育，包括扫盲教育、基础文化知识教育等，以帮助老年人弥补教育缺陷，提高文化素养。

(2) 继续教育。为老年人提供继续教育机会，包括专业技能培训、新知识传授等，以拓展老年人的知识和技能,增强其社会竞争力。

(3)多元文化教育。为老年人提供多元文化教育,包括历史、文化遗产、外来文化等,以增强老年人的文化自信心和跨文化交流能力。

(4)健康养生教育。为老年人提供健康养生教育,包括饮食、运动、心理健康等方面的知识,以帮助老年人保持身心健康。

(5)法律法规教育。为老年人提供法律法规教育,包括养老保障、财产权益、家庭关系等法律法规知识,以增强老年人的法律意识和维权能力。

(6)数字技能教育。老年人数字技能教育是指针对老年人如何使用数字技术和设备进行教育和培训。随着数字技术的快速发展,老年人逐渐面临着如何使用数字设备、如何利用数字技术解决生活中的问题等挑战。因此,老年人数字技能教育变得越来越重要。通过老年人数字技能教育,可以提高老年人的数字素养和技能水平,帮助老年人更好地适应数字化时代的生活。

总之,老年人教育福利的内容可以通过各种形式实现,如讲座、课程、培训、线上学习等。同时,老年人教育福利还应该注重教育的实用性和可操作性,以满足老年人的实际需求。通过老年人教育福利,可以提高老年人的知识水平和社会参与度,增强老年人的自我保护能力和生活质量。

(六)老年人就业福利

老年人就业福利是指国家和社会为促进老年人就业、延长老年人职业生命周期所提供的一系列政策和服务。老年人就业福利的内容包括以下四个方面:

(1)职业培训和指导。为老年人提供职业培训和指导,包括职业技能培训、职业规划、就业咨询等,以帮助老年人提高职业技能,寻找合适的就业机会。

(2)灵活就业支持。为老年人提供灵活就业的支持,如兼职工作、临时工、远程办公等,以适应老年人身体状况和家庭状况的变化,延长老年人的职业生命周期。

(3)创业扶持。为老年人提供创业的扶持,如创业培训、资金支持、政策优惠等,以鼓励老年人自主创业,实现自我价值。

(4)就业保障和权益保护。为老年人提供就业保障和权益保护,如劳动保障、工资待遇、工伤保险等,以维护老年人的就业权益和生活水平。

老年人就业福利的内容可以通过各种形式实现,如职业培训和指导机构、就业服务站、创业孵化器等。通过老年人就业福利,可以提高老年人的经济独立性和社会参与度,减轻社会养老负担,促进社会经济发展。

总之,老年人福利的目的是为了提高老年人的生活质量,促进他们的身心健康和社会参与,使他们能够安享晚年。

三、我国老年人福利事业的现状、问题与发展方向

(一)我国老年人福利事业的发展现状

1. 老年健康服务

(1)老年健康服务体系。截至 2021 年末,在全国城乡社区获得健康管理服务的 65

周岁及以上老年人达到11941.2万。378.3万残疾老年人获得基本康复服务。全国共有国家老年医学中心1个，国家老年疾病临床医学研究中心6个，设有老年医学科的二级及以上综合性医院4685个，建成老年友善医疗机构的综合性医院5290个、基层医疗卫生机构15431个，设有安宁疗护科的医疗卫生机构1027个，设有老年人"绿色通道"的二级及以上综合性医院超9000个。①

（2）医养结合。截至2021年末，全国共有两证齐全（具备医疗卫生机构资质，并进行养老机构备案）的医养结合机构6492家，机构床位总数为175万张；医疗卫生机构与养老服务机构建立签约合作关系达7.87万对。②

2. 养老服务体系

（1）养老服务供给。截至2021年末，全国共有各类养老服务机构和设施35.8万个，养老服务床位815.9万张。其中，全国共有注册登记的养老机构4.0万个；床位503.6万张；社区养老服务机构和设施31.8万个，共有床位312.3万张。全国31个省（区、市）设市城市新建居住区配建养老服务设施达标率为62%。全国新开工改造城镇老旧小区5.56万个、惠及居民965万户，增设养老、助残等各类社区服务设施1.4万个，351万60周岁及以上老年人已享受公租房保障。③

（2）养老服务兜底保障。截至2021年末，全国共有3994.7万老年人享受老年人补贴，其中享受高龄补贴3246.6万人，享受护理补贴90.3万人，享受养老服务补贴573.6万人，享受综合补贴84.2万人。全国共支出老年福利资金386.2亿元，养老服务资金144.9亿元。④

3. 老年民生保障

截至2021年末，全国基本养老保险参保人数102871万人。职工基本养老保险参保人数48074万人；其中，参保职工34917万人，参保离退休人员13157万人。职工基本养老保险执行企业制度参保人数42228万人。城乡居民基本养老保险参保人数54797万人，实际领取待遇人数16213万人。全年共为2354万困难人员代缴城乡居民养老保险费26.8亿元，5427万困难人员参加基本养老保险，参保率超过99%。养老保险公共服务持续优化，截至2021年末，国家社会保险公共服务平台已开通个人权益查询、待遇资格认证、养老金测算等52项全国性社保服务，累计访问量超过27.6亿人次。⑤

4. 基本生活救助

我国社会救助工作成效显著。截至2021年末，全国城市最低生活保障对象737.8万人，其中60周岁及以上老年人139.5万人。全国农村最低生活保障对象3474.5万人，其中60周岁及以上老年人1284.7万人。全国城市特困人员救助供养32.8万人，其中60周岁及以上老年人21.6万人。全国农村特困人员救助供养437.3万人，其中60周岁及以上老年人353.2万人。⑥

（二）我国老年人福利事业的现实困境

尽管我国老年人福利事业取得了长足的发展，但仍然存在养老服务机构严重不足、

---

①②③④⑤⑥ 《2021年度国家老龄事业发展公报》。

养老服务质量不高、养老金制度功能不完备、养老服务资源不平衡、文化教育程度普遍较低等现实困境。

1. 养老服务机构不足

具体来看，我国养老服务机构不足的问题主要表现在以下五个方面：

（1）供需矛盾突出。随着中国人口老龄化的加剧，老年人对养老服务的需求不断增加。然而，养老服务机构的数量和服务质量无法满足老年人的需求，导致供需矛盾突出。尤其是在一线城市和发达地区，养老床位的供需矛盾更加突出。

（2）资金短缺和财务压力。养老机构面临着资金短缺和财务压力的问题。一方面，养老机构的运营成本较高，包括人员工资、食品、医疗护理等方面的支出，导致机构盈利能力较低；另一方面，部分养老机构在资金筹集方面遇到了困难，无法满足设施改善和服务提升的需求。

（3）服务质量参差不齐。养老机构的服务质量参差不齐是一个存在的问题。一些机构存在着服务态度不佳、管理不规范、人员素质欠缺等情况，导致老年人的服务体验差异较大。一些机构的护理质量、生活照料等方面也存在着不足之处。

（4）人才短缺和专业培训不足。养老机构在人才方面面临着短缺和专业培训不足的问题。同时，一些养老机构的员工素质有待提高，缺乏相关的培训和专业技能提升机会。

（5）缺乏创新和技术应用。一些养老机构缺乏创新和技术应用，无法充分利用科技手段提供智能化、便捷化的养老服务。

2. 养老服务资源缺乏平衡

我国养老服务机构在城市和农村存在明显的区别，主要体现在养老机构的数量、类型、服务内容和老年人的经济条件等方面。在城市，养老服务机构相对更为完善。城市中的老年人有更多的选择，包括各种类型的养老机构，如福利院、养老院、敬老院等。这些机构提供的服务也相对更加全面，包括基本的生活照料和医疗护理等。另外，城市中的老年人普遍较为富裕，有更多的选择和自主权。而在农村，养老服务机构相对较少，老年人主要依靠家庭养老。由于经济条件和观念的限制，很多农村家庭无法提供高质量的养老服务，老年人的健康和生活质量难以得到保障。此外，农村地区养老服务设施相对较少，老年人的文化生活和娱乐活动也不够丰富。

3. 养老服务质量不高

受供给侧结构性矛盾、服务监管机制不健全、医养服务融合度较低等因素影响，我国养老服务质量不高的问题依然存在，主要体现在以下五个方面：

（1）供给内容单调。养老服务的供给内容主要集中在食、宿两个方面，缺乏多样化的服务内容，不能满足老年人日益增长的多方面需求。

（2）供给结构不合理。城乡养老服务资源分配的效率较低，养老服务供给形式与老年人需求不相匹配，导致部分老年人无法得到有效的服务。

（3）供给质量不高。一些养老机构存在服务质量参差不齐的问题，如饮食不规范、卫生差、医护人员技术水平低等，特别是针对精神护理不够重视。

（4）服务人员素质不高。养老服务人员缺乏专业培训，整个从业人员队伍波动性大，缺乏稳定性，这也会影响服务质量。

（5）服务质量标准不完善。养老服务质量、服务资质等多方面的标准还有待完善，这使服务质量难以得到有效的评估和改进。

此外，中国很多老年人受教育程度较低，缺乏实用技能，这也是养老服务的现实挑战之一。

（三）我国老年人福利事业的发展方向

未来中国老年人福利事业的发展方向应是多元化、综合性的，包括健康养老服务、社区养老服务、社会救助、社会福利和文教娱乐等多个方面。

（1）加强老年健康养老服务体系的建设。提供全方位、多层次的健康服务，包括医疗保健、康复护理、老年疾病预防和健康管理等方面的服务。同时，提高老年人自我保健和健康管理的能力。

（2）加强社区养老服务的建设。提供多样化的社区养老服务，满足老年人的不同需求，包括居家养老、社区日间照料、助餐服务、健康咨询和心理辅导等服务。同时，加强社区养老机构的建设，提高服务质量和水平。

（3）加强老年社会救助。完善城乡最低生活保障制度，将符合条件的老年人全部纳入最低生活保障范围，并根据经济社会发展水平适时调整最低生活保障和农村五保供养标准。

（4）完善老年社会福利。积极探索中国特色社会福利的发展模式，发展适度普惠型的老年社会福利事业，研究制定政府为特殊困难老年人群购买服务的相关政策。进一步完善老年人优待办法，积极为老年人提供各种形式的照顾和优先、优待服务，逐步提高老年人的社会福利水平。

（5）丰富老年文化教育娱乐。加强老年教育机构的建设，发展多种形式的老年教育，满足老年人多样化的学习需求。同时，加强老年文化体育活动的开展，丰富老年人的精神文化生活。

思考题

1. 如何理解社会福利的概念？
2. 社会福利有哪些类型？
3. 如何理解老年福利、儿童福利、妇女福利及残疾人福利的内涵？
4. 简述我国社会福利制度的发展历程。
5. 试述我国现行社会福利制度的改革与发展目标。

后　记

　　《社会保障学》这本书是内蒙古大学公共管理学院劳动与社会保障系全体教师集体智慧的结晶。本书的完成离不开各位老师的辛勤付出，成书过程中融入了写作团队多年的教学心得和学术成果，在此，向各位老师的通力合作表示真挚谢意。全书共十章，各章内容和编者如下：

　　第一章　社会保障概述　白维军

　　第二章　社会保障制度的发展历程　宋娟

　　第三章　养老保险政策与实践　安华、聂娅娜

　　第四章　医疗保险政策与实践　宋娟

　　第五章　失业保险政策与实践　王坤、王亚新

　　第六章　工伤保险政策与实践　李杰

　　第七章　生育保险政策与实践　苏敏、张苇乐

　　第八章　护理保险政策与实践　陈旖旎

　　第九章　社会救助政策与实践　安华、屈智华

　　第十章　社会福利政策与实践　赵淼

　　最后，感谢经济管理出版社的大力支持，感谢任爱清及其他编校人员耐心细致的审校。

编　者

2023 年 11 月